"十三五"江苏省高等学校重点教材
编号：2020-1-118

智慧物流与供应链基础

主　编　洪　琼　张　浩　章艳华
副主编　聂家林　胡计虎　唐　美
　　　　许闪光　何　萍

北京理工大学出版社
BEIJING INSTITUTE OF TECHNOLOGY PRESS

内 容 简 介

2022年9月，教育部发布了《职业教育专业简介》，"智慧物流与供应链基础"是物流类专业基础课。本教材遵循产教融合、校企合作的理念，围绕复合型智慧物流人才培养目标，基于工作过程，模块化、项目化、任务化，岗课赛证研融通，实施以学习者为中心、学习成果为导向的教学改革。采用"点线面体"的结构方式来设计教材，围绕智慧物流技术（点）、智慧物流作业系统（线）、智慧物流数据分析（面）、智慧供应链（体）来构建教材体系，主要内容分为5大模块，包含13个项目及32个子任务。每个项目遵循"学习目标"（素养目标、知识目标和技能目标）→"案例导入"→"知识讲解"（系统知识）→"实践任务"的逻辑结构展开，并创新性地开设了政策文件、行业动态、直通职场等栏目，引导学生了解行业发展前沿，将社会主义核心价值观、职业道德、法律法规、优秀文化等内化于心，贯穿始终，体现教材价值取向。

本教材既可作为高职院校、职业本科物流类及相关专业学生的教学用书，又可作为从事物流行业企业人员的培训用书和参考用书。

本教材得到国家自然科学基金项目（71874067）、江苏省"六大人才高峰"高层次人才项目（JNHB-115）和江苏高校"青蓝工程"的资助。

版权专有　侵权必究

图书在版编目（CIP）数据

智慧物流与供应链基础 / 洪琼，张浩，章艳华主编 .-- 北京：北京理工大学出版社，2022.11
ISBN 978-7-5763-1854-8

Ⅰ.①智… Ⅱ.①洪…②张…③章… Ⅲ.①智能技术—应用—物流管理—教材②智能技术—应用—供应链管理—教材　Ⅳ.①F252.1-39

中国版本图书馆 CIP 数据核字（2022）第 220656 号

出版发行 /	北京理工大学出版社有限责任公司
社　　址 /	北京市海淀区中关村南大街5号
邮　　编 /	100081
电　　话 /	（010）68914775（总编室）
	（010）82562903（教材售后服务热线）
	（010）68944723（其他图书服务热线）
网　　址 /	http://www.bitpress.com.cn
经　　销 /	全国各地新华书店
印　　刷 /	涿州市新华印刷有限公司
开　　本 /	787毫米×1092毫米　1/16
印　　张 /	17.5
字　　数 /	455千字
版　　次 /	2022年11月第1版　2022年11月第1次印刷
定　　价 /	49.80元

责任编辑 / 申玉琴
文案编辑 / 申玉琴
责任校对 / 周瑞红
责任印制 / 施胜娟

图书出现印装质量问题，请拨打售后服务热线，本社负责调换

前　言 | PREFACE

物流业作为支撑国民经济发展的基础性、战略性、先导性产业，是建设社会主义现代化强国的必备条件。党的十九大报告指出："加快建设制造强国，加快发展先进制造业，推动互联网、大数据、人工智能和实体经济深度融合，在中高端消费、创新引领、绿色低碳、共享经济、现代供应链、人力资本服务等领域培育新增长点，形成新动能。"党的二十大报告指出："加快发展物联网，建设高效顺畅的流通体系，降低物流成本"，加强"产业链供应链韧性"与"产业链供应链安全"。这不仅对现代物流业发展提出了更高的要求，也为其未来发展指明了方向。党的二十大开启了中国特色社会主义建设的新征程，物流业也从现代物流加快向智慧物流发展演进。随着物流业加快与制造业、商贸业联动发展，加强与物联网、互联网的深度融合，带动新技术、新模式、新业态不断涌现，智慧物流进入新的发展阶段。

党和国家高度重视智慧物流发展。国务院常务会议把"互联网+"高效物流纳入国家"互联网+"行动计划当中，国家发展改革委出台了《"互联网+"高效物流实施意见》，为智慧物流的起步和发展奠定了政策基础。国家发展改革委开展了智能化仓储物流示范和骨干物流信息平台试点；交通运输部组织无车承运人试点和智慧港口示范区，支持区块链技术，完善智慧物流体系；商务部开展智慧物流配送示范等工作，为智慧物流发展营造了良好的政策环境。可以预测，未来一段时期，我国将从"物流大国"进入"物流强国"的新阶段，更好满足现代化经济体系建设和人民日益增长的物流服务需求。智慧物流将在推进行业质量变革、效率变革、动力变革等方面发挥重要作用，成为推进物流降本增效的重要途径，加快建设制造强国的有效支撑和迈入经济社会高质量发展的重要基础保障。

近年来，物流的新业态随着智慧物流的演变而进化，并散射出众多细分行业。公路有快递、快运、城配、即时配等；铁路有高铁行包、驼背运输等；数字物流有无人仓、无人机、菜鸟驿站、网络货运等。更多的基础操作正被AGV、视觉引导系统、AMR等所取代，物流企业未来需要的更多是行业大数据、云计算、物联网应用等相关的知识和应用能力以及智能设备的运维能力，人才需求从传统操作型转向智能工具型、复合型智慧物流人才。

智慧物流人才的需求呈现快速上升趋势，而智慧物流人才供给严重不足。新形势下高职物流人才培养改革应紧密围绕产教融合来进行。本教材联合多所高职院校和行业企业的专家学者共同开发，融入新技术、新标准、新模式和新内容，开发基于工作过程的模块化、项目化、任务化的岗课赛证研融通的课程体系，实施以学习者为中心、学习成果为导向的教学改革，并将教材和学习资源结合，通过教材引领，构建深度学习管理体系。

本书具有以下特色：

1. 课程思政引领，构建智慧物流知识体系和价值体系

教材以习近平新时代中国特色社会主义思想和党的二十大精神为指引，全面贯彻党的教育方针，落实立德树人根本任务。本教材凝练课程思政元素，创新课程思政实践，每个项目开篇的"案例导入"以"历史事件""统计数据""政策文件""人物故事""国家标准"等形式融入教材，并以小讨论、小思考、分组任务等引导学生思考和总结，使其产生思想共鸣，进而引导学生树立正确的职业理想、职业道德、职业态度和职业精神，不仅培养学生的劳动精神、工匠精神和创新精神，而且着重培养学生的专业自豪感、家国情怀、爱岗和奉献精神等。

2. 教材结构体系科学，内容体系符合教学规律和智慧物流人才培养需求

采用"点线面体"的结构方式来设计教材，围绕智慧物流技术（点）、智慧物流作业系统（线）、智慧物流数据分析（面）、智慧供应链（体）来构建教材体系，教材内容融入新技术、新标准、新模式和新内容，工学结合，符合新时期智慧物流人才的培养需求。

本教材主要内容分为5大模块，包含13个项目及32个子任务。每个项目遵循"学习目标"（素养目标、知识目标和技能目标）→"案例导入"→"知识讲解"（系统知识）→"实践任务"的逻辑结构展开，并创新性地开设了政策文件、行业动态、直通职场等栏目，引导学生了解国家政策和国家（行业）标准、行业发展前沿，将社会主义核心价值观、职业道德、法律法规、优秀文化等内化于心，贯穿始终，体现教材价值取向。同时，本教材构建了线上学习数字资源，调动学生的多种感官，激发学生学习兴趣，加深学生对重点难点知识的理解，实施以学习者为中心、学习成果为导向的教学改革。

3. 校企多元合作开发，体现"岗课赛证研"融通

本教材联合京东物流集团、上海苏宁物流有限公司、北京络捷斯特科技发展有限公司、西藏职业技术学院、安徽商贸职业技术学院、安徽电子信息职业技术学院等企业和高职院校的专家学者组成编写团队，开发基于工作过程的模块化、项目化、任务化的课程体系，融通"岗课赛证研"，融入智慧物流岗位标准与技能要求，对接智慧物流作业方案设计与实施技能大赛、1+X物流管理职业技能等级证书考试和物流服务师职业技能竞赛，并融入最新的科研成果。本教材注重培养学生智慧物流思维，重点

前 言

培养学生系统掌握智慧物流的基本理论、技术和方法,使学生具有智慧物流作业系统的基本运营能力、智能设备的基本运维能力、物流数据的基本分析能力和供应链的创新能力等。

本教材由洪琼、张浩、章艳华担任主编,聂家林、胡计虎、唐美、许闪光、何萍担任副主编。具体编写分工如下:模块一、模块三由洪琼、张浩、章艳华、许闪光、何萍编写;模块二由张浩、聂家林、洪琼编写;模块四由胡计虎、洪琼、唐美编写;模块五由张浩编写;本教材的总体结构设计、内容优化以及最后统稿、定稿工作由洪琼、张浩完成。特别感谢京东物流集团、顺丰速运、上海苏宁物流等校企合作企业在本教材编写过程中提供的帮助和支持。另外,特别感谢研究生董锴龙、华奇凡、张格在调研、资料整理等方面给予的帮助和支持。

本教材在编写过程中借鉴了国内外许多专家、学者的观点,参考了许多论文、专著、教材、报纸、杂志和网络资源等,由于来源较广,未一一标明出处,在此向有关作者表示深深的谢意。

本教材中涉及的数字化物流系统可联系 QQ3498083237 申请试用。本教材相关资源可联系北京理工大学出版社索取。

由于编者水平有限,时间仓促,不足之处在所难免,恳请使用本教材的广大读者提出宝贵意见,以便进一步完善,编者邮箱:062283@jsei.edu.cn,敬请各位读者批评指正。

编 者

目 录 | CONTENTS

模块一　认知智慧物流

项目一　认识智慧物流 ·· 2
 任务一　了解物流及其发展演进 ·· 3
 任务二　认知现代物流 ·· 9
 任务三　走进智慧物流 ·· 16
 实践任务一　智慧物流企业调研分析 ·· 26
 本模块小结 ·· 27
 思考与练习 ·· 27

模块二　智慧物流技术

项目二　智慧物流技术基础 ·· 30
 任务一　认知物联网技术 ·· 31
 任务二　构建智慧物流技术架构 ·· 34
 实践任务二　物流园区物流服务平台分析 ·· 38
 思考与练习 ·· 39

项目三　智慧物流感知和识别技术 ·· 41
 任务一　认知条形码、RFID 和 EPC ·· 43
 任务二　感知智慧物流信息 ·· 48
 任务三　跟踪定位智慧物流信息 ·· 54
 实践任务三　智慧物流感知和识别技术应用场景分析 ································ 60
 思考与练习 ·· 61

项目四　智慧物流通信技术 ·· 64
 任务一　智慧物流通信和网络技术 ·· 65
 任务二　智慧物流信息安全 ·· 70
 实践任务四　几种常见智慧物流网络和通信方式应用场景分析 ················ 75
 思考与练习 ·· 76

项目五　智慧物流数据处理与计算技术 ·· 78
　　任务一　认知智慧物流大数据 ··· 80
　　任务二　智慧物流云计算 ·· 84
　　实践任务五　智慧物流技术综合案例分析 ·· 89
　　本模块小结 ·· 90
　　思考与练习 ·· 91

模块三　智慧物流作业系统

项目六　智慧仓储作业系统 ·· 94
　　任务一　智慧仓储概述 ·· 95
　　任务二　智慧仓储作业模式分析 ·· 100
　　任务三　智慧仓储业务需求分析 ·· 107
　　任务四　智慧仓储作业系统实施 ·· 112
　　实践任务六　某智慧仓储企业业务需求分析 ·· 120
　　思考与练习 ·· 120

项目七　智慧物流运输作业系统 ·· 122
　　任务一　智慧物流运输概述 ··· 123
　　任务二　智慧物流运输业务管理 ·· 135
　　任务三　智慧物流运输作业系统实施 ··· 142
　　实践任务七　数字化运输作业系统业务处理 ·· 150
　　思考与练习 ·· 150

项目八　智慧物流配送作业系统 ·· 152
　　任务一　智慧物流配送概述 ··· 153
　　任务二　配送路径优化 ·· 161
　　任务三　智慧物流配送作业系统实施 ··· 166
　　实践任务八　配送路径优化案例 ·· 169
　　思考与练习 ·· 169

项目九　智慧物流包装、装卸搬运系统 ··· 171
　　任务一　智慧物流包装作业系统 ·· 172
　　任务二　智慧装卸搬运作业系统 ·· 180
　　实践任务九　自动打包机的操作和使用 ··· 186
　　本模块小结 ·· 187
　　思考与练习 ·· 187

模块四　智慧物流数据分析和应用

项目十　数据可视化基础 ·· 192
　　任务一　数据可视化概述 ··· 193

任务二　数据可视化的应用 ·· 198
　　实践任务十　物流数据可视化分析 ·· 205
　　思考与练习 ·· 205

项目十一　SQL 数据查询 ·· 208
　　任务一　SQL 概述 ·· 209
　　任务二　SQL 查询的应用 ·· 214
　　实践任务十一　SQL 数据查询案例分析 ······································ 221
　　思考与练习 ·· 222

项目十二　数据挖掘技术 ·· 224
　　任务一　数据挖掘概述 ·· 225
　　任务二　数据挖掘的基本工具和分析应用 ····································· 233
　　实践任务十二　数据挖掘设计案例分析 ·· 243
　　本模块小结 ··· 244
　　思考与练习 ·· 245

模块五　智慧供应链

项目十三　智慧供应链 ·· 248
　　任务一　认知智慧供应链 ··· 249
　　任务二　智慧供应链管理 ··· 254
　　实践任务十三　供应链沙盘模拟 ·· 264
　　本模块小结 ··· 265
　　思考与练习 ·· 265

参考文献 ·· 267

模块一

认知智慧物流

内容架构

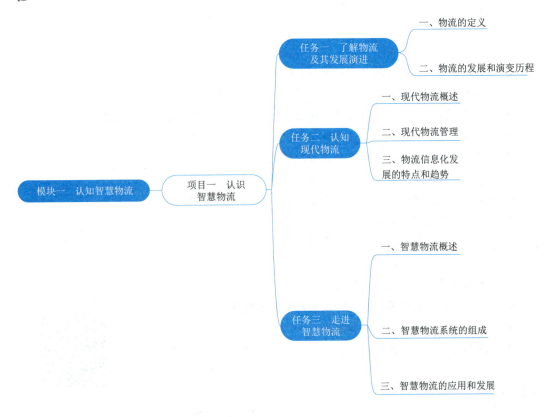

项目一

认识智慧物流

学习目标

【素养目标】
- 了解物流文化,树立物流文化自信;
- 了解物流产业发展的重要意义,树立物流强国使命;
- 了解物流政策制度及行业发展,树立物流专业自信,具有绿色物流发展理念。

【知识目标】
- 掌握物流、现代物流及现代物流管理的概念;
- 了解物流发展及其演变;
- 掌握智慧物流的定义、特点、要素及功能;
- 理解智慧物流的发展动因;
- 了解我国智慧物流的发展现状及趋势。

【技能目标】
- 能够区别传统物流与现代物流;
- 能分析智慧物流发展的经济、政策以及技术环境;
- 知道智慧物流系统的组成和应用;
- 能分析智慧物流产业链。

文档 从"丝绸之路"到"一带一路"

案例导入

从"丝绸之路"到"一带一路"

"无数铃声遥过碛,应驮白练到安西。"自张骞开辟丝绸之路后,逐步形成了陆上丝绸之路与海上丝绸之路。丝绸之路逐渐从区域贸易航线发展成为联系东西方的全球贸易航线。

2015 年 3 月,由国家发改委、外交部、商务部联合发布《推动共建丝绸之路经济带和 21 世纪海上丝绸之路的愿景与行动》,"一带一路"成为中国中长期最为重要的发展战略。从古至今,丝绸之路本就是一条物流之路,如今"一带一路"在这两条"丝绸之路"上,形成六廊、六路、多国、多港合作格局。沿着"一带一路",我国与沿线国家正在构建互联互通的伙伴关系,实现共同发展和繁荣,共同打造政治互信、经济融合、文化包容的利益共同体、命运共同体和责任共同体。

思考题：

1. 什么是物流？为什么说"一带一路"是物流之路？
2. "一带一路"对中国物流业的发展有何意义？谈谈你对中国物流文化的认识。

案例启示： 从"丝绸之路"到"一带一路"，中国物流文化源远流长，借此引导学生树立物流文化自信。物流业是支撑国民经济和社会发展的基础性、战略性产业，物流业的发展已经上升至物流强国战略，具有重要的意义，借此引导学生树立物流强国使命感。

任务一 了解物流及其发展演进

一、物流的定义

物流（Logistics）的概念最早在美国形成，起源于20世纪30年代，原意为"实物分配"或"货物配送"。1963年被引入日本，日文意思是"物的流通"。20世纪70年代后，日本的"物流"一词逐渐取代了"物的流通"。中国的"物流"一词是从日文资料引进来的外来词，源于日文资料中对"Logistics"一词的翻译"物流"。

《物流术语》（GB/T 18354—2021）将物流定义为：根据实际需要，将运输、储存、装卸、搬运、包装、流通加工、配送、信息处理等基本功能实施有机结合，使物品从供应地向接收地进行实体流动的过程。物流活动的功能要素如图1-1所示。

图1-1 物流活动的功能要素

理解物流的含义可以从以下几个方面入手。

1. "物"和"流"的含义

物流中的"物"是物质资料世界中同时具备物质实体特点和可以进行物理性位移的那一部分物质资料。从供应链的角度来说，"物"可以指原材料、半产品、零部件、成品、辅助材料等物的各种形态。"流"是物理性运动，这种运动有其限定的含义，就是以地球为参照系，相对于地球而发生的物理性运动，也称为"位移"，运动的范围可以是地理性的大范围，也可以是在同一地域、同一环境中的微观运动，小范围位移。

2. 驱动因素

"物"从供应地向接收地的实体流动过程中，需根据用户的需要或实际的需要，即以满足用户需要为出发点或驱动因素。

3. 功能要素

物流活动过程中包含的功能要素有运输、储存、装卸、搬运、包装、流通加工、配送、信息处理、客户服务等功能要素。

4. 目的

物流活动的目的是根据客户的需求,充分利用现代信息技术手段,以最低的成本高效率地实现各种形态的"物"由供应地到接收地的计划、实施和管理。

行业动态

物流业发展概况

截至2021年,我国社会物流总额超过300万亿元,物流业总收入近12万亿元,物流市场主体超过600万个,从业人员超过5 000万人,A级物流企业接近8 000家,规模以上物流园区超过2 000个,综合立体交通网突破600万千米,快递业务量超过1 000亿件。现代物流在构建现代流通体系、促进形成强大国内市场、维护产业链供应链稳定、建设现代化经济体系中发挥着先导性、基础性、战略性作用。

(资料来源:中国物流与采购联合会)

二、物流的发展和演变历程

实际上,我们的老祖宗在很久以前就开始做物流这件事儿了。我们知道,过去在打仗的时候,通常是"兵马未动粮草先行",这里"转移粮草"的行为其实就属于物流活动的范畴,还有"镖局""马帮",他们所做的事情也是物流活动,只是过去不叫"物流"罢了。

视频 物流的发展及演变

在中国五千年文化中,物流发展历程漫长。精神与物质财富的积累,沉淀为悠远的物流文化。《礼记》中云:"国无九年之蓄,曰不足;无六年之蓄,曰急;无三年之蓄,曰国非其国也。""仓储"的含义,大概产生自西周,而后到秦朝,"秦直道""车同轨",秦朝时期咸阳可以说是当时的物流中心。再到汉朝,丝绸之路开辟,中华文明与欧洲文明碰撞,世界文明自此开始熠熠生辉。重回中国,隋朝开凿京杭大运河,水路变迁,南北通途。进至明朝,郑和下西洋,水路自此延展至非洲海岸。"长安回望绣成堆,山顶千门次第开。一骑红尘妃子笑,无人知是荔枝来。"这大概是唐朝时期,冷链物流应用的典例。

(一)按照物流的发展阶段形态特征,可以分为原始物流、传统物流、现代物流以及智慧物流

1. 原始物流

原始社会,人们还不会制作复杂的工具用来运输食物和生活用品,只能靠肩扛手拿,徒手搬起100斤重物是原始人的基本素质。进入奴隶社会后,真正面向大众的货运神器诞生,商汤的祖先发明了扁担,这是对肩扛的简单升级,促进了运输设备的发展,但主要还是靠人力驮运。再到三国时期,诸葛亮发明了木牛流马,为中国交通运输史添上了浓墨重彩的一笔。

2. 传统物流

17世纪末后,人类进入了工业时代,瓦特改良了蒸汽机,以机器为动力驱动的物流应运而生,人类陆上物流出现了新局面。1896年第一台卡车诞生,这个"钢铁侠"在未来物流发

展的道路上发挥了重要的作用。第二次世界大战结束后，公路运输发展迅速，各国陆续建设自己的公路网，促进公路运输在运输业中"上位"。2000年后，当代物流体量增加，高效运营的公路运输承担大部分运力，作用日益突出。2000—2010年环境问题开始突出，节能与环保成为全球重要课题，解决排放问题的卡车新技术备受重视。

3. 现代物流

日本是在20世纪五六十年代引入"物流"这一名称的。全面推动了日本生产经营管理的发展。物流革新思想不仅渗透到产业界，同时还渗透到整个日本社会。到了20世纪70年代，日本物流的发展进入了世界领先行列。1985年，美国物流管理协会正式将名称由National Council of Physical Distribution Management更名为Council of Logistics Management，从而标志着现代物流理念的确立。与此同时，随着科学技术的发展、政策的放开、竞争的加剧，现代物流管理思想进一步发展，一体化物流管理的思想逐步形成。

物流行业的发展主要表现出以下几个特点。

（1）系统化：现代物流一改传统物流孤立的运作特点，将运输、仓储、加工、包装等功能有机结合在一起，作为一个系统来进行管理。

（2）信息化：现代物流高度依赖于数据、信息的采集、分析处理和及时更新能力，而且整个物流系统的运作也是建立在物流信息的基础之上。

（3）社会化：物流市场化程度提高，第三方物流迅猛发展，配送中心日益普及都表明物流正朝着社会化的大方向发展，这也是社会分工和市场需求日益复杂的要求。

（4）现代化：从物流设备技术的方面来看，它已经达到了现代化的程度；物流管理的方式和手段等软技术方面也实现了现代化。

（5）一体化：不同于系统化，一体化是指将商流、物流和信息流"三流"统一起来，克服了商品流通方式和营销形态差异带来的不便，使现代物流更加科学合理。

4. 智慧物流

智慧物流源于2008年IBM公司提出的智慧地球的概念。中国物流技术协会信息中心、华夏物联网、《物流技术与应用》编辑部于2009年12月联合提出了智慧物流的概念，是指通过智能硬件、物联网、大数据等智慧化技术与手段，提高物流系统分析决策和智能执行能力，提升整个物流系统的智能化、自动化水平。

（二）按照物流的发展阶段，可以分为萌芽阶段，快速发展阶段，合理化阶段，信息化、智能化、网络化阶段

1. 萌芽阶段（20世纪初—50年代）

20世纪初，在北美和欧洲一些国家，随着工业化进程的加快以及规模化生产和大批量销售的实现，人们开始意识到降低物资采购成本及产品销售成本的重要性。同时，随着管理科学的发展，多种新兴企业运作技术的引入，为大批量配送提供了条件，也为人们认识物流提供了可能。

2. 快速发展阶段（20世纪60—70年代）

20世纪60年代以后，世界经济环境发生了深刻的变化，在科学技术的发展方面，尤其是管理科学的进步，生产方式、组织规模化生产的改变，大大促进了物流的发展。物流逐渐为管理学界所重视，企业界也开始注意到物流在经济发展中的作用，将改进物流管理作为激发企业活力的重要手段。这一阶段是物流快速发展的重要时期。

3. 合理化阶段（20 世纪 80—90 年代初）

这一时期物流管理的内容从企业内部延伸到企业外部，物流管理的重点已经转移到对物流的战略研究上。企业开始超越现有的组织机构界限并且开始注重外部关系，将供货商（提供成品或运输服务等）、分销商以及用户等纳入管理的范围，利用物流管理建立和发展与供货商及用户的稳定、良好、双赢、互助式合作伙伴关系，形成一种联合影响力量，以赢得竞争的优势。

物流管理进入合理化阶段，意味着企业应用先进的技术。电子数据交换、准时制生产、配送计划以及其他物流技术的不断涌现和应用发展，为物流管理提供了强有力的技术支持和保障。

4. 信息化、智能化、网络化阶段（20 世纪 90 年代至今）

20 世纪 90 年代以来，物流发展到供应链管理阶段，物流学科体系初步形成，综合性物流学科正在发展。随着新经济和现代信息技术的迅速发展，现代物流的内容仍在不断丰富和发展。信息技术的进步，特别是网络技术的发展，为物流发展提供了强有力的支撑，使物流向信息化、网络化、智能化方向发展。这不仅使物流企业和工商企业建立了更为密切的关系，同时物流企业也为各（类）客户提供了更高质量的物流服务，特别是电子商务的发展，像杠杆一样撬起传统产业和新兴产业，成为企业决胜未来市场的重要工具，而在这一过程中，现代物流成为这个杠杆的支点。

（三）按照物流服务的发展阶段形态特征，可以分为物流 1.0、物流 2.0、物流 3.0、物流 4.0 阶段

1. 物流 1.0：物流服务单一化

传统物流的服务是比较单一的，主要是物流主体利用自身能力和资源提供物的流动，以满足生产和消费的需求。由于商品生产地与消费地的差异，传统物流主要解决商品在空间与时间上的位移，即把商品从生产领域转移到消费领域，最终送交消费者手中。我们把这定义为物流 1.0 时代。传统物流服务内容单一，物流服务的整体质量水平也相对比较低，因而顾客满意度也比较低，当社会经济发生转型时，传统物流就会面临挑战。

2. 物流 2.0：物流服务一体化

随着市场经济迅速发展，我国物流产业的规模不断扩大，政府开始扶持和推动物流企业和物流设施的发展，物流企业在竞争中成长，提供专业化一体化物流服务的第三方物流市场初具形态。同时，随着信息技术的快速发展，物流企业可以在研究客户需求信息的基础上，对物流各作业环节的活动进行高效而经济的计划、执行和控制，现代物流也由此进入一体化服务时代，这也是物流 2.0 时代。

3. 物流 3.0：物流服务集约化

随着国内制造企业逐步整合，分离物流业务，物流产业的社会化与专业化进程加快。物流企业经营模式逐步细分，提供个性化服务，并向其他领域跨界延伸。企业信息流、物流与资金流也全面融合，物流进入供应链管理时代，物流服务也走向集约化，这就是物流 3.0 时代。

4. 物流 4.0：物流服务智慧化

随着互联网与物流业深度融合、大数据的应用，我国传统产业的运营模式面临变革，形成以数据代替库存的智慧物流生态体系。现代物流将进入智慧物流全面发展的时代，也就是物流 4.0 时代。

与传统物流不同，智慧物流会"动脑筋"计算出最科学合理的方法帮助企业解决货放哪儿、

货从哪儿配、车往哪儿走三类供应链决策问题,使货物在需要移动的时候能够更有效、更安全,货物在不需要移动的时候可以不移动或者少移动,进而大幅降低制造业、物流业等各行业的成本,实打实地提高企业的利润。

智慧物流利用集成智能化技术,使物流系统能模仿人的智能,具有思维、感知、学习、推理判断和自行解决物流中某些问题的能力。即在流通过程中获取信息从而分析信息做出决策,使商品从源头开始被跟踪与管理,实现信息流快于实物流。也就是通过RFID(射频识别技术)、传感器、移动通信技术等让配送货物实现自动化、信息化和网络化。

案例分析

物流文化的起源和发展

中华民族五千年文明史的每一个历史阶段都能看到"物流思想"的独特灵光和"物流文化"的特有足迹,张骞出使西域(见图1-2)、文成公主和亲、郑和下西洋、京杭大运河……这些历史事件生动地反映了中国"物流史"的渊源文化。

西周初期,战事连连,仓储成了国家之根本。《礼记·王制》中论述:"国无九年之蓄,曰不足;无六年之蓄,曰急;无三年之蓄,曰国非其国也。"

义仓起源于汉代,发展于北齐,盛行于隋唐。公元585年,隋文帝劝令民间每年秋天由每户出粟一石,根据贫富分等级储之里巷,以备荒年,名曰义仓。中国人民在古代已经意识到了仓储能够起到调节供需的重要作用。

公元前221年,秦始皇统一六国之后,采用"书同文,车同轨"的政策,可见当时人们已经意识到了标准化对于贸易活动和信息传递的影响。而秦国对于物流的重视,远非其他六国所能及。秦始皇更是把物流建设提升到了一个新的高度。与其说条条大路通罗马,不如说条条直道至咸阳,秦国倾力铺设"秦直道"(见图1-3)。在当时的世界上,这一超前的"高速公路",保证了秦军在战争物流保障上的规模化和快速化。"秦直道"和"车同轨",充分展现了秦始皇的远见卓识,也是秦始皇在物流标准化上所做的开创性贡献。

图1-2　张骞出使西域　　　　　图1-3　秦直道

汉朝在物流领域最大的成就,就是打造了连通欧亚的第一条大陆桥——丝绸之路。从张骞出使西域开始,汉朝皇帝高度重视对于西部的开发,并一直将其当作国家战略发展的重要一环。丝绸之路的发展史可以说就是人类历史文明和贸易的发展史,而史书表明丝绸之路早在命名之前就已是物流通道。"丝路传奇"既是一部物流发展的传奇史,更是见证了人类历史文明进步与世界贸易发展的伟大传奇。丝绸之路的开辟,不但在军事上让汉朝疆域不断扩大,"犯强汉者,虽远必诛",而且让中华文明和亚欧当时各国文明的交流变得便捷。

华夏文明博大精深,中华物流文化恢宏而厚重。历史的经验告诉我们,文化不仅需要传承,更需要创新。昨天应该被了解,今天应该被把握,明天则更需要开拓创新。发展物流业是每个物流人的责任担当,传承物流文化,更是每个物流人的使命。

思考题：

1. 说说物流发展史。
2. 谈谈你对物流文化的认识。

案例分析

从快递物流发展数据看中国物流发展之路

从近 10 年的电子商务购物节快递物流数据可以看出，快递物流日处理包裹量从 2014 年的 1 亿件增长至 2021 年最高近 7 亿件的水平，当日处理包裹量的比例从 25% 左右增加至近 50% 的水平。近年来，在销售额和包裹量持续增长的背景下，物流时效不仅可以做到 72 小时甚至 48 小时内发货，还有越来越多的"小时达""次日达"收货体验，甚至还有无人车完成"最后一公里"的配送，免除消费者在快递点排队的烦恼。从最初的"爆仓"（见图 1-4）、配送时效以天为单位、快递点排长队，向智慧仓储（见图 1-5）、配送时效以小时和分钟为单位、无人车送货（见图 1-6）迈进，这背后是物流数字化、运营方式和基础设施布局的不断迭代优化。

图 1-4　快递爆仓状况

图 1-5　智慧物流分拣系统

图 1-6　无人车配送

首先，数字化服务质量显著提升。电子商务物流作为物流行业里数字化程度较高的细分领域，无论是软件还是硬件，信息化和智能化水平都很高。

软件方面，数据平台会给电子商务和快递企业提供大数据支撑，预测订单量、快递量等数据，电子商务企业可以提前备货，快递企业可以提前储备人力、运力和仓储面积，保障订单在规定时间内发货。此外，电子商务和快递平台的对接，实现了电子商务平台下单，订单号生成的同时快递单号也生成，可以直接在现场打包发货，消费者也能在电商平台直接查询物流信息。

依托大数据、AI 分析等手段，对电商平台的订单数据和快递企业的运力数据进行分析，统筹运力、整合订单，实现精准调度，最大限度发挥规模效应，不仅提高了系统的处理能力，还降低了单件快递的成本。

硬件方面，以往电商平台"小批量、小批次、多品类"订单的拣选需要投入大量人力和时间以及场地，近年随着技术的成熟，菜鸟、京东、发网等大型电商物流服务商，在库内拣选和线路分拣方面已开始应用智能分拣线和 AGV 等智能设备来改变以往"人到货"的订单拣选模式，而是用智能设备实现"货到人"，省去人员在库区内的行走时间，还可以提高拣选的正确率。同时由于拣选区内只有机器人通行，在货架布局上也可以使用密集存储来提高仓库利用率，还可通过算法不断优化货架和货位布局，减少拣货人员等待时间，进一步提高拣货效率。

其次，运营方式及管理得当。预售模式作为近几年电子商务购物兴起的一种销售模式，几乎成了购物节或者抢手货的标配，"尾款人"的称号也是伴随着预售的模式诞生的。从物流操作的角度来说，预售品一般是固定的套装，在仓储环节可以预打包一定数量的套装，"尾款人"支付尾款后，只需要进行打印标签和贴标的工作，包裹就可以出库进行配送了。同时由于预售的分流作用，企业也有了更多的时间来消化激增的快递量。

再者，基础设施与布局规划迭代升级。在配送环节，在消费者支付定金之后，已有部分"前置件"配送至快递营业点了，支付尾款后，系统会显示包裹放行，心爱的包裹就会立刻开始送货上门，所以第二天甚至当天收货的案例也就愈发多了。"最后一公里"作为最靠近消费者的一个环节，也是快递企业提高服务质量的一个重点关注领域，企业通过"前置仓"的布局，将仓库"搬到"消费者家门口，以保障稳定的服务时效和分钟级的收货体验。

思考题：
1. 什么是快递物流？
2. 从快递物流发展数据，谈谈你对物流业的发展现状和趋势的认识。

文档 中国古代快递发展史

任务二 认知现代物流

引 例

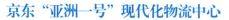

京东"亚洲一号"现代化物流中心

视频 京东亚洲一号

京东"亚洲一号"现代化物流中心位于上海嘉定区，共分两期，建筑面积为 20 万平方米。一期总建筑面积约为 10 万平方米，分为 4 个区域——立体库区、多层阁楼拣货区、生产作业区和出货分拣区。其中，"立体库区"库高 24 米，利用自动存取系统（AS/RS 系统），实现自动化高密度储存和高速拣货能力；"多层阁楼拣货区"采用各种现代化设备，实现自动补货、快速拣货、多重复核手段、多层阁楼自动输送能力，实现京东 SKU（库存量单位）高密度存储和快速准确拣货和输送能力。京东"亚洲一号"被称为国内最大的单体物流中心，分拣处理能力每小时能达到 1.6 万件，而且是全自动化作业，已达到目前全球最高水平。

思考题：
1. 什么是现代物流？现代物流具有哪些特征？你如何理解现代物流？
2. 物流信息化发展现状和趋势是什么？

一、现代物流概述

（一）现代物流的定义和分类

视频 什么是现代物流？

现代物流指的是将信息、运输、仓储、库存、装卸搬运及包装等物流活动综合起来的一种新型的集成式管理，其任务是尽可能降低物流的总成本，为顾客提供最好的服务。我国许多专家学者认为："现代物流是指根据客户的需求，充分利用现代信息技术手段，以最经济的费用，将物流从供给地向需求地转移的过程。它主要包括运输、储存、流通加工、包装、装卸搬运、配送和信息处理等活动。"

当今物流活动与我们的经济生活相伴相随，虽然物流基本功能要素是共同的，但是由于物流对象不同、目的不同、范围不同，形成了不同类型的物流。按不同的标准，物流可以分为不同的类型。

1. 按物流研究的范围来分

（1）宏观物流。宏观物流是指社会再生产总体的物流活动，是从经济总量的角度去认识和研究物流活动的，属于大空间范畴的物流活动，如全国物流、全球物流等。

（2）微观物流。微观物流是指社会再生产个体的物流活动，是从经济个量的角度去认识和研究物流活动的，属于小空间范畴的物流活动，如包括采供物流、生产物流、销售物流、逆向物流、废弃物物流在内的企业物流和生活物流等。

2. 按生产经营过程中所处的阶段分

（1）采供物流。采供物流是指企业生产所需的一切物料（包括原料、辅料、燃料、零部件、半成品等）的采购、进货运输、仓储保管、出库发放等作业过程。

（2）生产物流。生产物流是指原材料、燃料、辅料、外购件投入生产后，经过下料、发料，运送到各个加工点和存储点，以在制品的形态，从一个生产单位（车间）流入另一个生产单位（车间），按照规定的生产工艺过程进行加工、储存的全部生产过程。生产物流的形式和规模取决于生产的类型、规模、方式和生产的专业化与协作化水平。

（3）销售物流。销售物流是指在销售活动中，完成其产品从生产地到用户所在地的时间和空间转移的过程。销售物流是企业赖以生存和发展的条件，是连接消费者的桥梁，具有很强的服务性。

（4）逆向物流。逆向物流是指不合格品的返修、退货及周转使用的包装容器从需方返回到供方所形成的物品实体流动过程。逆向物品品种繁多，流通渠道也不规则，且多有变化，管理和控制的难度比较大。

（5）废弃物物流。废弃物物流是指将经济生活中失去使用价值的物品，根据实际需要进行收集、分类、加工、包装、搬运、储存等，并分别送到专门处理场所时形成的物品实体流动过程。废弃物物流没有经济效益，但有不可忽视的社会效益，有利于环境保护。

3. 按物流活动的空间范围来分

（1）地区物流。地区物流是指地区局部范围内的物流活动，如南京物流、上海物流等。地区物流系统对于提高该地区企业物流活动的效率，及保障当地居民的生活具有不可缺少的作用。

（2）国内物流。国内物流是指全国范围内的物流活动。国家作为一个政治经济实体，所制定的各项政策法规都应该是从自身整体利益出发，为全国民众服务。物流业已成为国民经济的一个重要行业，其发展应该纳入国家的总体规划框架内。国家在物流现代化的推进过程中主要发挥行政调控作用，提供私人不愿投资，但社会又非常需要的公共产品，如制定各种物流方面的政策法规，确定物流活动的操作标准，投资铁路、管道、机场、港口、高速公路等物流基础设施。

（3）国际物流。国际物流是不同国家之间的物流活动。国际物流是国际贸易的重要组成部分，各国之间的相互贸易最终是通过国际物流来实现的。全球经济一体化是当前世界经济的发展趋势，这意味着国家与国家之间的经济交流越来越频繁，任何国家不投身于国际经济大协作的交流之中，该国经济就可能得不到良好的发展。

4. 按照物流系统性质分

（1）企业物流。企业物流是指货物实体在企业内部的流动。企业是向社会提供产品和服务的经营实体。制造企业要购进原材料、零部件、半成品等，经过生产加工后，形成产成品再销售出去。商业企业要先进货，然后再销售出去。

（2）行业物流。行业物流是指超出一家企业但又在同一行业内运行的物流。同一行业中的物流企业是市场上的竞争对手，但是在共同促进物流行业发展方面又可以相互协作，使参与的企业共同受益。例如，日本建筑机械行业在行业物流系统合理化方面提出"建设共同的零配件仓库，实行共同配送；建立新旧设备及零部件的共同流通中心；建立技术中心，共同培训操作人员和维修人员；统一建设机械规格"等内容。行业物流主要由各个行业协会去研究。

（3）社会物流。社会物流的范畴是社会经济的大领域，是指超越一家一户和一种行业，面向社会的物流活动。这种社会性很强的物流活动往往是由专门的物流承担人承担的。

5. 按照物流活动的承担主体不同分

（1）第一方物流（First Party Logistics，1PL）。第一方物流是指卖方、生产者或者供应方组织的物流活动。

（2）第二方物流（Second Party Logistics，2PL）。第二方物流是指买方、销售者或流通企业组织的物流活动。

（3）第三方物流（Third Party Logistics，3PL/TPL）。第三方物流是指由货物供需方以外的第三方去完成的物流活动。第三方物流企业是专业性的物流公司，在整合各种资源的基础上，为客户提供包括问题诊断、规划设计和具体物流业务运作等综合物流服务。

（4）第四方物流（Fourth Party Logistics，4PL）。第四方物流是一个供应链的集成商，一般情况下政府为促进地区物流产业发展，领头搭建第四方物流平台提供共享及发布信息服务，是供需双方及第三方物流的领导力量。它不是物流的利益方，而是通过拥有的信息技术、整合能力及其他资源提供一套完整的供应链解决方案，以此获取一定的利润。它帮助企业实现降低成本和有效整合资源，并且依靠优秀的第三方物流供应商、技术供应商、管理咨询及其他增值服务商，为客户提供独特和广泛的供应链解决方案。

（二）现代物流的特征

1. 物流系统化，物流总成本最小化

物流的各要素之间存在着二律背反（或效益背反）关系，现代物流通过各个功能活动的相互配合和总体协调达到物流总成本最小化的目的，从系统的角度出发，通过物流功能的最佳组合以实现物流整体的最优化。

2. 物流管理专门化，物流服务社会化

物流专业化包括两个方面的内容：一方面，在企业中，物流管理作为企业一个专业部门独

立地存在并承担专门的职能。另一方面，在社会经济领域中，出现了专业化的物流企业，提供着各种不同的物流服务，并进一步演变成为服务社会化的物流企业。物流服务社会化是指社会中的任何组织机构对物流的需求由自己内部完成转变为由专业的社会物流企业来完成。

3. 物流网络化、信息化、智能化

现代物流有完善、健全的物流网络体系，网络上点与点之间的物流活动保持着系统性、一致性，通过现代化的信息技术、信息手段将各项物流功能活动有机结合在一起，信息流、商流、物流、资金流共同实现了"四流一体"。智能化在更大范围和更高层次上实现物流管理的自动化，智能化不仅能用于作业，而且能用于管理，如库存管理系统、成本核算系统等。

4. 物流柔性化、快速反应化

随着消费者需求的多样化、个性化，物流需求呈现出小批量、多品种、高频次的特点。订货周期变短，时间性增强，物流需求的不确定性提高。物流柔性化就是要以顾客需求为中心，在现代物流信息系统、作业系统和物流网络的支持下，对顾客的需求做出快速反应，及时调整物流作业，同时有效地控制物流成本。

小思考：现代物流与传统物流有何区别？

实用案例

海尔物流的"一流三网"

海尔物流充分体现了现代物流的特征：实现"一流三网"。"一流"是指以订单信息流为中心；"三网"分别是指全球供应链资源网络、全球用户资源网络和计算机信息网络。"三网"同步运行，为订单信息流的增值提供支持。

海尔物流"一流三网"的同步模式带来了多重效益：一是为订单而采购，消灭库存。在海尔，仓库不再是储存物资的水库，而是一条流动的河流，河中流动的是按单采购来生产必需的物资，从根本上消除了呆滞物资、消灭了库存。二是自海尔物流整合以来，呆滞物资降低73.8%，仓库面积减少50%，库存资金减少67%。海尔国际物流中心货区面积7 200平方米，但它的吞吐量相当于30万平方米的普通平面仓库，海尔物流中心只有10个叉车司机，而一般仓库完成这样的工作量至少需要上百人。三是赢得全球供应链网络。海尔通过整合内部资源、优化外部资源，使供应商由原来的2 336家优化至978家，国际化供应商的比例上升了20%，建立了强大的全球供应链网络。海尔的物流改革是一种以订单信息流为中心的业务流程再造，通过对观念的再造与机制的再造，构筑起海尔的核心竞争能力。

二、现代物流管理

（一）物流管理的定义和内容

我国国家标准《物流术语》（GB/T 18354—2021）对物流管理的定义是：为达到既定的目标，从物流全过程出发，对相关物流活动进行的计划、组织、协调与控制。

物流管理的内容包括三个方面：对物流活动诸要素的管理，包括运输、储存等环节的管理；对物流系统诸要素的管理，即对其中人、财、物、设备、方法和信息等六大要素的管理；对物流活动中具体职能的管理，主要包括物流计划、质量、技术、经济等职能的管理。可见，物流管理是一个综合的系统，如图1-7所示。

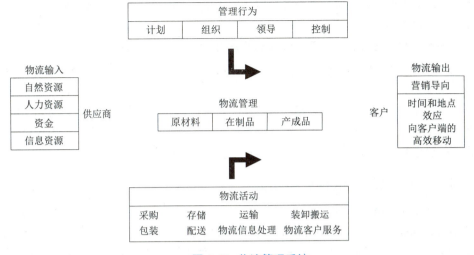

图 1-7　物流管理系统

（二）现代物流管理的特点

现代物流管理首先以实现客户满意为第一目标，以企业整体最优为目的，以信息为中心，重效率，更重效果。现代物流管理具有以下特点。

（1）现代物流管理是系统整合的协作物流，以企业整体最优为目的。从商品供应体系的角度来看，现代物流不是单个生产、销售部门或企业的事，而是包括供应商、批发商、零售商等有关联企业在内的整个统一体的共同活动，从而使物流管理成为一种供应链管理。从供应链战略管理的角度出发，现代物流管理指挥着跨企业组织的物流作业，通过强化流通过程中所有企业的关系，以实现产品供应链全过程的价值和经营行为的最适化。

（2）现代企业物流是客户服务物流，客户服务是物流管理创新的原动力。传统物流认为物流是"内部事务"，只对组织内部产生影响，其服务对象是组织内部的生产或销售部门；现代物流认为物流是"外部事务"，其服务对象是组织外的顾客，与此相适应，企业经营理念的核心已从产品制造转向市场营销和客户服务。企业的物流活动也以客户服务为价值取向，同时向生产过程的上下游延伸，通过提供顾客所期望的服务，在积极追求自身交易扩大的同时，强调实现与竞争者顾客服务的差别化。

（3）现代企业物流管理依靠高度发达的信息网络和全面、准确的市场信息，来实现企业各自的经营目标和实现整个供应链的效率化。信息已成为物流管理的核心，现代物流活动必须及时了解和反映市场的需求，并将之反馈到供应链的各个环节，这样才能保证生产经营决策的正确和再生产的顺利进行。

实用案例

锦程物流三位一体的创新战略模式

依靠小舢板搭建起的物流巨舰，锦程国际物流仅仅用了不到 5 年的时间，就编织起了一个跨越海内外的物流连锁网络。锦程物流采用三位一体的创新战略模式。创新战略的三个方面并非彼此孤立，而是互为联系的。

第一，连锁经营是网络布局的实现手段。从国外物流企业的发展历程来看，网络规模是实现全程国际物流服务的基础，国际上知名的国际物流企业大都历经半个世纪甚至上百年的时间才完成全球的网络布局。

第二，实现一体化运营，有赖于网络技术的全面应用，来实现加盟企业之间的全信息共享和运输各环节的资源优化配置，降低联盟企业的运营成本，提高效益并对用户实现全信息化的、标准化的物流服务。

第三，集中采购的盈利模式是锦程物流的另一创新。锦程物流将集中采购的商业理念应用于传统货运代理领域，依托电子商务、国内分支机构和国外代理网络，整合海运进出口集装箱资源，向承运船东集中采购优势运价，再通过网络营销批发优势运价。

三、物流信息化发展的特点和趋势

（一）物流信息化概述

物流信息化是指物流企业运用现代信息技术对物流过程中产生的全部或部分信息进行采集、分类、传递、汇总、识别、跟踪、查询等一系列处理活动，以实现对货物流动过程的控制，从而降低成本、提高效益的管理活动。

物流信息化是现代物流的重要内容和重要标志，贯穿现代物流的所有环节和全过程。可以这样说，没有物流信息化也就无所谓现代物流。物流信息化建设问题，已成为世界各国物流界和信息界所关注、探讨和实践的热点。

物流信息化发展离不开物流信息化技术和物流信息系统。典型的物流信息化技术，如物流信息采集技术（条码技术、RFID、传感器技术等）、传输技术（EDI）、存储技术（数据库技术、大数据技术等）、跟踪和监控技术（GPS、GIS等）；典型的物流信息系统，如仓库管理系统（WMS）、运输管理系统（TMS）、配送管理系统（DMS）等。

（二）物流信息化发展的特点和趋势

发展物流信息化对于实现智慧物流有重要意义。物联网、云计算、大数据等全球新一轮科技革命为物流产业转型升级创造了重大机遇，智慧物流成为转型升级的新动能。物流信息化作为实现智慧物流的基础呈现出如下特点和趋势。

1. "互联网+"进一步促进物流信息化建设

自2015年7月，国务院发布《关于积极推进"互联网+"行动的指导意见》，提出了"互联网+高效物流"等11项重点行动以来，物流的信息化、自动化、智能化成为发展趋势。

提升商贸物流服务水平，必须依赖于物流标准化、信息化的创新发展，如推进信息系统和平台的标准化，引导平台增强服务功能。同时，开展试点示范，探索提高商贸物流信息化水平新路径。

2. 物联网与物流业深度融合

物联网、云计算、大数据等新兴技术在物流业得到了广泛的应用，货物跟踪定位、RFID、电子数据交换、可视化技术、移动信息技术、智能交通及定位服务等先进信息技术在物流行业的应用成效显著。

其中，物联网正与物流业深度融合，从技术、模式、空间等诸多方面改变了传统物流的运作方式，提高了行业的效率水平。据悉，目前行业已经有超过400万辆重型货车安装了北斗定位系统，大量的托盘、集装箱、仓库、货物等接入了物联网，以信息互联、设施互联带动了物流的互联。车联网技术从传统车辆定位向车队管理、车辆维修、智能调度、金融服务等方向延伸。

3. 大数据技术应用更加深入

随着政府监管从以统计报表为主的静态监管升级为以运营数据为主的动态监管，物流企业不仅要有采集数据、传递数据和储存数据的能力，而且要有大数据的意识。

在物流领域，大数据帮助快递企业预测运力需求，缓解"双11"等特殊时期的爆仓问题。大数据具有多种应用场景，包括个性化和精准化的运力匹配、智能车队管理、信用档案建设、高效的多式联运、服务区域经济决策、通过智能学习预测调度未来空车等。未来数据的采集和应用都需要进行动态的分析与优化，同时应用智能化学习记忆的方式，使其应用更加广泛。其中，仓储将会成为未来物流数据沉淀的重要部分。

4. 物流云是构建物流新生态的基础

数据日益成为企业重要的战略资源，数据上云的同时，仍然需要与产业链中的其他生态聚集，互为有效利用。为了迎合物流企业升级互联网平台运营的需求，相关云产品及服务越来越多。

5. 区块链技术应用将更加广泛

"区块链不仅仅是技术，更是战略。"区块链包括四个部分：共享账本、智能合约、隐私许可、交易共识。简单来看，区块链＝超级账本＋供应链。物流领域存在大量的纸质单据、有大量的全局可视化、溯源、追责等需求，以及供应链金融服务需求等，因此区块链在物流领域拥有大量的应用场景，如在食品溯源方面，区块链解决方案不仅可以提供对多方参与的供应链网络的信任度，还可以追溯食物来源，改善食品供应链的协调。

6. 无车承运人试点将促进物流平台建设

2016年9月1日，交通运输部办公厅发布了《关于推进改革试点加快无车承运物流创新发展的意见》，并最终筛选确定了283个无车承运试点企业。无车承运人已经成为平台企业和部分有条件的物流企业转型的必然选择。无车承运人通过与移动互联网相结合，可以更大范围地整合车、货、站场等物流运输资源，更快速地拓展运输网络辐射范围，实现物流资源的科学配置，无车承运人将是物流业降本增效的重要部分。

7. 物流诚信平台为实现联合惩戒搭建平台

信息化是物流业发展的引擎，是物流企业转型升级的动力。物流诚信体系建设是物流信息化系统建设的重要组成部分，是强化企业监管的基础，可有效地约束和规范企业的经营行为，营造良好的市场环境。

8. 物流信息化建设仍有较大改进空间

在企业的信息化、公共服务平台的信息化、社会物流监管的信息化等方面还存在较大的改进空间。随着新零售的快速发展，消费者服务需求及体验的升级，智慧物流的创新发展已经进入关键期，但传统物流企业运营互联网的意识和能力不足，而新兴高科技企业又欠缺对物流产业的理解和把握，新技术、新业态、新模式受传统监管模式和体制制约进展缓慢，智慧物流的发展有待进一步突破。

政策文件

"十四五"时期国家政策中绿色物流的关注点

进入"十四五"时期，碳达峰、碳中和一直成为各行各业的关注点，以双碳为目标引领发展也是贯彻落实"五大发展理念"之一的"绿色"发展理念。目前，我国交通运输领域碳排放总量已占全国碳排放总量的10%，尤其是道路运输在交通运输全行业碳排放中的占比约为

80%，因此交通运输行业的绿色化转型势在必行。

自 2021 年开始，国家层面相继颁布了多项政策涉及交通运输行业的绿色发展，如《国家综合立体交通规划纲要》《关于完整准确全面贯彻新发展理念做好碳达峰、碳中和工作的意见》《"十四五"现代综合交通运输体系发展规划》《2030 年前碳达峰行动方案》等。

针对物流领域的低碳绿色化，主要提出了以下几方面的规划及要求。

一是要求交通运输设施要与国土生态空间协调。交通设施选址要符合国土空间发展格局，要保护生态功能区，要重点加强永久基本农田保护。

二是加强物流基础设施的绿色化提升改造。推进绿色铁路、绿色公路、绿色港口、绿色机场等建设。推进铁路电气化改造；规划构建便利高效、适度超前的充换电网络体系，有序推进充换电、加注（气）、加氢等基础设施建设。

三是优化调整运输结构。加快推进多式联运型物流园区和铁路专用线建设，推进大宗货物和中长途货物运输"公转铁""公转水"。优化运输组织模式，鼓励发展城乡物流共同配送、统一配送、集中配送、分时配等集约化配送模式。

四是推进绿色货运配送。积极推动新能源、清洁能源车船、航空器的应用，提高新能源和清洁能源在物流运输中的使用比例，推进城市绿色货运配送示范工程建设。全面实施汽车国六排放标准，并基本淘汰国三及以下排放标准汽车，推动清洁柴油机行动。大力发展绿色仓储，建设绿色仓库。推广应用绿色包材，重点推进快递包装的绿色化。

五是强化绿色交通运输技术装备的研发。加强科研攻关，鼓励从源头上减少二氧化碳、污染物等排放。加强新技术、新材料、新装备的研发，研究制定绿色技术和节能设施设备的推广目录，加强研发应用蓄冷周转箱、保温包装等设施设备。

六是加强重点领域的污染防治。严格落实船舶大气污染物排放区控制制度，重点加强船舶污染物的接收处理，以及开展交通运输噪声污染治理和港区污水、粉尘等综合治理。

七是完善交通运输领域碳排放相关控制政策。制定物流领域碳排放统计方法和核算规则，以及碳减排评估考核制度和管理绩效激励制度。建立交通运输碳排放监测平台，为交通运输领域碳交易市场机制打好基础。

思考题：
1. 文中提到的"五大发展理念"是什么？
2. 什么是绿色物流？如何实现物流领域的低碳绿色化？

任务三 走进智慧物流

引 例

自动化智能云仓服务商——闪电仓

闪电仓成立于 2016 年，全称秒仓信息科技（上海）有限公司，是一家互联网科技型供应链管理公司，专注于供应链流程的系统优化、技术创新及运营流程改善，提供智能化供应链服务及解决方案。目前其主要业务方向是数字化仓配运营、自动化集成/智能制造、数据及供应链金融三个方面。数字化仓配运营业务包括一站式全渠道仓配、仓内职能算法系统、机器人拣选系统、数字化 CRM（客户关系管理）、敏捷 BMS（费用管理系统）等；自动化集成/智能制造包括供应链规划咨询、供应链系统开发、智能仓库集成、一体化调度系统、RFID 系统；数据及供应链金融包括 SaaS（软件即服务）系统、供应链大数据、供应链金融及动态风控系统。

闪电仓在三方物流仓库中是第一家具有系统算法库存管理软件和最早做自动化集成的企业。在电商仓配领域，闪电仓凭借其"算法系统＋精益运营＋自动化集成"的运营模式，独立开发一套面向未来的智能算法系统，帮助企业提供从设计规划咨询、智能设备集成到代运营管理的一站式服务，满足了中小微企业多样化的需求，服务最为复杂的场景。

思考题：
1. 闪电仓的主要业务有哪些？有何特色？
2. 智慧物流有何特点和作用？智慧物流与智能物流的区别是什么？
3. 进一步查阅资料，说说智慧物流的发展现状和应用。

物流业是支撑国民经济和社会发展的基础性、先导性、战略性产业。随着新技术、新模式、新业态的不断涌现，物流业与互联网深度融合，智慧物流逐步成为推动物流业发展的新动力、新路径，也为经济结构优化升级和提质增效注入了强大动力。智慧物流是物流发展的高级阶段，是现代信息技术发展到一定阶段的必然产物，是多项现代信息技术的聚合体。

一、智慧物流概述

（一）智慧物流提出的背景

目前，关于智慧物流没有统一的概念，智慧物流最早的概念要追溯到 2008 年 IBM 公司提出的"智慧地球"这一概念。在我国，2009 年 8 月 7 日，温家宝总理在无锡提出了"感知中国"的理念，物联网被正式列为国家五大新兴战略性产业之一，此后被写入政府工作报告。11 月 3 日，温家宝总理再次指出要着力突破传感网、

视频 什么是智慧物流？

物联网关键技术。同年，国务院《物流业调整和振兴规划》提出，积极推进企业物流管理信息化，促进信息技术的广泛应用，例如全球卫星定位系统（GPS）、地理信息系统（GIS）、道路交通信息通信系统（VICS）、不停车自动缴费系统（ETC）、智能交通系统（ITS）等技术，加强物流信息系统安全体系研究。在物流行业内部，很多先进的现代物流系统已经具备了信息化、网络化、集成化、智能化、柔性化、自动化等高技术特征，很多物流系统和网络也采用了红外、激光、无线、编码、自动识别、定位等技术，这种集光、机、电、信息等技术于一体的新技术在物流系统的集成应用就是物联网技术在物流业应用的体现。2009 年 12 月，中国物流技术协会信息中心，华夏物联网和《物流技术与应用》编辑部率先提出了"智慧物流"的概念。智慧物流概念的提出顺应历史潮流，也符合现代物流业发展的趋势，对企业、整个物流行业，乃至整个国民经济的发展具有至关重要的意义。

总的来说，智慧物流是在信息系统的控制之下，操作物流系统的各个环节，实行系统全面感知，这样就可以及时处理各类问题和进行及时必要的自我调整。通过信息技术与物流技术的交叉融合，让物流实现自动化、创新化、准确化。它集全面分析、及时处理及多种服务功能于一体，体现了现代经济运作特点的需求，即强调信息流与物质流快速、高效、通畅地运转，从而实现降低社会成本、提高生产效率、整合社会资源的目的。

🔄 政策文件

物流业发展政策文件

党的十八大以来，国务院先后印发《物流业发展中长期规划（2014—2020年）》（国发〔2014〕42号）、《物流降本增效专项行动方案（2016—2018年）》（国办发〔2016〕69号）、《关于进一步推进物流降本增效促进实体经济发展的意见》（国办发〔2017〕73号）、《关于进一步降低物流成本的实施意见》（国办发〔2020〕10号）等政策文件，出台了简政放权、减税降费、补短强基、互联互通等一系列政策措施，引导实体经济降低物流成本水平。我国社会物流总费用与GDP的比率由2012年的18%下降到2021年的14.6%，十年累计下降3.4个百分点。在物流成本稳步下降的同时，物流服务能力逐步提升。

（资料来源：中国物流与采购联合会）

（二）智慧物流的概念

1. 关于智慧

智慧物流的本质是智慧，物流是智慧的应用客体。狭义的智慧指高等生物所具有的基于神经器官的一种高级的综合能力，包含感知、知识、记忆、理解、联想、中庸、包容、决定等多种能力*。智慧是由智力系统、知识系统、方法和技能系统、非智力系统、观念和思维系统、审美和评价系统等多个子系统构成的复杂体系孕育出的一种能力。广义的智慧扩展到没有生命的物理世界，用最先进的电子信息技术和管理方式武装整个物的系统，从而形成一种类似于人类智慧的系统，将智慧传导系统和智慧思维系统延伸至物理世界。

2. 智慧物流的概念

智慧物流的概念自提出以来，受到专家和学者的高度关注，但目前企业界和学术界对智慧物流的概念并未达成共识。

国内较早关于智慧物流的说法，是由中国物流技术协会信息中心联合几家单位于2009年12月提出的，其指出：智慧物流是利用集成智能化技术，使物流系统能模仿人的智能，具有思维、感知、学习、推理判断和自行处理问题的能力。它包括了智能运输、智能仓储、智能配送、智能包装、智能装卸及智能地获取、加工和处理信息等多项基本活动。智慧仓储系统如图1-8所示。

图1-8　智慧仓储系统

国家发展和改革委员会综合运输研究所所长汪鸣（2011年）认为，智慧物流是指在物流业领域广泛应用信息化技术、物联网技术和智能技术，在匹配的管理和服务技术的支撑下，使物流业具有整体智能特征、服务对象之间具有紧密智能联系的发展状态。

---

*　出自《墨子·尚贤中》："若此之使治国家，则此使不智慧者治国家也，国家之乱，既可得而知已。"

中国物流学会、中国物流和采购联合会会长何黎明（2016年）认为：智慧物流是以物流互联网和物流大数据为依托，通过协同共享创新模式和人工智能先进技术，重塑产业分工，再造产业结构，转变产业发展方式的新生态。他提出：当前，物流企业对智慧物流的需求主要包括物流大数据、物流云、物流模式和物流技术四大领域。

《中国智慧物流2025应用展望》中将智慧物流定义为：通过大数据、云计算、智能硬件等智慧化技术与手段，提高物流系统思维、感知、学习、分析决策和智能执行的能力，提升整个物流系统的智能化、自动化水平，从而推动中国物流的发展，降低物流成本，提高效率。

《物流术语》（GB/T 18354—2021）中的定义：智慧物流是一种以物联网技术为基础，综合运用大数据、云计算、区块链及相关信息技术，通过全面感知、识别、跟踪物流作业状态，实现实时应对、智能优化决策的物流服务系统。

智慧物流能迅速、灵活、正确地理解物流问题，运用科学的思路、方法和先进技术解决物流问题，创造更好的社会效益和经济效益的物流模式。智慧物流的核心是通过智能硬件、物联网、大数据等智慧化技术与手段，提高物流系统分析决策和智能执行的能力，提升整个物流系统的智能化、自动化水平。智慧物流强调信息流与物流快速、高效、通畅地运转，从而实现降低社会成本，提高生产效率，整合社会资源的目的。

（三）智慧物流的要素

智慧物流服务的要素包括数据、算法、智能技术与智能设备、信息系统。

1. 数据

智慧物流提供服务中涉及人、物、流程和环境的数据记录并提供数据的分类存储、处理和分析服务。大数据、云计算、物联网以及人工智能等新技术是物流系统可以实现智慧的前提，集成化的智能技术和优化算法使得物流系统可以实现状态感知、实时分析、科学决策和精准执行，进而提高物流效率。

2. 算法

智慧物流根据智慧物流服务的实际场景，如智慧运输、智慧储存服务、智慧装卸与搬运、智慧包装、智慧流通加工以及智慧配送等，结合管理优化目标，设计相应的智能优化算法。

智慧物流具有一定的智慧能力，可以实现自动感知、自学习以及自决策。智慧物流区别于传统物流最重要的一点是智慧物流系统可以模仿人的智慧，在无人指引的情况下可以借助智能技术和算法实现自动感知、自主学习以及智慧决策。

3. 智能技术与智能设备

在智慧物流服务提供过程中利用智能技术与智能设备，进行多源数据处理并完成客户服务。智能技术包括物联网技术、大数据技术、无人驾驶技术、车联网、区块链、人工智能技术等，智能设备包括无人机、无人车、AGV（自动引导运输车）、AR（增强现实）等设备，实现物流的自动化、可视化、智能化与网络化，从而提高物流效率，降低物流成本，实现降本增效。

4. 信息系统

构建智慧物流信息系统，即智慧仓储系统、智慧运输系统、智慧配送系统、智慧包装和装卸搬运作业系统等，支持数据的实时存储、加工、传输和可视化。

（四）智慧物流的特征

1. 互联互通，数据驱动

所有物流要素实现互联互通，一切业务数字化，实现物流系统全过程透明可追溯；一切数据业务化，以"数据"驱动决策与执行，为物流生态系统赋能。

2. 深度协同，高效执行

实现跨集团、跨企业、跨组织之间深度协同，基于物流系统全局优化的智能算法，调度整个物流系统中各参与方高效分工协作。

3. 自主决策，学习提升

软件定义物流实现自主决策，推动物流系统程控化和自动化发展；通过大数据、云计算与人工智能构建物流大脑，在感知中决策，在执行中学习，在学习中优化，在物流实际运作中不断升级、学习提升。

小思考：智慧物流与智能物流、数字物流、数智物流的区别是什么？

直通职场

智慧物流人才需求分析

面对智慧物流快速发展，物流岗位需求或将面临如下变化。

1. 基础性岗位对人员的需求或将减少

随着智慧物流工作模式的转变，传统物流岗位如仓储员、分拣员、运输调度员、物流客服岗位等人员需求正在大幅度减少。

2. 技能型和复合型人才需求增加

由于基础性岗位一部分被智能设备所替代，因此，企业对物流人才的需求将会从基础性岗位转移至其他技术性岗位。这些岗位就要求物流人才具有更多的技能、素质与知识体系。未来企业对于技能型和复合型人才的需求或将增大。

智慧物流覆盖面非常广泛，既涉及仓储、运输、包装等物流核心业务，也包括计算机技术、物联网、智能控制等内容，它的良好运营离不开复合型人才。因此，对具备物流管理和技术、研发、软硬件技术结合等复合背景的人才需求会不断增加。

3. 智能技术研发人才需求增加

智慧物流最重要的不是各种智能设备，而是算法工程师，因此，市场对此类技术研发人才的需求不断增加。但是，这类需求大多对人才的学历、经验、技术水平都有较高的要求，不是高职物流人才的主流就业方向。

4. 设备维护人才需求增加

在各大企业发布的需求信息中，还有越来越多涉及设备的应用、维护等方面的需求。与技术研发人员不同，这类岗位的技术性难度不高，企业对这类岗位的学历要求也不高，相比较而言，更加注重的是实践操作能力。

（五）智慧物流的基本功能

1. 感知功能

感知功能是指运用各种先进技术能够获取运输、仓储、包装、装卸搬运、流通加工、配送、信息服务等各个环节的大量信息。实现实时数据收集，使各方能准确掌握货物、车辆和仓库等信息，初步实现感知智慧。

2. 规整功能

规整功能是继感知之后把采集的信息通过网络传输到数据中心，用于数据归档建立强大的数据库，在分门别类后加入新数据，使各类数据按要求规整，实现数据的关联性、开放性及动态性，并通过对数据和流程的标准化，推进跨网络的系统整合，实现规整智慧。

3. 智能分析功能

智能分析功能是指运用智能的模拟器模型等手段分析物流问题，根据问题提出假设，并在实践过程中不断验证问题，发现新问题，做到理论实践相结合。在运行中系统会自行调用原有经验数据，随时发现物流作业活动中的漏洞或者薄弱环节，从而实现发现智慧。

4. 优化决策功能

优化决策功能是指结合特定需要，根据不同的情况评估成本、时间、质量、服务、碳排放和其他标准，评估基于概率的风险，进行预测分析，协同制定决策，提出最合理有效的解决方案，使做出的决策更加准确、科学，从而实现创新智慧。

5. 系统支持功能

系统支持功能是指智慧物流各个环节并不是各自独立、毫不相关的物流系统，而是每个环节都能相互联系、互通有无、共享数据、优化资源配置的系统，从而为物流各个环节提供最强大的系统支持，使得各环节协作、协调、协同。

6. 自动修正功能

在前面各个功能的基础上，按照最有效的解决方案，系统自动遵循最快捷有效的路线运行，并在发现问题后自动修正，同时记录在案，方便日后查询。

7. 及时反馈功能

物流系统是一个实时更新的系统。反馈是实现系统修正、系统完善必不可少的环节。反馈贯穿于智慧物流系统的每一个环节，为物流相关作业者了解物流运行情况，及时解决系统问题提供强大的保障。

（六）智慧物流的作用

1. 降低物流成本，提高企业利润

智慧物流能大大降低制造业、物流业等各行业的成本，实打实地提高企业的利润。生产商、批发商、零售商三方通过智慧物流相互协作、信息共享，能更节省成本。其关键技术，如物体标识及标识追踪、无线定位等新兴信息技术应用，能够有效实现物流的智能调度管理、整合物流核心业务流程，加强物流管理的合理化，降低物流消耗，从而降低物流成本，减少流通费用，增加利润。

2. 加速物流产业的发展，成为物流业的信息技术支撑

智慧物流的建设，将加速当地物流产业的发展，集仓储、运输、配送、信息服务等多功能于一体，打破行业限制，协调部门利益，实现集约化高效经营，优化社会物流资源配置。同时，将物流企业整合在一起，将过去分散于多处的物流资源进行集中处理，发挥整体优势和规模优势，实现传统物流企业的现代化、专业化和互补性。此外，这些企业还可以共享基础设施、配套服务和信息，降低运营成本和费用支出，获得规模效益。

3. 为企业生产、采购和销售系统的智能融合打下基础

随着RFID技术与传感器网络的普及，物与物的互联互通，将给企业的物流系统、生产系统、采购系统与销售系统的智能融合打下基础，而网络的融合必将产生智慧生产与智慧供应链的融

合，企业物流完全智慧地融入企业经营之中，打破工序、流程界限，打造智慧企业。

4. 使消费者节约成本，轻松、放心购物

智慧物流通过提供货物源头自助查询和跟踪等多种服务，尤其是对食品类货物的源头查询，能够让消费者买得放心、吃得放心，增加消费者的购买信心，进而促进消费，最终对整体市场产生良性影响。

5. 提高政府部门工作效率，有助于政治体制改革

智慧物流可全方位、全程监管食品的生产、运输、销售，在大大节省相关政府部门工作压力的同时，使监管更彻底、更透明。通过计算机和网络的应用，政府部门的工作效率将大大提高，有助于我国政治体制的改革，精简政府机构、裁汰冗员，从而削减政府开支。

6. 促进当地经济进一步发展，提升综合竞争力

智慧物流集多种服务功能于一体，体现了现代经济运作特点的需求，即强调信息流与物质流快速、高效、通畅地运转，从而降低社会成本，提高生产效率，整合社会资源。

二、智慧物流系统的组成

小思考：什么是物流系统？物流系统的一般模式、要素和特点是什么？

文档 物流系统的一般模式、要素和特点

物流系统是指由两个及两个以上的物流功能单元构成，以完成物流服务为目的的有机集合体。物流系统的"输入"即指采购、运输、储存、流通、加工、装卸、搬运、包装、销售、物流信息处理等物流环节所需的劳务、设备、材料、资源等要素，由外部环境向系统提供的过程。物流系统是指在一定的时间和空间里，由所需输送的物料和包括有关设备、输送工具、仓储设备、人员以及通信联系等若干相互制约的动态要素构成的具有特定功能的有机整体。物流系统的成功要素是使物流系统整体优化以及合理化，并服从或改善社会大系统的环境。

智慧物流的本质是技术驱动下的现代物流。智慧物流系统是由物流大脑（数据底盘）、信息技术系统（物流技术）和作业执行系统（物流运营）所组成。物流大脑以大数据为基础，叠加机器学习和人工智能、运筹学和全局优化，实现物流系统的智能决策和自主运行。信息技术系统以物联网技术为核心，实现人—设备—货物的全面智能化感知与可视化。作业执行系统以物流自动化、机器人等智能装备技术，以及融入智能调度与控制策略的 WMS、TMS、DMS 等管理信息系统为基础，实现物流作业的柔性自动化、智能化和无人化。智慧物流系统如图 1-9 所示。

三、智慧物流的应用和发展

（一）智慧物流的发展动因

1. 智慧物流发展的政策法律环境

智慧物流技术信息化、网络化和智能化的特点为未来物流的长久发展提供了无限可能，发展智慧物流成为现代物流业发展的趋势。美国、德国、日本、韩国等国家纷纷提出了发展智慧物流的具体规划，智慧物流在全球迎来了发展的黄金时期。我国政府也对智慧物流业发展高度重视，从政策上加强引导，加大扶持力度，出台了一系列鼓励政策。

小任务：查阅资料，梳理物流业发展的政策文件，明确政策文件的主要内容和思想。

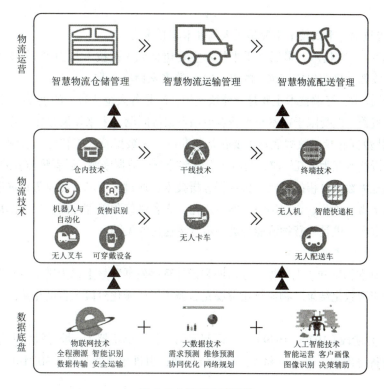

图 1-9 智慧物流系统

2. 智慧物流发展的经济环境

智慧物流发展的经济驱动因素有以下几方面：首先，劳动力的成本上升让物流业取代人工成为趋势；其次，对物流的柔性化与个性化需求，推动物流系统向资源整合、全面优化、协同共享方向发展；再次，电商经济催生出的新经济模式和业态在带动物流行业规模不断壮大的同时，也带给物流服务需求碎片化和配送去中心化的新挑战。在全社会互联网化、共享经济及智能化发展的趋势下，智慧物流发展中面临着快速增长的快递服务市场需求、物流服务需求碎片化和物流配送去中心化等新动能。

3. 智慧物流发展的社会环境

近十年以来，我国对于基础设施建设以及固定资产的投资力度持续增加。随着交通基础设施建设不断完善，通过物流云来高效地整合、管理和调度资源，并为各个参与方按需提供信息系统及算法应用服务，成为智慧物流的核心需求。此外，随着工业化、城镇化进程不断加快，制造企业向内陆迁移也产生新的物流需求。

4. 智慧物流发展的技术环境

大数据、物联网、云计算、智能机器人等新技术及装备作为智慧物流发展的根基，越来越广泛地被应用于物流产业，在整个智慧物流体系框架中起到关键的支撑作用。无人机、机器人等技术在近几年来发展迅速，未来将会进一步与物流行业结合，广泛应用在仓储、运输、配送等各个物流环节。

（1）仓内技术：目前机器人与自动化分拣技术已相当成熟并得到广泛应用，主要有机器人与自动化分拣、可穿戴设备、无人驾驶叉车、货物识别四类技术，应用于仓内搬运、上架、分拣等操作。

（2）干线技术：干线技术主要是无人驾驶卡车技术。

（3）最后一千米技术：最后一千米技术主要包括无人机技术与3D打印技术两大类。无人机技术相对成熟，目前包括京东、顺丰、DHL等多家物流企业。

（4）终端技术：终端技术主要是智能快递柜，它是各大企业布局的重点。目前已实现一、二线城市商用覆盖，但受限于成本与消费者使用习惯等问题，未来发展存在不确定性。

（5）智慧数据底盘：数据底盘主要包括物联网、大数据及人工智能三大领域。物联网技术与大数据分析技术互为依托，前者为后者提供部分分析数据来源，后者将前者的数据业务化，而人工智能则是大数据分析的升级。大数据分析技术，通过对商流、物流等数据进行收集和分析，主要应用于需求预测、仓储网络、路由优化、设备维修预警等方面。三者都是未来智慧物流发展的重要方向，也是智慧物流能否进一步升级迭代的关键。

（二）智慧物流的应用现状

智慧物流是在物联网、大数据、互联网和云计算等发展背景上，为满足自身发展的内在要求而产生的物流智慧化结果。物流行业发展先后经历了机械化阶段、自动化阶段，目前已发展到智慧化阶段。

（1）机械化阶段（1970—1979年）：研制出第一代仓储机器人；堆垛机、动力车、传送带、叉车、举重设备等出现，输送机和分拣机系统出现；引进德国西马格（SIEMAG）全套物流自动化技术。

（2）自动化阶段（1980—2016年）：组合式货架、AGV诞生；引入西门子PLC控制技术；自动存取系统、电子扫描仪、条形码等技术手段出现，全自动控制系统、ERP/WMS系统广泛应用。

（3）智慧化阶段（2016年至今）：机器人、AGV、无人机、"货到人"技术开始出现；物联网、云计算、大数据、人工智能等技术兴起，智慧物流开始逐步呈现快速发展的态势。智慧物流围绕物联网、人工智能、大数据、区块链等底层技术已经形成一套相对完整的产业链，主要分为上、中、下游三个部分。上游为设备提供商和软件提供商，分别提供硬件设备（输送机、分拣机、AGV、堆垛机、穿梭车、叉车等）和相应的软件系统（WMS、WCS等）；中游是智慧物流系统集成商，根据行业的应用特点使用多种设备和软件，设计智能仓储物流系统；下游是应用智慧物流系统的各个行业，包括烟草、医药、汽车、零售、电商等诸多行业。基础设施、物流科技、物流企业、物流平台构成了整个智慧物流的产业链，其中，物流科技与物流企业在产业生态之中处于核心地位。

目前，我国智慧物流行业处于一个充分竞争的态势，持续高速增长的物流规模、政策支持、竞争格局稳定等不断推动智慧物流行业的发展，智慧物流的布局已全方位展开，目前已进入行业整合、市场集中度迅速提高的阶段。

（三）智慧物流的发展前景

1. 体验升级创造智慧物流价值

开放共享的物流服务网络将全面替代现有的集中化物流运作网络，物联网、大数据等新技术的应用，可充分挖掘用户消费特征，精准预测用户消费需求，满足用户个性化的服务需求，以体验式经济创造智慧物流价值。

2. 智能化物流设备的广泛使用

智能化物流设施设备将成为智慧物流发展的基础运作单元，以更加高效率、低成本的运作优势促进物流业的降本增效。

3. 绿色升级促进物流业可持续发展

绿色包装、绿色运输、绿色仓储等新技术与新管理模式将得到加快推广应用，在国家"碳中和""碳达峰"背景下，"绿色低碳"将成为智慧物流的一个重点发展方向。

4. 供应链升级强化企业联动和深化融合

智慧物流将引领智慧供应链变革，以智慧物流为纽带，带动产业链上下游企业之间的强化联动和深化融合，协同共享理念的不断渗透将打破传统企业边界，深化供应链上企业之间的分工协作，实施商流、物流、信息流、资金流的一体化运作。

案例分析

购物狂欢数十亿包裹的背后，物流科技护航智慧物流转型

据国家邮政局监测数据显示，2020年11月1—11日，全国邮政、快递企业共处理快件39.65亿件。几十亿包裹的背后，物流科技护航智慧物流转型。

以快递派件服务为例，由于电子面单的普及和三段码的引入，信息技术可以实现地址信息AI分析，按订单比例训练模型和迭代派送服务，最终选择最佳派送点或部署无人快递柜，节省投递员60%分拣和派送时间，提高派送效率。同时，多云应用服务提供了感知可控，随需而变的创新应用服务技术平台，为智慧物流提供底层技术支持，与其他物流应用科技产生协同效应，使物流各环节信息共享，智能物流系统自动安排资源配置，优化物流运营效率，极大程度减少人工干预，节省成本。例如，业务高峰时，系统自动将订单分摊到多个节点，确保订单第一时间推送到网点和快递员的手持终端上；通过API（应用程序接口）自动化发布应用，只需几秒即可发布数百个应用，避免海量业务发布中人工操作造成的服务发布延迟和遗漏；预约取件、无人配送、物流跟踪等都需要物流公司将API接口开放给第三方平台，通过检查来源可信度、调用频率以及访问可视化，保障敏感信息不会泄露；从登录到下单，从转运到派送，从签收到结算，实时呈现，轻松处理日均数以亿计的海量订单。

在未来的智慧物流转型中，通过构建感知可控、随需而变的应用架构，从业务视角出发，向物流企业提供具有前瞻性的整合解决方案，为物流行业带来更多的数字化转型思路，为最终消费者带来更优质的购物体验。

思考题：
1. 什么是智慧物流？
2. 你如何理解智慧物流的发展及特征内涵？
3. 智慧物流的发展对物流业转型发展有何意义？

案例分析： 物流快递派件业务引入电子面单和三段码技术，实现地址信息AI分析，按订单比例训练模型和迭代派送服务。多云应用服务提供了感知可控，为智慧物流提供底层技术支持，与其他物流应用科技产生协同效应，使物流各环节信息共享，智能优化资源配置，提高物流运营效率。

实践任务一 智慧物流企业调研分析

（综合性实验 2 学时）

1. 目的要求

（1）了解智慧物流企业建设发展情况及未来目标。

（2）把握企业智慧物流建设的核心内容。

（3）明确企业智慧物流建设存在的问题及解决方法。

（4）初步具备企业智慧物流建设发展思路。

2. 实验内容

调研某智慧物流企业，具体调研与分析以下内容。

（1）调研企业智慧物流建设现状以及后期发展计划。

（2）分析企业智慧物流建设的特点。

（3）分析企业智慧物流建设存在的问题。

（4）结合所学知识提出企业智慧物流发展对策建议。

3. 主要仪器设备及用品

（1）计算机。

（2）计算机系统环境为 Win10。

4. 组织和实施

（1）学生分组，每组确定调研的企业，通过网络、实地调查等方式，设计调研问卷或调研访谈提纲。

（2）调研实施。做好相关记录，整理调研材料，小组讨论，并撰写调研报告与制作汇报 PPT。

（3）小组汇报。学生分组撰写调研报告，按照报告的模板要求，详细分析每个问题，小组讨论并给出可行的解决方案，每个小组内部进行恰当分工，最后在课堂上进行结果汇报。

5. 考核标准

总评考核可以采取小组互评（20%）+组内互评（20%）+教师评价（60%）的方式或者采取小组成员互评（30%）+教师评价（70%）的方式。有意识地培养学生团队协作能力、分析问题和解决问题的能力。同时，注意报告撰写的格式规范问题、报告结构及解决方案是否合理等，考核评价标准参考表 1-1。

表 1-1 考核评价标准

专业		班级		学号		姓名	
考核内容	智慧物流企业调研分析						
考核标准		评价内容				分值/分	评分/分
	教师评价（70%）	掌握相关理论知识、方法和技能				15	
		有效进行问卷设计或访谈记录				15	
		PPT 制作精美，思路清晰，汇报重难点突出、体现思政元素				35	
		撰写报告完整，格式规范，现状调研及分析翔实，解决对策有质量				35	
	小组成员互评（30%）	具有团队协作精神				40	
		积极主动创新性思考，承担并完成所分配的任务				40	
		创造亮点，为小组争取荣誉				20	

本模块小结

本模块首先介绍了物流的概念及其发展演进,进而介绍了现代物流的含义、分类,物流管理的概念、内容和特点,物流信息管理的内容及层次,最后介绍了智慧物流的概念、特征、功能、作用、应用和发展。项目中穿插实用案例和思政案例,并以实践任务"智慧物流企业调研分析"进行知识巩固和提高。

技术进步与行业需求推动着传统物流向智慧物流发展。智慧物流是现代信息技术发展的必然结果,是现代物流的高级形态和发展趋势。与传统物流相比,智慧物流具有柔性化、社会化、一体化和智能化等显著特点,其功能是感知、规整、智能分析、优化决策、系统支持、自动修正和及时反馈。

在社会发展过程中,智慧物流扮演着越来越重要的角色,物流企业对智慧物流的需求也越来越强烈,越来越多样化,主要需求包括物流数据、物流云和物流技术三方面。这三者是有机结合的整体,物流数据是智慧物流形成的基础,物流云是智慧物流运转的载体,物流技术是智慧物流执行的途径。未来5~10年,智慧物流将在连接、数据、模式、体验、智能、绿色环保和供应链等多方面进行全面升级。

思考与练习

一、单项选择题

1. (　　)体现了商品与其等价物的交换及所有权的转移过程。
   A. 物流　　　　B. 信息流
   C. 资金流　　　D. 商流

文档　项目一
习题参考答案

2. (　　)根据商品需求量和成本合理化确定采购批次、间隔和批量,以确保在不间断供给的前提下使成本最小化。
   A. 采购决策　　B. 库存决策　　C. 运输决策　　D. 生产决策
3. 物流(　　)是实现物流现代化的基础。
   A. 网络化　　　B. 标准化　　　C. 自动化　　　D. 智能化
4. (　　)通过大数据、云计算、智能硬件等智慧化技术与手段,提高物流系统思维、感知、学习、分析决策和智能执行的能力,提升整个物流系统的智能化、自动化水平,从而推动中国物流的发展,降低物流成本,提高效率。
   A. 现代物流　　B. 智慧物流　　C. 物流信息管理　　D. 物流信息化

二、多项选择题

1. 以下属于物流活动功能要素的有(　　)。
   A. 仓储、运输　　　　　　　B. 配送、流通加工
   C. 装卸搬运、包装　　　　　D. 信息处理、客户服务
2. 现代物流活动的特点有(　　)。
   A. 满足客户的需求　　　　　B. 速度最快
   C. 充分利用信息技术　　　　D. 物流活动成本最低
3. 按照物流的发展阶段形态特征,可以分为(　　)。

A. 原始物流　　B. 传统物流　　C. 现代物流　　D. 智慧物流

4. 目前物流行业中所使用的关键信息技术包括（　　　）等。

A. EDI　　B. GPS　　C. GIS　　D. RFID

5. 智慧物流的特征有（　　）。

A. 互联互通，数据驱动　　　　B. 深度协同，高效执行
C. 自主决策，学习提升　　　　D. 纵向集成，流程优化

三、简答题

1. 现代物流与传统物流有何区别？
2. 什么是智慧物流？你如何理解智慧物流？
3. 智慧物流的基本功能有哪些？
4. 智慧物流的主要作用是什么？举例说说智慧物流的作用。
5. 智慧物流的发展动因有哪些？
6. 当前智慧物流的发展和应用现状如何？

四、论述题

1. 如何理解智慧物流中的"智慧"？
2. 智慧物流是技术应用与管理创新共同作用的结果，你认为二者在作用发挥上谁轻谁重？请说明理由。

五、综合题

中国社会物流总费用占比 GDP 近 2 倍于发达国家，成本到底怎么降？

国家统计局数据显示，自 2018 年到 2020 年上半年，我国的社会物流总费用与 GDP 的比值分别为 14.8%、14.7%、14.2%，而美国、日本等发达国家该比值稳定在 8%~9%。这反映出目前我国经济运行中的物流成本依然较高但有相当的优化空间。《国家物流枢纽布局和建设规划》提出，到 2025 年，要"推动全社会物流总费用与 GDP 比率下降至 12% 左右"。

思考题：

1. 结合案例查阅资料，什么是社会物流总费用？为什么要将社会物流总费用与 GDP 进行比较？
2. 对于"中国物流总费用占比 GDP 近 2 倍于发达国家，成本到底怎么降"这一问题，你认为应如何解决？

模块二

智慧物流技术

内容架构

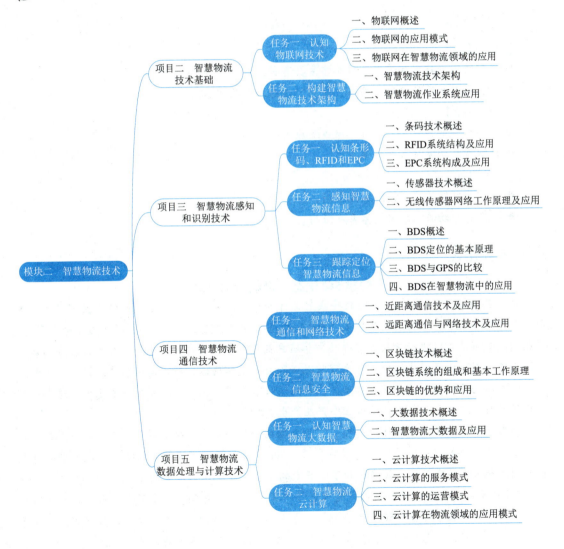

项目二

智慧物流技术基础

⟳ 学习目标

【素养目标】
- ◆ 了解物联网技术和应用，培养学生具有科技创新精神；
- ◆ 树立智慧物流的共建、共享、协同、生态的发展理念。

【知识目标】
- ◆ 掌握物联网的定义、特征、组成及应用模式；
- ◆ 理解智慧物流技术架构体系。

【技能目标】
- ◆ 知道物联网的应用模式及其应用；
- ◆ 知道智慧物流技术架构体系及应用。

⟳ 案例导入

构建 5G 生态　推动万物互联

在川西有 20 万头牦牛，它们的耳朵上都打着耳钉，放着传感器，这些传感器可以把牦牛的位置信息和生理状态信息收集起来，构建一个虚拟仓库，把这些牦牛的数据放置在仓库里面，再把这些数据质押给银行贷款，这样牦牛养殖户就可以拿贷款再扩大生产。如果把牦牛的数据卖给保险公司，由于牦牛的位置和生理状况保险公司是掌握的，所以敢给牦牛做保险。此外，由于牦牛肉的价格因季节不同而有落差，我们还可以利用数据库使牦牛肉卖出高价。这个过程打通了农业、工业、金融业，使这三个产业产生互联。

万物互联必将引领数字化的转型，万物互联的背后一定是数据的统领。万物互联或者万物智联本质是一样的，一定是围绕着数字发展，5G 是整个数字经济发展的基础，在推动经济发展的同时也带来社会效益，最终提升了消费者的体验，这就是其最大的价值。

5G 作为第五代移动通信技术，是未来技术变革和经济发展的重要引擎。当前，各地纷纷出台了物联网、数字经济、5G、大数据、大智移云、"互联网+"等一系列政策措施，形成了一批批的大数据产业基地和一批批特色园区。构建 5G 生态，催生新产业、新业态、新模式，推动经济社会数字化、网络化、智能化转型，助力经济高质量发展。

（资料来源：河北新闻网）

思考题：
1. 什么是物联网？你如何理解案例中的万物互联的含义？
2. 智慧物流的技术基础是什么？物联网、5G、大数据、云计算等技术与智慧物流有何联系？
3. 上述案例带给你的思想感悟是什么？

案例启示： 构建5G生态，催生新产业、新业态、新模式，推动经济社会数字化、网络化、智能化转型，助力经济高质量发展。时代赋予我们使命，我们应有科技创新精神，树立智慧物流共建、共享、协同、生态的发展理念。

物联网技术是智慧物流发展的基础，为智慧物流发展注入了强大的动力。其包括三个基本要点：一是如何部署更加广泛、及时、准确的信息采集技术；二是如何使这些信息实现互联互通，既满足专用的要求，也能实现开放和共享；三是如何管理、加工、应用这些信息，解决各类现实问题。

任务一 认知物联网技术

一、物联网概述

（一）物联网的定义

视频 什么是物联网？

物联网（Internet of Things，IOT），顾名思义，就是"物物相连的互联网"。它包含两层意思：第一，物联网的核心和基础仍然是互联网，是在互联网基础之上延伸和扩展的一种网络；第二，其用户端延伸和扩展到了任何物品与物品之间，进行信息交换和通信。

物联网是通过射频识别装置、红外感应器、全球定位系统、激光扫描器等信息传感设备，按约定的协议，把物品与互联网相连接，进行信息交换和通信，以实现智能化识别、定位、跟踪、监控和管理的一种网络。

中华人民共和国国家标准《物联网术语》（GB/T 33745—2017）中对物联网的定义：通过感知设备，按照约定协议，连接物、人、系统和信息资源，实现对物理和虚拟世界的信息进行处理并做出反应的智能服务系统。

物联网应该具备三个特征。一是全面感知，即利用RFID、传感器、二维码等随时随地获取物体的信息；二是可靠传递，通过各种电信网络与互联网的融合，将物体的信息实时准确地传递出去；三是智能处理，利用云计算、模糊识别等各种智能计算技术，对海量数据和信息进行分析和处理，对物体实施智能化的控制。

由此可见，在物联网的概念中，信息网络不再局限于互联网，而是互联网的扩展与延伸，是物联网信息传输的基础；物品编码是物品的数字化表示，是物品与网络连接的关键；信息采集技术和传感技术是物品信息联入网络的重要手段。

政策文件

2021—2022年中国物联网行业政策

2021年8月《关于科技创新驱动加快建设交通强国的意见》，提出推动大数据、人工智能、区块链、物联网、云计算和新一代无线通信、北斗导航、卫星通信、高分遥感卫星等技术与交通运输深度融合。

2021年8月《商务部关于加强"十四五"时期商务领域标准化建设的指导意见》研究建立统一的大数据全流程管理标准，推动5G、人工智能、物联网、区块链等新技术标准化应用。

2021年9月《物联网新型基础设施建设三年行动计划（2021—2023年）》聚焦发展基础好、转型意愿强的重点行业和地区，加快物联网新型基础设施部署，提高物联网应用水平。

2021年10月《关于印发物联网基础安全标准体系建设指南（2021版）的通知》，提出进一步发挥标准对物联网基础安全的规范和保障作用，加快网络强国建设。

2021年12月《关于印发"十四五"冷链物流发展规划的通知》要求推动大数据、物联网、5G、区块链、人工智能等技术在冷链物流领域广泛应用。

（资料来源：搜狐网）

视频　物联网与互联网的区别

（二）物联网的特征

物联网和互联网有着本质的区别。比如我们想在互联网上了解一个物品，必须要通过人去收集这个物品的相关信息，然后上传到互联网上供人们浏览，人在其中不仅要做很多的工作，而且难以动态了解其变化。物联网则不需要，它是物体自己"说话"，通过在物体上植入各种微型感应芯片，借助无线通信网络，让其"开口说话"。可以说，互联网连接的是虚拟世界，物联网连接的是物理的、真实的世界。

与传统的互联网相比，物联网有其鲜明的特征。

首先，它是各种感知技术的广泛应用。物联网上部署了海量的多种类型传感器，每个传感器都是一个信息源，不同类别的传感器所捕获的信息内容和信息格式不同。传感器获得的数据具有实时性，按一定的频率周期性地采集环境信息，不断更新数据。

其次，它是一种建立在互联网上的泛在网络。物联网技术的重要基础和核心仍旧是互联网，通过各种有线和无线网络与互联网融合，将物体的信息实时准确地传递出去。在物联网上的传感器定时采集的信息需要通过网络传输，由于其数量极其庞大，形成了海量信息，在传输过程中，为了保障数据的正确性和及时性，必须适应各种异构网络和协议。

最后，物联网不仅仅提供了传感器的连接，其本身也具有智能处理的能力，能够对物体实施智能控制。物联网将传感器和智能处理相结合，利用云计算、模式识别等各种智能技术，扩充其应用领域。从传感器获得的海量信息中分析、加工和处理出有意义的数据，以适应不同用户的不同需求，发现新的应用领域和应用模式。

（三）物联网的组成

物联网的组成大致可分为三个层次：感知层、网络层和应用层。底层是用来感知数据的感知层，第二层是数据传输的网络层，最上面则是内容应用层，具体如图2-1所示。

1. 感知层

感知层包括传感器等数据采集设备，包括二维码标签和识读器、RFID标签和读写器、传感器和传感器网络，主要是识别物体、采集信息，与人体结构中皮肤和五官的作用相似。

2. 网络层

网络层建立在现有的移动通信网和互联网基础上，包括通信与互联网的融合网络、网络管理中心、信息和智能处理中心等。网络层将感知层获取的信息进行传递和处理，类似于人体结构中的神经中枢和大脑。

3. 应用层

物联网应用层利用经过分析处理的感知数据，为用户提供丰富的特定服务，是物联网与行业专业技术的深度融合，与行业需求结合，实现行业智能化。这类似于人的社会分工，最终构成人类社会。物联网的应用可分为监控型（物流监控、污染监控）、查询型（智能检索、远程抄表）、控制型（智能交通、智能家居、路灯控制）和扫描型（手机钱包、高速公路不停车收费）等四类。

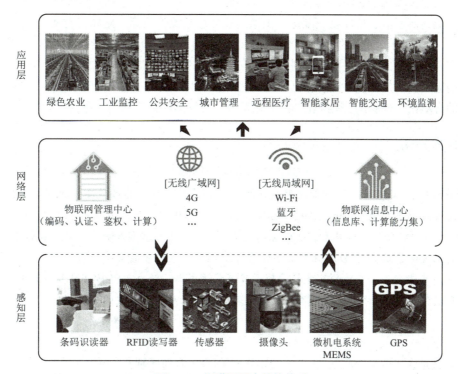

图 2-1　物联网层次结构体系

二、物联网的应用模式

根据物联网的实质用途可以归结为以下三种基本应用模式。

（一）智能标签

通过二维码、RFID 标签、传感器等技术标识特定的对象，用于区分对象个体。例如：在生活中我们使用的各种智能卡、条码标签的基本用途就是用来获得对象的识别信息；此外，通过智能标签还可以用于获得对象物品所包含的扩展信息，如智能卡上的金额余额、二维码中所包含的网址和名称等。

（二）环境监控和跟踪

利用多种类型的传感器和分布广泛的传感器网络，可以实现对某个对象的实时状态的获取和特定对象行为的监控，如使用分布在市区的各个噪声探头监测噪声污染，通过二氧化碳传感器监控大气中二氧化碳的浓度，通过 GPS 标签跟踪车辆位置，通过交通路口的摄像头捕捉实时交通流等。

（三）智能控制

物联网基于云计算平台和智能网络，可以依据传感器网络用获取的数据进行决策，改变对象的行为进行控制和反馈，如根据光线的强弱调整路灯的亮度，根据车辆的流量自动调整红绿

视频　物联网的
工作原理与应用

灯间隔等。

三、物联网在智慧物流领域的应用

视频 物联网对物流的影响

物联网用途广泛，遍及智能交通、环境保护、公共安全、食品溯源、敌情侦察和情报搜集等多个领域。物联网技术在物流领域的应用场景包括智慧仓储管理、智能物流运输、智能物流配送、供应链管理、溯源管理等。比如：当装载超重时，汽车会自动报警告诉你超载了；当装载空间还有剩余时，你会收到轻重货搭配方案；当司机在开车途中分心时，视觉识别系统会发出适当的警示，提醒司机专心驾驶。物联网在物流行业的应用实质是整合物流信息化，逐步把信息技术的单点应用集成到系统中，整体推进物流系统的自动化、智能化、系统化、网络化发展，最终形成智慧物流系统。

案例分析

AI冷链管理与能耗管理解决方案

研华科技将AIoT（人工智能物联网）技术整合冷链管理、能源监测、无线电子纸解决方案，运用远距离无线电（Long Range Radio, LoRa）无线冷链传感器TREK-120、轻巧模块网关TREK-530、AI除霜判断技术，实时监控食品温湿度，并设置预警模式，及时反馈实时信息。冰箱上的无线电子纸LEO-D系列则会显示食品温湿度，保证食品安全。

实现消费者食品安全、预知能耗管理、节省营运成本，助力7-ELEVEN升级为未来超商，首创未来便利店24小时营运的先锋，架构了兼顾人情味及智能科技的全新消费。

（资料来源：《互联网周刊》）

思考题：
1. 什么是人工智能物联网AIoT？与物联网（IoT）有何区别？
2. 案例中将AIoT应用于冷链物流，实现了哪些功能，体现了哪些优势？

任务二　构建智慧物流技术架构

视频 京东无人仓

引　例

京东无人仓

在整个供应链体系中，仓储是核心环节。无人仓的建设和应用，不仅大大提升了仓储的效率，也改变了仓储系统的人才需求结构，为人的转型、成长提供了更大的发展空间。

京东无人仓使用的自动立体式存储、3D视觉识别、自动包装、人工智能、物联网等各种前沿技术，兼容并蓄，实现了各种设备、机器、系统之间的高效协同。无人仓的智能大脑在0.2秒内，就可以计算出300多个机器人运行的680亿条可行路径，并做出最佳选择。在4万平方米仓库里有上千个机器人，单日分拣可达20万单。京东无人仓场景如图2-2所示。

京东无人仓，标志着无人仓技术已经从自动化阶段进化到智慧化阶段，通过运营数字化、决策智能化和作

图2-2　京东无人仓场景

业无人化,京东无人仓实现了物流系统的状态感知、实时分析、自主决策、精准执行,并通过不断学习提升实现迭代升级,创造了智慧化无人仓的典范。

思考题:
1. 京东无人仓包括哪些技术?无人仓有哪些优势和效益?
2. 智慧物流技术架构是什么?

引例分析: 京东无人仓实现了物流系统的状态感知、实时分析、自主决策和精准执行,并通过不断学习提升实现迭代升级,创造了智慧化无人仓的典范。京东无人仓,标志着无人仓技术已经从自动化阶段进化到智慧化阶段,实现运营数字化、决策智能化和作业无人化。

由京东集团自主研发的无人仓调度算法应用入围2021年弗兰兹·厄德曼(Franz Edelman)奖,与亚马逊等7家全球企业和机构共同入围。近五十年来,该奖项仅有三家中国企业入围最终名单,此次京东首次入围中国供应链领域。(弗兰兹·厄德曼奖是全球运筹和管理科学界的最高奖项,素有工业工程界"诺贝尔奖"之称,2021年的决赛入围者在无人仓技术、癌症放射治疗效率、机器人技术等方面做出了革命性的贡献,成为用技术解决世界复杂难题的代表。)通过本案例引导学生树立专业自信、物流科技创新精神和物流强国使命感。

一、智慧物流技术架构

(一)智慧物流技术架构体系

目前,我国物流产业已经形成以信息技术为核心,以运输技术、配送技术、装卸搬运技术、仓储信息化技术、库存控制技术、包装技术等为支撑的物流技术格局。智慧物流系统将物联网、传感网与现有的互联网整合起来,通过智能获取、智能传递、智能处理,实现对物流全过程的精细、动态、科学的管理,最终实现智慧化决策与运行的目标。智慧物流基于物联网技术在物流业应用而提出,根据物联网技术架构,智慧物流的关键技术总体可以分为感知层、网络传输层、数据存储层和应用服务层。智慧物流技术架构如图2-3所示。

图2-3 智慧物流技术架构

(二)智慧物流技术架构系统的组成

1. 感知层

感知层是智慧物流系统的"神经末梢",是智慧物流系统实现对货物感知的基础,是智慧物流的起点。主要作用在于识别物体、采集信息。感知层通过多种感知技术实现对物品的感知,常用的感知技术有条码自动识别技术、RFID 感知技术、GPS 移动感知技术、传感器感知技术、红外感知技术、语音感知技术、机器视觉感知技术和无线传感网技术等。所有能够用于物品感知的各类技术都可以在物流系统中得到应用,具体应用中需要平衡系统需求与技术成本等因素。

2. 网络传输层

网络传输层是智慧物流的神经网络与虚拟空间,主要由各种私有网络、互联网、有线和无线通信网、传感网等组成,用于连接智慧物流系统的"神经末梢"与"神经中枢",并实现多个"神经中枢"之间的信息交互。具体功能包括寻址和路由选择、连接的建立、保持和终止等,并利用大数据、云计算、人工智能等技术分析处理感知信息,产生决策指令,再通过感知通信技术向执行系统下达指令。

3. 数据存储层

数据存储层在应用服务层和网络传输层之间,对感知层获取的信息进行处理和管理,为各类对象(客户、管理人员和司机等)提供信息服务,如"仓储云、运输云、资金云"等。

4. 应用服务层

应用服务层是智慧物流系统的"神经中枢",是用户(包括人、组织和其他系统)的接口,它充分利用平台层数据,与行业需求相结合,实现物流的智能应用,包括物流作业、物流管理与控制和物流决策支持三个功能。

(1)物流作业:通过物流感知,实现物流自动化作业,如自动化立体仓库、货物自动分拣、仓库自动通风等。

(2)物流管理与控制:通过物流感知,以及与其他信息应用系统之间的互联,实现物流的可视化跟踪与预警,实现物流全过程的有效管控。

(3)物流决策支持:通过数据的集聚,建立数据中心,运用大数据处理技术,对物流进行优化、预测、诊断、评价、分类、聚类、影响分析、关联规则分析、回归分析等,为物流运营提供决策支持。

实用案例

化工企业数字化管理平台

该平台利用云计算、物联网、大数据等信息化与通信新技术实现化工园区旧设备的接入管理、园区运营管理和园区空间资产的管理,通过"智慧工厂""智慧生产""智慧物流"三个功能模块,建设可覆盖整个化工园区应急管理范围的智慧化工园区,实现对园内企业安全生产风险的动态监测和自动预警,健全完善产品基础信息库,提升精细化监管水平。

平台在满足数字化转型核心诉求的同时,在顶层设计的科学性、前瞻性,以及后续升级迭代的生态性、开放性上,均赢得了客户的高度认可和良好评价。

二、智慧物流作业系统应用

智慧物流作业系统应用体现具体包括智慧物流运输、智慧仓储、智慧物流配送、智慧包装、智慧装卸搬运、智能信息处理等六个方面。

（一）智慧物流运输

智慧物流运输是集成各种运输方式，包括应用车辆识别技术、定位技术、信息技术、移动通信与网络技术等高新技术，实现交通管理、车辆控制、营运货车管理、电子收费、紧急救援等功能，降低货物运输成本，缩短货物送达时间。

（二）智慧仓储

智慧仓储是在现有仓储管理作业环节中进行货品、数量、位置、载体等信息的实时自动采集，并通过信息交互在操作现场，实现货物快速入库、货物准确出库、库存盘点、货物库区转移、货物数量调整、实时信息显示、温度检测与报警等。

（三）智慧物流配送

智慧物流配送集成全球定位系统（GPS）、配送路径优化模型、多目标决策等技术，把配送订单分配给可用的车辆，实现配送订单信息的电子化、配送决策的智能化、配送路线的实时显示、配送车辆的导航跟踪和配送信息空间的查询显示等功能，协同仓库部门一起完成配送任务。

（四）智慧包装

智慧包装是反映包装对象物品特性及内在品质和对象物品在运输、仓储、销售等流程相关信息的包装过程。其记录包装物品整个生命周期内物品质量的变化；借助电子技术、信息技术和通信技术等手段搜集和管理包装商品的生产及销售分布等相关信息。

（五）智慧装卸搬运

智慧装卸搬运是在一定区域内借助AGV、传送设备、智能穿梭车、通信设备、监控系统和计算机控制系统等技术，改变物品空间位置和存放状态的相关活动。智能装卸是包括装上卸下、传送移动、分拣、堆垛、出入库等作业活动的立体化、动态化过程。

（六）智能信息处理

智能信息处理包括信息感知、信息传输、信息存储和信息处理等。其通过快速、准确地进行海量数据的自动采集和输入，实现物流信息集成和整合，通过数据库的整理、加工和分析，为物流作业的运作、相关决策的制定提供信息基础和经验借鉴，保障物流作业合理和高效运作。

直通职场

国家标准《智慧物流服务指南》

国家标准《智慧物流服务指南》对智慧物流服务技术要求如下：智慧物流技术包括底层数据获取技术、中间层调度优化技术、上层决策技术。

1. 底层数据获取技术宜包括传感技术、物联网、互联网、5G技术等

传感技术宜把模拟信号转化成数字信号，传递给中央处理器处理；物联网技术宜在安全、可用的基础上，具备低时延、低功耗、远距离、高容量、高兼容能力；互联网技术宜通过计算机网络的广域网使不同的设备相互连接，加快信息的传输速度和拓宽信息的获取渠道；5G技术宜具备数据高速率、低延迟、低成本、大容量的能力。

2. 中间层调度优化技术宜包括大数据、云计算、智能优化算法、数字孪生等

大数据技术宜满足物流数据海量化、格式多样性、实时性和快速增长的需求；云计算技术宜具备用户数据安全、高容灾能力、富有弹性的在线扩展能力；智能优化算法技术宜以智能算法为核心，对算法的复杂性和运行效率进行优化；数字孪生宜具备动态、精确、实时、双向交互关键特点，提供监控、分析、诊断、预测、决策、控制等功能。

3. 上层决策技术宜包括人工智能、区块链、预测、仿真模拟技术、可视化技术等

人工智能技术宜具备模拟人类智能行为的能力，优化物流操作执行准确率；区块链技术宜考虑区块链技术不可篡改的特点，提前设计新的物流服务流程；预测技术宜通过科学和智慧的方法及逻辑推理，对物流相关的数量、质量、发展规律等做出预计和推测；仿真模拟技术宜对现实物流系统进行建模并实验，得到各种动态活动及其过程的瞬间仿效记录，进而研究物流系统性能；可视化技术宜在遵循数据转换图形的逻辑正确性基础上，具备直观展示和信息交互的能力。

（资料来源：全国物流标准化技术委员会，中国物流与采购联合会标准化工作部）

实践任务二　物流园区物流服务平台分析

（综合性实验 2 学时）

文档　物流园区云物流服务平台分析

1. 目的要求

（1）了解物流园区主要业务和功能。

（2）了解物流园区物流服务平台架构、功能和应用。

（3）了解绿色物流在物流园区的实施与应用情况。

2. 任务内容

结合以下案例内容，选取某物流园区，调研物流园区物流信息平台建设和管理现状，具体包括以下内容：

（1）调研物流园区的主要业务、功能、设施设备和布局等情况。

（2）调研物流园区信息平台建设情况，如何优化物流园资源要素配置和物流服务协同？

（3）了解"碳达峰""碳中和"，查阅资料了解国家双碳目标，结合调研的物流园区谈谈如何降碳。

（4）结合调研和分析内容，形成《某物流园区物流信息平台（系统）优化策略》报告。

案例：物流园区云物流服务平台智能信息推送服务

为解决物流园区物流资源要素分散和物流服务协同分配导致的碳排放量高的问题，提出一种新的物流园区物流服务模式"云物流服务"，将园区各类客户资源和物流资源抽象成虚拟的云服务资源，建立了云物流服务平台，并对其体系架构进行了分析与设计，同时根据园区供应链作业节点的任务环境引入情境感知计算分析模型，建立了面向园区任务情境的自适应物流服务资源的动态组合与分配机制，探索了一条新的基于"推式策略"的物流服务实现路径，提供个性化、安全高效和低碳的多对多的物流服务。

在物流园区智能云物流服务推送中，用情境来刻画用户特征信息的集合，包括"角色、环境、事件"。角色包括园区物流服务链的节点及其岗位角色；环境信息包括园区资源分布、资源状况、资源用途等；事件包括交互业务、其他事件、历史交易及客户档案等。

为实现园区基于任务情境的云物流服务推送，采用了情境感知建模研究中的 Context Toolkit 模型。它采用分层和模块化的结构设计，包括传感器、部件、翻译、汇聚中心等核心组成部分，通过采用情境部件和情境翻译模块对环境情境信息进行抽象，有效分离情境信息的获取和情境信息的使用，有效降低情境感知系统的设计复杂度。云服务管理平台将情境感知的服务资源返回给用户，并对物流服务组合进行优化，完成对整个云服务管理过程的监控和质量保证。

［案例来源：江苏省教育厅高校哲学社会科学基金资助项目"基于情境感知的物流园供应链智能信息推送机制研究（2012SJB630004）"成果］

3. 组织和实施

（1）学生分组，每组确定调研的企业，通过网络、实地调查等方式，设计调研问卷或调研访谈提纲。

（2）调研实施。做好相关记录，整理调研材料，小组讨论，形成方案报告。

（3）小组汇报。学生分组撰写调研报告，按照报告的模板要求，详细分析每个问题，小组讨论并给出可行的解决方案，每个小组内部进行恰当分工，最后在课堂上进行结果汇报。

4. 考核标准

总评考核可以采取小组互评（20%）+ 组内互评（20%）+ 教师评价（60%）的方式或者采取小组成员互评（30%）+ 教师评价（70%）的方式。有意识地培养学生团队协作能力、分析问题和解决问题的能力。同时，注意报告撰写的格式规范问题、报告结构及解决方案是否合理等。考核评价标准参考表 2-1。

表 2-1　考核评价标准

专业		班级		学号		姓名	
考核内容	物流园区物流服务平台分析						
考核标准		评价内容			分值/分	评分/分	
	教师评价（70%）	掌握相关理论知识、方法和技能			15		
		有效进行问卷设计或访谈记录			15		
		PPT 制作精美，思路清晰，汇报重难点突出、体现思政元素			30		
		撰写报告完整，格式规范，现状调研及分析翔实，解决对策有质量			40		
	小组成员互评（30%）	具有团队协作精神			40		
		积极主动创新性思考，承担并完成所分配的任务			40		
		创造亮点，为小组争取荣誉			20		

思考与练习

一、单项选择题

1. （　　）是指物物相连的互联网。

A. 物联网　　B. 互联网　　C. 内部网　　D. 外部网

2. 物联网的组成包括（　　）、网络层、应用层。

A. 感知层　　B. 数据层　　C. 物理层　　D. 存储层

文档　项目二
习题参考答案

3. 以下属于物联网应用模式的是（　　）。
A. 对象的智能标签　　　　B. 对环境的监控和对象的跟踪
C. 对象的智能控制　　　　D. 以上都是

二、多项选择题

1. 物联网具备的特征有（　　）。
A. 全面感知　　B. 快速验证　　C. 可靠传递　　D. 智能处理
2. 智慧物流技术架构系统包括（　　）。
A. 感知层　　B. 网络传输层　　C. 数据存储层　　D. 应用服务层
3. 智慧物流应用服务层可以实现的功能有（　　）。
A. 物流作业　　　　　　　B. 物流管理与控制
C. 物流决策支持　　　　　D. 以上都不是
4. 智慧物流作业系统应用体现具体包括（　　）。
A. 智慧运输　　　　　　　B. 智慧仓储与配送
C. 智慧包装与装卸　　　　D. 智能信息处理

三、简答题

1. 物联网与互联网有何区别？
2. 你如何理解智慧物流系统架构与层次？
3. 举例说说智慧物流作业系统应用。

四、综合题

苏宁 5G 无人仓

2019 年 8 月 11 日，苏宁物流南京雨花基地 5G 无人仓（图 2-4）全面升级，并将与江苏移动强强联合、共建共享，计划在南京落地首个 5G 智慧物流联合创新实验室，加速 5G 商业化落地。5G 作为"新基建"重要发力点，具备超低延时、高速宽带和海量接入三大特征，其独有的网络切片、边缘计算技术必然会对物流行业信息化、智能化、网络化和数字化等方面起到积极的推动作用。

苏宁物流经历了从标准化、信息化、机械化向自动化、智能化发展，目前在朝着以数字化全面驱动的第六代智慧物流系统发展过程中，以 5G 融合云计算、大数据、人工智能、区块链等新型信息通信技术，必将成为新型智慧云仓的"压舱石"。

早在 2019 年 8 月，苏宁超级云仓迭代升级成新一代无人仓，整合了无人叉车、AGV 机器人、机械臂、自动包装机等众多"黑科技"，实现了整件商品从收货上架到存储、补货、拣货、包装、贴标，最后分拣全流程的无人化，单个机器人工作台商品拣选效率达到了 600 件 / 小时，相比人工拣选效率提升 5 倍，从消费者下单到商品出库，最快 20 分钟就可完成。

图 2-4　苏宁 5G 无人仓

（资料来源：《物流时代周刊》）

思考题：

1. 苏宁 5G 无人仓技术融合了哪些技术？5G 无人仓有哪些优势和效益？
2. 进一步查阅资料，明确苏宁 5G 无人仓技术的架构体系。

项目三

智慧物流感知和识别技术

学习目标

【素养目标】
- ◆ 了解二维码技术及其发展，培养学生创新创业精神及社会责任感；
- ◆ 了解北斗卫星导航系统发展史，培养学生具有自主创新、开放融合、万众一心、追求卓越的新时代北斗精神。

【知识目标】
- ◆ 了解一维条码、二维条码特点及应用；
- ◆ 理解条码识读原理及阅读设备的应用；
- ◆ 掌握RFID、EPC的构成、原理和应用；
- ◆ 掌握BDS的定义、特点、组成及功能；
- ◆ 了解传感器的定义、分类；
- ◆ 理解传感器工作原理及其在智慧物流领域的应用；
- ◆ 了解无线传感网的特点及应用。

【技能目标】
- ◆ 能够区别一维条码、二维条码、RFID电子标签和EPC标签；
- ◆ 能够应用智慧物流感知和识别技术（条码技术/RFID/EPC）、跟踪和定位技术（BDS）；
- ◆ 能够区别BDS与GPS。

案例导入

"中国二维码之父"王越

作为"中国二维码之父"的王越，以及他创办的北京意锐新创科技有限公司（以下简称"意锐"），历经数次失败，但最终创业成功，移动二维码也成了移动互联时代的重要标志。

视频 王越谈创新

2002年7月，王越在中关村成立了意锐，"意锐"取自"意气风发，锐意进取"。这是国内第一家成立的二维码开发应用公司，专注于核心技术二维码识读引擎软件的研发。当时，意锐就有了完整的二维码功能演示，之后几乎每年一次升级换代。

2004年，王越才搭建起真正的创业团队，到2005年，团队人数接近20人。意锐逐渐走上正轨的同时，中国也在国家层面开始推动二维码技术的开发。王越带领的团队中标汉信码（中国标准的二维码）。

2005年年底，中国物品编码中心牵头完成的国家"十五"重大科技专项《二维条码新码制开发与关键技术标准研究》获得成功。课题专家一致认为，汉信码达到了国际先进水平，建议将汉信码国家标准申报成为国际标准。

2006年，意锐成功研制了我国第一款汉信码读取设备以及手机版汉信码引擎，并获得中国自动识别行业2006年度特殊贡献奖。

2007年，汉信码成为国家标准。此后，意锐参与制定中国移动条码应用规范。公司一下进入快速发展的状态，开始打开移动互联网服务市场，在媒体延展、个人应用方面也加快了脚步。但由于Android、iPhone智能手机风还没有刮过来，被资本市场放弃，公司欠债，此后五年，举步维艰。

2013年，中国移动通信技术也进入了3G、4G时代，一切催化条件都开始具备，而他过去12年的经验积累和沉淀，也将在商业上得到回报。

2014年，王越意识到虚拟卡代替实体卡的时代到来了，二维码将广泛地应用到移动支付，而安全性则是极其重要的一点。在深入调研的基础上，意锐研发出了金融安全级的动态二维码支付技术。

2015年是王越创业以来的第一波高反弹攻势。意锐重新组建团队、梳理业务、全力出击，在电影院市场一举拿下超过70%的市场份额，并成功开发出移动支付设备"派派小盒"（以下简称"小白盒"），进军移动支付领域，受到很多二维码支付服务商的采购。

2016年年初，支付清算协会向支付机构下发《条码支付业务规范（征求意见稿）》，这是继2014年央行叫停二维码支付以后首次承认二维码支付地位。王越抓住政策窗口调整的机会，通过升级产品开发方案进一步降低了设备成本，将二维码产品价格降到了接地气的程度，微信支付、百度钱包等互联网金融平台都将小白盒作为线下终端支付首选设备，"小白盒"在国内手机二维码支付领域占有率已达60%。

随后几年，王越推动"小白盒"与EMVCo二维码国际标准的融合，这是中国银联与VISA、Master等金融巨头联合推动的标准。

创新是引领科技发展的第一动力。15年创业，王越和他的企业开创了移动二维码时代，并致力于用汉信码引领世界，二维码以自身作为入口开启了一个数字经济时代，成为人类文明的一部分。

（资料来源：商界）

思考题：

1. 什么是二维码？"中国二维码之父"王越的创新创业故事对你有什么启示？
2. 说说二维码在智慧物流领域的应用及其发展前景。
3. 智慧物流信息感知和识别技术主要有哪些技术？

案例启示： 创新是引领科技发展的第一动力。15年创业，王越凭着一腔创业热情，虽处处碰壁，但始终没有放弃，艰苦奋斗，开创了移动二维码时代，并致力于用汉信码引领世界，二维码以自身作为入口开启了一个数字经济时代，成为人类文明的一部分。通过人物故事"中国二维码之父"王越激励引导学生培养不折不挠、创新创业精神品质及社会责任感。

二维条码技术是物流信息采集和识别技术之一，感知物流信息是智慧物流的起点，常用的感知技术还有：EPC、RFID、BDS、GPS、传感器技术、红外感知技术、无线传感网技术等。

常用的感知设备包括条码扫描枪（属性捕获）、EPC（标签捕获）、摄像头设备（图像识别）、传感器 GPS 设备（位置获取）等。所有能够用于物品感知的各类技术都可以在智慧物流系统中得到应用，具体应用过程中需要平衡系统需求与技术成本等因素。

任务一　认知条形码、RFID 和 EPC

在智慧物流作业活动中，对对象属性信息的标示主要采用 EPC、RFID 等技术，EPC 的载体是 RFID 的电子标签，表现形式有一维条码和二维条码，本任务重点学习条形码、RFID 和 EPC。

一、条码技术概述

（一）一维条形码

条形码（Barcode）（简称"条码"）技术是目前全球应用最广泛的自动识别技术，最早应用在杂货零售业。条码是由一组规则排列的条、空及对应的字符组成的标记（见图 3-1），"条"指对光线反射率较低的部分，"空"指对光线反射率较高的部分，这些条和空组成的数据可以表达一定的信息，并能够用特定的设备识读，转换成与计算机兼容的二进制和十进制信息。

图 3-1　EAN-13 码示意图

可以从三个方面理解条码的概念：条码的组成要素是"条 + 空 + 字符"；条码是按特定规则排列组合，通过码制表示一定信息；条码是利用光电扫描阅读设备识读并实现数据输入计算机的一种特殊代码。

条码辨识技术已相当成熟，其读取的错误率约为百万分之一，首读率大于 98%，是一种可靠性高、输入快速、准确性高、成本低、应用面广的资料自动收集技术。世界上有 225 种以上的一维条码，每种一维条码都有自己的一套编码规格，规定每个字母（可能是文字或数字等）是由几个线条及几个空白组成，以及字母的排列。一般较常用的一维条码有 39 码、EAN 码、UPC 码、ITF 码、128 码，以及专门用于书刊管理的 ISBN、ISSN 等。

视频　什么是条形码？

（二）二维条形码

根据维度不同，条形码可以分为一维条码、二维条码。一维条码信息密度较低，信息容量较小，只能完成对物品的表示，且只能为字母和数字，不能表达汉字和图像，无法对物品本身进行描述；大信息容量的一维条码通常受到标签尺寸的限制，给产品的包装和印刷带来了不便；使用可靠性差，受外界损伤后会毁损信息；没有错误纠正能力，只能通过校验字符进行错误校验；保密防伪性较差，必须依赖数据库的存在。

二维条码的诞生解决了一维条码不能解决的问题：能在横向和纵向两个方位同时表达信息，不仅能在很小的面积内表达大量的信息，而且能够表达汉字和存储图像。二维条码拓展了条码的应用领域，因此被许多行业所采用，常见的二维条码如图 3-2 所示。

视频　什么是二维码？

二维条码具有储存量大、保密性高、追踪性高、抗损性强、备援性大、成本便宜等特性，这些特性特别适用于表单应用、保密应用、追踪应用、证照应用、

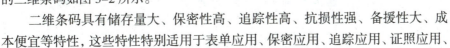

存货盘点、支付等方面。

小思考：条码信息是如何被计算机识读的？你所知道的条码扫描设备有哪几种？

图 3-2　常见的几种二维条码

（三）扫码枪的识读

扫码枪作为光学、机械、电子、软件应用等技术紧密结合的高科技产品，是继键盘和鼠标之后的第三代主要的电脑输入设备。条码扫描器又称为条码阅读器、条码扫描枪、条形码扫描器、条形码扫描枪，具体如图 3-3~图 3-6 所示。

图 3-3　手持式扫描器　　图 3-4　固定式扫描器　　图 3-5　激光扫描器　　图 3-6　便携式阅读器

扫码枪基本工作原理为：由光源发出的光线经过光学系统照射到条码符号上面，被反射回来的光经过光学系统成像在光电转换器上，使之产生电信号，信号经过电路放大后产生模拟电压，它与照射到条码符号上被反射回来的光成正比，再经过滤波、整形，形成与模拟信号对应的方波信号，经译码器解释为计算机可以直接接收的数字信号。条码识读基本原理如图 3-7 所示，条码信号的处理过程如图 3-8 所示。

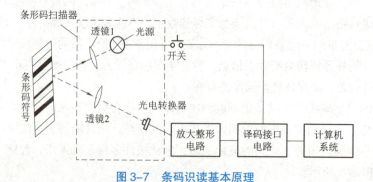

图 3-7　条码识读基本原理

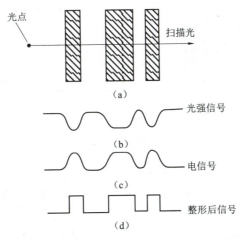

图 3-8　条码信号的处理过程

视频　RFID 工作原理及应用

实用案例

UPS 标签

您收到的包裹上面所贴的标签（一维条码、二维条码和电子标签，见图 3-9），对您来说，可能没有多大意义。但标签上那些难以辨别的字符、圆点和线条，对 UPS 而言，却意义重大。

它们能告诉 UPS：包裹将送往哪里，需要多快可以送达，包裹的来源是哪里。更神奇的是，无论从哪个角度扫描，哪怕部分标签已经破损，UPS 依然可以读取到编码，并将包裹送到正确的收件人手中。

图 3-9　UPS 标签

二、RFID 系统结构及应用

RFID（Radio Frequency Identification，射频识别技术）是 20 世纪 90 年代开始兴起的一种自动识别技术，又称电子标签、无线射频识别，是一种通信技术，可通过无线电信号识别特定目标并读写相关数据，而无须识别系统与特定目标之间建立机械或光学接触。射频识别技术的基本原理是电磁理论，即利用无线电波对记录媒体进行读写，利用频率信号将信息由 RFID 标签传送至 RFID 读写器，主要用于标示、控制、检测和跟踪物体。

与传统的条形码相比，RFID 具有以下特点：数据可更新、方便数据辨读、储存数据的容量大、可重复使用、可同时读取多个数据、安全性较高等。

射频识别系统一般是由信号发射机（电子标签）、信号接收机（阅读器）、发射接收载体（天线）三部分组成（见图 3-10）。电子标签内存有一定格式的电子数据，常以此作为待识别物品的标识性信息。应用中将电子标签附着在待识别物品上，作为待识别物品的电子标记。阅读器与电子标签可按约定的通信协议互传信息，通常的情况是由阅读器向电子标签发送命令，电子标签根据收到的阅读器的命令，将内存的标识性数据回传给阅读器。这种通信是在无接触方式下，利用交变磁场或电磁场的空间耦合及射频信号调制与解调技术实现的。

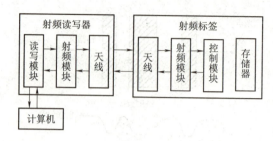

图 3-10 射频识别技术的系统结构

基于 RFID 系统的车辆识别过程如图 3-11 所示,步骤如下。

(1)阅读器通过发射天线发送一定频率的射频信号,当射频卡进入发射天线工作区域时产生感应电流,射频卡获得能量被激活。

(2)射频卡将自身编码等信息通过卡内置发送天线发送出去。

(3)系统接收天线接收到从射频卡发送来的载波信号,经天线调节器传送到阅读器,阅读器对接收的信号进行解调和解码,然后送到后台主系统进行相关处理。

(4)主系统根据逻辑运算判断该卡的合法性,针对不同的设定进行相应的处理和控制,发出指令信号控制执行机构动作。

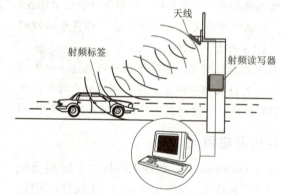

图 3-11 基于 RFID 系统的车辆识别过程

三、EPC 系统构成及应用

(一)EPC 的定义

产品电子代码(Electronic Product Code,EPC)是为了提高智慧物流及供应链管理水平、降低成本而发展起来的一项新技术,可以对对象(包括物品、货箱、货盘、位置等)进行唯一有效的标识。EPC 存储在 RFID 标签上,这个标签包含一块硅芯片和一根天线。读取标签时,EPC 可以与一些动态数据连接,搭建一个可以自动识别任何地方、任何事物的开放性全球网络。

(二)EPC 系统的构成

EPC 系统是一个先进的、综合的、复杂的系统,其最终目标是为每个单品建立全球的、开放的标识标准,由 EPC 体系、射频识别系统、信息网络系统三部分组成,具体如表 3-1 所示。

表 3-1　EPC 系统的构成

系统构成	名　　称	注　　释
EPC 体系	EPC 编码标准	识别目标的特定代码
射频识别系统	EPC 标签	贴在物品之上或者内嵌在物品之中
	识读器	识读 EPC 标签
信息网络系统	EPC 中间件	EPC 系统的软件支持系统
	对象名称解析服务（Object Naming Service，ONS）	进行物品解析
	EPC 信息服务（EPC IS）	提供产品相关信息接口，采用可扩展标记语言（XML）进行信息描述

（三）EPC 编码结构

电子产品代码（EPC 编码）是国际条码组织推出的新一代产品编码体系。原来的产品条码仅是对产品分类的编码，EPC 编码则是对每个单品都赋予一个全球唯一编码。EPC 编码 96 位（二进制）方式的编码体系，包括标头、厂商识别代码、对象分类代码和序列号，如表 3-2 所示。其中标头表示识别 EPC 的长度、类型、结构、版本号；厂商识别代码表示识别公司或企业实体；对象分类代码类似于库存单位（SKU）；序列号是指加标签的对象类的特例。EPC 编码数据结构标准规定了 EPC 数据结构的特征、格式，现有 EAN.UCC 系统中的 GTIN、SSCC、GLN、GRAI、GIAI、GSRN 及 NPC 与 EPC 编码的转换方式。EPC 编码数据结构标准适用于全球和国内物流供应链各个环节的产品（物品、贸易项目、资产、位置等）与服务等的信息处理和信息交换。

表 3-2　EPC 编码结构

EPC 编码结构	标头	厂商识别代码	对象分类代码	序列号
EPC-96	8	28	24	36

（四）EPC 标签及应用

产品电子标签（EPC 标签）是由一个比大米粒 1/5 还小的电子芯片和一个软天线组成。EPC 标签像纸一样薄，可以做成邮票大小，或者更小。EPC 标签可以在 1~6 米的距离让读写器探测到。EPC 标签全球统一标准，价格也非常便宜。特点是：无接触读取；远距离读取；动态读取；多数量、品种读取；标签无源；海量存储等。这些都是条码无法比拟的，因此采用 EPC 标签技术，可以实现数字化库房管理，并配合使用 EPC 编码，使得库存货品真正实现网络化管理。

将 EPC/RFID 技术应用于仓储管理系统中，能够实现以下功能：①货品动态出入库管理；②极大提高对出入库产品信息记录采集的准确性；③系统能在任何时间及时地显示当前库存状态；④实时性信息收集和传输，提高工作效率；⑤方便的管理模式、准确快捷的信息交流；⑥易操作的界面设计可降低库存管理的难度等。同时在食品溯源、牲畜溯源、电力管理、智能家居、个人保健、智能校园、平安城市、智能农业、智能经济等方面都有发展。

小思考：一维条码、二维条码、RFID 电子标签、EPC 有何区别？

案例分析

麦德龙集团 RFID、EPC 系统应用案例分析

麦德龙集团（Metro Group）是世界第三大零售商，通过 EPC 标签实现了货品的全球唯一识别和跟踪，真正满足全球供应链管理的需要。使用 Intermec 的 Intellitag RFID 读写器，成功识别超过 50 000 个托盘，其标签的识读率更超过 90%，仓储人力开支减少了 14%，存货到位率提高了 11%，货物丢失率降低了 18%。托盘跟踪是配送中心 RFID 系统的基础。麦德龙的供应商在运送到配送中心的货箱和托盘上使用了 RFID 标签，进入仓库的托盘都要经过一个安装了 Intermec IF5 读写器的门户。IF5 读写器是固定式的智能数据采集设备，它采集托盘标签上的序列运输容器代码（SSCC），过滤托盘上来自货箱标签的数据。然后 SSCC 就被自动地报告到麦德龙的 SAP 企业系统内，与麦德龙收到的预先发货通知（ASN）的电子数据交换（EDI）交易记录相核对，符合麦德龙系统订单的托盘将被批准接收，有关内容将随着物品的入库自动进行记录，库存系统记录得以更新。

根据麦德龙的统计，使用 RFID 系统识别托盘、发货确认和入库处理后，每辆货车检查及卸载的时间缩短了 15~20 分钟，提高了工人的生产力。未到位的发货会立即被发现，因此大大改善了库存准确度，使得麦德龙能够把缺货率减少 11%。

思考题：
麦德龙集团 RFID、EPC 系统应用主要体现在哪些方面？有何优势与效益？

任务二　感知智慧物流信息

视频　智慧物流场景传感器的应用

引　例

一台台 AGV 机器人搬运各种包裹或物料，按照指令和程序设定好的路线，井然有序地穿梭在生产线旁或自动分拣线，实现了近千种零部件或包裹的智能分拣，在这里，传感器功不可没。地狼仓全自动分拣系统如图 3-12 所示。

图 3-12　地狼仓全自动分拣系统

思考题：
1. 什么是传感器？
2. 说说传感器在智慧物流领域的功能和应用。

引例分析： 在智慧物流系统中，计算机技术是它的大脑，传感器是它的神经系统。传感器感知外界的信息并将感觉到的信息传递给大脑。传感器是智慧物流的基础，智慧物流的发展离不开大量的数据采集与传输，数据是智慧物流的关键，而这些数据则需要依靠先进的扫描技术、无线设备等传感技术和通用性设备相连，以实现快速的信息获取。传感器是实现数据自动检测和自动控制的首要环节。

一、传感器技术概述

（一）传感器的定义

传感器（Transducer/Sensor）是一种检测装置。它能感受到被测量的信息，并能将感受到

的信息，按一定规律变换成为电信号或其他所需形式的信息输出，以满足信息的传输、处理、存储、显示、记录和控制等要求。

中华人民共和国国家标准（GB/T 41554—2022）中对传感器的定义为：能够观测某种现象并返回观测值的仪器或工具。

传感器一般由敏感元件、转换元件、变换电路和辅助电源四部分组成。其中，敏感元件能直接感受被测量，并输出与被测量有确定关系的物理量信号；转换元件将敏感元件输出的物理量信号转换为电信号；变换电路负责对转换元件输出的电信号进行放大调制；转换元件和变换电路一般还需要辅助电源供电。

（二）传感器的分类

传感器按照工作原理可以分为两大类：物理传感器和化学传感器。物理传感器包括力传感器、光传感器、电传感器、声传感器、热传感器、磁传感器、射线传感器等；化学传感器包括离子传感器、湿度传感器、生物传感器、气体传感器等。

通常根据其基本感知功能分为热敏元件、光敏元件、气敏元件、力敏元件、磁敏元件、湿敏元件、声敏元件、放射线敏感元件、色敏元件和味敏元件等。

（三）传感器的工作原理

传感器的基本原理（见图3-13）是：通过敏感元件及转换元件把特定的被测信号，按一定规律转换成某种可用信号并输出，以满足信息的传输、处理、记录、显示和控制等要求。传感器能够感受如力、温度、光、声、化学成分等物理量，并能按照一定的规律转换成电压、电流等电学量，或转换为电路的电流。传感器的作用是把非电学量转换为电学量或电路的电流，从而很方便地进行测量、传输、处理和控制。

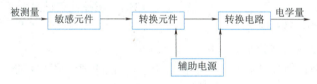

图3-13　传感器的工作原理

行业动态

2021年传感器市场规模接近3 000亿元

据《2020年赛迪顾问传感器十大园区白皮书》，2014—2019年，我国传感器市场规模呈不断增长趋势，2014年行业市场规模为982.8亿元，2019年增长至2 188.8亿元。2020年，我国传感器市场规模提高至2 494亿元，同比增长约13.9%。结合我国传感器市场规模占全球市场比例情况，以及2021年我国传感器市场因疫情控制情况较好而增速回升等相关因素测算得到，2021年我国传感器市场规模约为2 968.0亿元。

（资料来源：前瞻产业研究院）

（四）传感器技术在物流领域的应用

传感器在物流领域中的应用只是其中的一部分，但是其重要性日益凸显。物流行业应用最为广泛的是采用光敏元件的传感器，如光电传感器、光幕传感器等，它们应用在入库、上架、拣选、出库等各个仓储物流作业环节的商品或设备信息读取、检测及复核上。随着物流的进一步发展，自动化立体库、AGV、各类拣选机械手及机器人对传感器的应用越来越多。

1. 传感器在智能物流设备中的应用

传感器作为智能装备感知外部环境信息的自主输入装置，对智能装备的应用起着技术牵引和场景升级的作用。物流设备上使用到的传感器主要包括光电传感器、电感式接近开关、激光测距仪、区域扫描仪、限位开关、测量光幕、安全光幕和 RFID 等（见图 3-14），其中光电传感器和 RFID 应用比例比较大。

光电传感器是将光信号转换为电信号的一种器件。光电传感器在一般情况下，由发送器、接收器和检测电路三部分构成。发送器对准目标发射光束，接收器由光电二极管、光电三极管、光电池组成。检测电路能滤出有效信号和应用该信号。

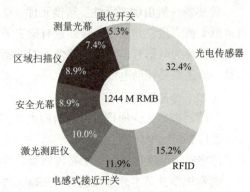

图 3-14　智能物流设备中各类传感器应用情况
（数据来源：MIR Databank）

传感器在智能物流设备中的应用主要包括 AGV 机器人、堆垛机、输送机、分拣机、无人机等。

比如，AGV 机器人应用在智能搬运系统中，沿规定的路径行驶，实现各种物料搬运的功能。光电传感器（2~8 个）检测货物有无及货物稳定性、车的方位等；电感式接近开关（2~8 个）检测有无物体遮挡小车及小车是否偏离轨迹；激光测距仪（2~6 个）保障车与车之间的安全距离，对叉车及负载进行定位；区域扫描仪（1~4 个）实现小车到达危险区域有障碍物体阻挡时，及时使小车减速或立即停止；限位开关（1~4 个）保证 AGV 装货、卸货的安全性；安全光幕（1~2 个）保护工作人员安全；RFID（1 个）识别 AGV 地标，在各种关键点对 AGV 实现控制，实现 AGV 小车托盘对货物抓取的识别。

2. 传感器在智能物流监控中的应用

为了便于对货物的监控管理，在货物仓储和运输的过程中，根据货物的运输需求，在每一宗货物的包裹内放置用于身份识别的基于传感器的物流供应链智能监控终端装置，该装置普遍应用于室内外货物状态的追踪及环境变化的监控，如冷链生鲜食品、医药品、贵重物品、危化品等。当对货物进行扫描识别时，该装置就可以进行无接触式的信息读写，自动识别货物的信息，如监控温湿度、定位信息、货物状态参数和质量信息等。

（1）冷链生鲜食品物流监控。

基于无线传感器技术对生鲜食品的运输监控，实时采集生鲜食品在仓储及运输过程中的信息，如温湿度参数、食品状态以及定位信息。当监控到运输柜中的温度超过阈值时便发出警报，提醒管理人员及时处理，从而保证食品高质量的交付。

（2）医药品物流监控。

通过物流供应链智能监控终端装置，可助力医药企业随时随地获取药品运输路径的环境变化和运输状态，在车辆上配备先进的传感器设备对药品放置空间的温度、湿度、震动、光照等进行监测并记录，同时保证运输平稳度和运输时间，进而使药品安全、完整、按时地达到收货方。除此之外，通过将 GPS 卫星导航系统安装到物流企业的药品配送运输车上，可在冷链物流中进行车辆调度、跟踪控制，进而确保药品质量。

（3）贵重物品物流监控。

基于传感器的终端装置采用 RFID 非接触式的自动识别技术及 GPS 定位技术，能有效地对贵重物品的运输环节进行实时采集和跟踪。比如当贵重物品仓储或运输过程中遭遇位移、震动、水浸、开箱或运输线路偏移、超时延误等情况时，系统能够实时监测并触发警报，管理人员就会第一时间获取物品运输过程中的相关信息。可视化分析极大地提高了贵重物品运输过程中的透明性和安全性，同时也为贵重物品签收后因异常破损情况而引起的申诉理赔提供依据。

（4）危化品运输物流监控。

基于传感器的终端装置利用物联网采集技术结合危化品周围环境参数，深度监控危化品仓储运输过程中的运行状态及运行轨迹。当平台监测到危化品周围环境的相应参数达到临界阈值时，系统随即按照预先设定的预警方案做出报警响应，管理人员能够迅速调控驾驶员采取相应的决策方案，从而有效降低运输过程中的损耗。

实用案例

传感器技术在智能物流分拣技术中的应用

随着我国国民经济实力的不断增强，各行各业都取得了空前的进步和发展，物流行业更是发展迅猛。2020 年，天猫平台实时成交额突破 3 723 亿元，京东累计下单金额突破 2 000 亿元。全国邮政、快递企业共处理快件 39.65 亿件，其中 11 月 11 日当天共处理快件 6.75 亿件，同比增长 26.16%，再创历史新高。如此庞大的物流订单，物流公司都是怎样提高工作的准确率和保证高效率的呢？从物流分拣到包装，都采用智能机械设备自动操作，不但节省了人工成本，还提高了工作效率。在走向智能化过程中，光电传感器作为设备核心部件，为检测提供相应的技术支持，功不可没。应用在快速输送线上的光电传感器，对输送线上的物品扫描进行信息读取、检测及复核，这使机械能正确地挑选商品，识别长度不同的物体，并且正确输送分拣。应用在快速输送线上的光电传感器不但要抗高强光的干扰，快速识别不同形状、不同颜色的物体，还要保证稳定性和可靠性。任何一个传感器失灵，都会造成设备的工作失误。

（资料来源：搜狐网）

二、无线传感器网络工作原理及应用

（一）无线传感器网络的定义

无线传感器网络（Wireless Sensor Networks，WSN）是一种分布式传感网络，由大量的静止或移动的传感器以自组织和多跳（Multi-Hop）的方式构成的无线网络，以协作地感知、采集、处理和传输网络覆盖地理区域内被感知对象的信息，并最终把这些信息发送给网络的所有者。

文档 单跳网络和多跳网络

中华人民共和国国家标准（GB/T 40422—2021）中对无线传感器网络（无线传感网）的定义为：由一组无线传感器节点设备通过无线通信方式形成的一个多跳的自组织网络系统。该网络的目的是协作地感知、采集和处理网络覆盖区域中感知对象的信息，并发送给观察者。

视频 什么是无线传感器网络？

传感器、感知对象和观察者构成了无线传感器网络的三个要素。其通过无线方式通信，因此网络设置灵活，设备位置可以随时更改，还可以跟互联网进行有线或无线方式的连接。通过无线通信方式形成的一个多跳自组织网络，实现了数据的采集、处理和传输三种功能。它与通信技术和计算机技术共同构成信息技术的三大支柱。

(二)无线传感器网络的特点

与传统式的网络和其他传感器相比,无线传感器网络具有以下特点。

(1)组建方式自由。无线传感器网络的组建不受任何外界条件的限制。组建者无论在何时何地,都可以快速地组建起一个功能完善的无线传感器网络,组建成功之后的维护管理工作也完全在网络内部进行。

(2)网络拓扑结构灵活自由。从网络层次的方向来看,无线传感器的网络拓扑结构是变化不定的,例如构成网络拓扑结构的传感器节点可以随时增加或者减少,网络拓扑结构图可以随时被分开或者合并。

(3)控制方式不集中,网络强度高。虽然无线传感器网络把基站和传感器的节点集中控制了起来,但是各个传感器节点之间的控制方式还是分散式的,路由和主机的功能由网络的终端实现,各个主机独立运行,互不干涉,因此无线传感器网络的强度很高,很难被破坏。

(4)安全性不高。无线传感器网络采用无线方式传递信息,因此传感器节点在传递信息的过程中很容易被外界入侵,从而导致信息的泄露和无线传感器网络的损坏。大部分无线传感器网络的节点都是暴露在外的,这大大降低了无线传感器网络的安全性。

无线传感器网络具有众多类型的传感器,可探测包括地震、电磁、温度、湿度、噪声、光强度、压力、土壤成分、移动物体的大小、速度和方向等周边环境中多种多样的现象。潜在的应用领域可以归纳为:军事、航空、防爆、救灾、环境、医疗、保健、家居、工业、商业等领域。

🔄 行业动态

传感器网络相关国家标准

中华人民共和国标准(GB/T 30269.902—2018)《信息技术 传感器网络 第902部分:网关:网络传输安全》规定了传感器网络网关的远程管理功能结构和管理功能要求,包括网关状态管理、网关远程配置、网关安全管理、网关自我维护管理、传感器网络管理、应用管理、标识管理和网关远程管理接口。

中华人民共和国标准(GB/T 30269.807—2018)《信息技术 传感器网络 第807部分:测试:远程管理技术要求》规定了针对传感器网络传输安全技术要求和测试方法,适用于传感器网络的建设、使用、安全测试和风险评估。

(资料来源:全国标准信息公共服务平台)

(三)无线传感器网络的工作原理

无线传感器网络是一种新型的分布式测控系统,由分布在监测区域内的大量传感器节点组成。得益于无线通信技术和微电子技术的飞速发展,开发低成本、低能耗、多功能的微型无线传感器节点已成现实。

图3-15是一个典型的无线传感器网络应用系统的示意图,它描述了无线传感器网络系统所包含的三种类型的节点,即传感器节点(Sensor Node)、汇聚节点(Sink)和任务管理节点(Task Manager Node)。图中白色的监测区域中已经部署了大量的无线传感器节点,每个节点都可以采集其覆盖区域的现场数据,路由到Sink节点采用了多跳方式。节点A就是经过了A<—>B<—>C<—>D<—>Sink的多跳路由来实现数据转发,其他传感器节点的情况依此类推。Sink节点是一个类似于网关的特殊节点,它的处理能力、存储能力和通信能力相对较强,能够把无线传感器网络桥接到其他的通信网络,比如Internet,从而使终端用户能够方便实时地通

过任务管理节点来进行各种操作。Sink 节点既可以是一个具有增强功能的传感器节点，也可以是仅带有无线通信接口的网关设备。任务管理节点可以是各种智能终端，PC（个人电脑）、PDA（掌上电脑），甚至是智能手机。

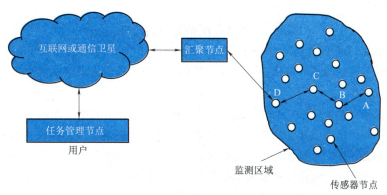

图 3-15　无线传感网络系统结构

小思考：无线传感器网络与物联网有何区别和联系？

（四）无线传感器网络在物流领域的应用场景

无线传感器网络（WSN）作为推动物联网发展的四驾马车之一，越来越受到各个行业的青睐。WSN 在物流领域中的应用，比较常见的有仓储环境监测、在途货物监测、运动物体监测等。

1. 仓储环境监测

仓储作为物流中一个非常重要的环节，将 WSN 应用于仓储监测将有利于现代仓储系统的信息化和智能化。为实现货物信息的实时传递，仓储不仅需要配备先进的作业设备，建立高效的作业流程，还需要有仓储监控管理系统。仓储监测的关键技术包括参数监测与传输、节点部署、数据处理，具体的监测范围包括仓储环境监测和仓储作业设备监测。表征仓储环境的参数包括温度、湿度、光照度、氧含量等。仓储监测就是要利用 WSN 对以上参数进行实时地感知、记录、分析、报警等，以达到改善仓储作业环境、保证物品安全、提高仓储效率的目的。

2. 在途货物监测

在途危险物监控系统，是一种相对比较复杂的监控系统。在途危险物监控系统需要实时掌握在途货物的相关参数，确保人员、设备及所运载货物的安全并及时到达。因此，对在途货物的监测需要由远程控制和车载监控两部分组成。车载监控由传感器节点和车载控制中心组成，并通过 Zigbee 构建无线传感器网络。传感器节点应根据不同的监控需求，选用合适的传感器节点。传感器节点的安装位置需要根据相应的车体结构和运输物品而定，并且需要经过不断的试验以调整至最佳状态。

3. 运动物体监测

对运动物体的监测，由于其本身的不确定性导致的漏检等相关问题，通常需要格外关注网络监测数据的有效性和可靠性。因此对于运动物体监测系统而言，首先需要考虑的问题就是其可扩展性和容错能力。运动型 WSN 监测系统一般由监管中心、传感器节点、网关、路由器等构成。其中监测节点只采集数据信息；汇聚节点主要负责将收集到的数据通过合适的路由传递出去；网关将收到的数据发送给监管中心；监管中心由远程控制终端和数据存储服务器组成；路由器主要负责协调采集单元与监管中心之间的相互通信；远程控制终端的主要功能是发出控制命令，并为管理人员提供实时的监测数据。

案例分析

无线传感器网络在智能交通中的应用

无线传感器网络是当前信息领域中研究的热点之一，可用于在特殊环境实现对信号的采集、处理和发送。无线传感器网络是一种信息获取和处理技术，在现实生活中得到了越来越广泛的应用。

智能交通系统（ITS）是在传统交通体系的基础上发展起来的新型交通系统，它将信息、通信、控制和计算机技术以及其他现代通信技术综合应用于交通领域，并将"人—车—路—环境"有机地结合在一起。在现有的交通设施中增加一种无线传感器网络技术，能够从根本上缓解困扰现代交通的安全、通畅、节能和环保等问题，同时还可以提高交通工作效率。

智能交通系统主要包括交通信息的采集、交通信息的传输、交通控制和诱导等几个方面。无线传感器网络可以为智能交通系统的信息采集和传输提供一种有效手段，用来监测路面与路口各个方向的车流量、车速等信息。

它主要由信息采集输入、策略控制、输出执行、各子系统之间的数据传输与通信等子系统组成。信息采集子系统主要通过传感器采集车辆和路面信息，然后由策略控制子系统根据设定的目标，并运用计算方法计算出最佳方案，同时输出控制信号给执行子系统，以引导和控制车辆的通行，从而达到预设的目标。

无线传感器网络在智能交通中还可以用于交通信息发布、电子收费、车速测定、停车管理、综合信息服务平台、智能公交与轨道交通、交通诱导系统和综合信息平台等技术领域。

（资料来源：电子元件技术圈）

思考题：
1. 什么是智能交通系统（ITS）？
2. 无线传感器网络在智能交通领域如何应用？它有何优势？

任务三 跟踪定位智慧物流信息

视频 京东北斗新仓

引 例

2020年6月17日，亚洲首个全流程智能柔性生产物流园——京东物流北斗新仓建成投用，这是继亚洲一号智能仓库、地狼仓、天狼仓、全流程无人仓之后，电商行业新一代先进的大规模自动化仓储生产与管理体系。这标志着，京东物流再次引领亚洲电商领域的颠覆式创新，让中国智慧物流的探索和应用水平达到了一个全新的高度。

京东物流北斗新仓（见图3-16）以商品为核

图3-16 京东物流北斗新仓

心进行拣选任务优化,把人工静态的拣货任务分配变为全自动动态任务分配;大幅提高了拣货密度,缩短了拣货员走动距离,实现了人机配对的最佳应用;拣选动作从14个节点精简为6个节点。这也是京东物流北斗新仓实现的三大颠覆式创新。京东物流北斗新仓通过智能感应、北斗高精定位、动态分配、商品扫描、订单聚合、商品复核六个步骤的有机结合完成物流过程中最烦琐的作业,实现员工体能的巨大释放和机器智能的最佳应用,每一步都通过软件、硬件、员工的动态组合实现高效智能化的拣选。

(资料来源:物流指闻)

思考题:
1. 什么是北斗卫星导航系统?
2. 北斗卫星导航系统在智慧物流中有何应用?

引例分析: 中国北斗卫星导航系统是中国自行研制的全球卫星导航系统,是继美国 GPS、俄罗斯 GLONASS、欧盟 GALILEO 后,联合国卫星导航委员会认定的第四大核心供应商。北斗系统集成了传感、自动化、定位追踪和数据处理等智能化技术,这一"国之重器",是关系国家安全的重大信息基础设施,是推进我国信息产业升级换代的核心发动机。

视频 什么是北斗?

智慧物流跟踪定位技术是对物品进行准确定位并实现其位置状况监控的技术,包括 BDS/GPS、GIS、红外线室内定位、超声波定位技术、RFID 定位技术、超宽带定位技术、视觉定位技术等。

一、BDS 概述

(一)BDS 的概念

中华人民共和国国家标准《北斗卫星导航术语》(GB/T 39267—2020)中对北斗卫星导航系统(BeiDou Navigation Satellite System,BDS)(以下简称北斗系统)的定义为:中国研制建设和管理的为用户提供实时三维位置、速度和时间等信息的全球卫星导航系统。它提供的服务包括基本导航服务、短报文通信服务、星基增强服务、国际搜救服务和精密单点定位服务等。

北斗系统是我国着眼于国家安全和经济社会发展需要,自主建设运行的全球卫星导航系统,是为全球用户提供全天候、全天时、高精度的定位、导航和授时服务的国家重要时空基础设施。

我国北斗导航卫星的建设分为三步:第一步仅覆盖国内区域;第二步逐渐覆盖亚太区域;第三步覆盖全球。北斗一号(1994—2003年)为试验阶段,共发射了4颗实验卫星和1颗备份卫星,覆盖国内区域,目前均已退役;北斗二号(2004—2012年)发射了14颗组网卫星和6颗备份卫星,可实现亚太地区的覆盖;北斗三号(2009—2020年)则发射了30颗组网卫星和5颗实验卫星,可实现全球覆盖,精度可媲美 GPS。

小思考: 如何理解 BDS 相关概念 GNSS、GPS、GLOGNSS 以及 GALILEO?

中华人民共和国国家标准《北斗卫星导航术语》(GB/T 39267—2020)中对 GNSS、GPS、GLOGNSS、GALILEO 相关概念定义如下。

全球卫星导航系统(Global Navigation Satellite System,GNSS)是指能在全球范围内提供导航服务的卫星导航系统的通称。

全球定位系统(Global Positioning System,GPS)是指美国研制建设和

视频 什么是 GNSS?

管理的为用户提供实时三维位置、速度和时间等信息的全球卫星导航系统。提供的服务包括精密定位服务（PPS）和标准定位服务（SPS）等。

格洛纳斯卫星导航系统（Global Navigation Satellite System，GLOGNSS）是指俄罗斯研制建设和管理的为用户提供实时三维位置、速度和时间等信息的全球卫星导航系统。提供的服务包括标准精度通道（CSA）和高精度通道（CHA）等服务。

伽利略卫星导航系统（Galileo Navigation Satellite System，GALILEO）是指欧盟研制建设和管理的为用户提供实时三维位置、速度和时间等信息的全球卫星导航系统。提供的服务包括开放、商业、生命安全、公共授权和搜救等服务。

（二）BDS的组成

北斗系统由空间段、地面段和用户段三个部分组成，具体如图3-17所示。

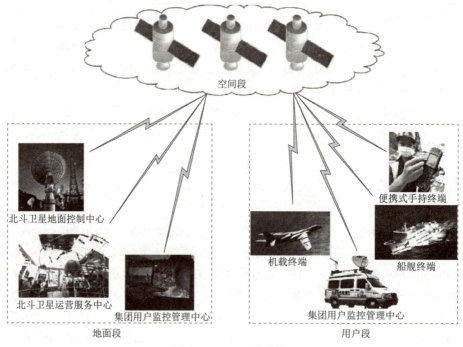

图3-17　BDS构成图

1. 空间段（Space Segment）

北斗系统空间段是指空间所有卫星及其组成星座的总称。其由若干地球静止轨道卫星、倾斜地球同步轨道卫星和中圆地球轨道卫星等组成。北斗二号系统空间段由14颗组网卫星（5颗地球静止轨道卫星、5颗倾斜地球同步轨道卫星和4颗中圆地球轨道卫星）和6颗备份卫星组成。北斗三号系统的空间段由35颗卫星组成，包括5颗静止轨道卫星和30颗非静止轨道卫星。5颗静止轨道卫星定点位置为东经58.75°、80°、110.5°、140°和160°。非静止轨道卫星由27颗中圆轨道卫星和3颗倾斜同步轨道卫星组成。其中，中圆轨道卫星运行在3个轨道面上，轨道面之间相隔120°，均匀分布。

2. 地面段（Ground Segment）

北斗卫星导航系统的地面段是指维持卫星导航系统正常运行的地面系统的总称，由主控站、注入站和监测站组成。

主控站用于系统运行管理与控制等。主控站从监测站接收数据并进行处理，生成卫星导航电文和差分完好性信息，而后交由注入站执行信息的发送。同时，主控站还负责管理、协调整个地面控制系统的工作。

注入站用于向卫星发送信号，对卫星进行控制管理，在接受主控站的调度后，将卫星导航电文和差分完好性信息向卫星发送。

监测站用于接收卫星的信号，并发送给主控站，实现对卫星的跟踪、监测，为卫星轨道确定和时间同步提供观测资料。

3. 用户段（User Segment）

用户端即用户的终端，用于接收、处理导航卫星信号并实现定位、测速和授时等功能的设备总称。用户端既可以是专用于北斗卫星导航系统的信号接收机，也可以是兼容其他卫星导航系统的接收机。接收机捕获并跟踪卫星的信号，即可测量出接收天线至卫星的伪距和距离的变化率，解调出卫星轨道参数等数据。接收机中的微处理计算机根据这些数据按一定的方式进行定位计算，最终得到用户的经纬度、高度、速度、时间等信息。

北斗卫星导航系统采用卫星无线电测定（RDSS）与卫星无线电导航（RNSS）集成体制，既能像其他导航系统一样为用户提供卫星无线电导航服务，又具备位置报告及短报文通信功能。

二、BDS 定位的基本原理

北斗系统空间卫星在离地面 2 万多千米的高空上，以固定的周期环绕地球运行，使得在任意时刻，在地面上的任意一点都可以同时观测到 4 颗以上的卫星。

由卫星的精确位置可知，在接收机对卫星的观测中，我们可以得到卫星到接收机的距离，利用三维坐标中的距离公式，利用 3 颗卫星，就可以组成 3 个方程式，解出观测点的位置（X, Y, Z）。考虑到卫星的时钟与接收机时钟之间的误差，实际上有 4 个未知数，X、Y、Z 和钟差，因而需要引入第 4 颗卫星，形成 4 个方程式进行求解，从而得到观测点的经纬度和高度。事实上，接收机往往可以锁住 4 颗以上的卫星，这时，接收机可按卫星的星座分布分成若干组，每组 4 颗，然后通过算法挑选出误差最小的一组用作定位，从而提高精度。

卫星定位实施的是"到达时间差"（时延）的概念：利用每一颗卫星的精确位置和连续发送的星上原子钟生成的导航信息获得从卫星至接收机的到达时间差。卫星在空中连续发送带有时间和位置信息的无线电信号，供接收机接收。由于传输的距离因素，接收机接收到信号的时刻要比卫星发送信号的时刻延迟，通常称之为时延，因此，也可以通过时延来确定距离。卫星和接收机同时产生同样的伪随机码，一旦两个码实现时间同步，接收机便能测定时延；将时延乘以光速，便能得到距离。每颗卫星上的计算机和导航信息发生器非常精确地了解其轨道位置和系统时间，而全球监测站网保持连续跟踪。

小思考：思考 BDS 与 GPS 有何区别。

三、BDS 与 GPS 的比较

（一）信号的使用方面

北斗使用的是三频信号，GPS 使用的是双频信号，这是北斗的后发优势。三频信号可以更好地消除高阶电离层延迟影响，提高定位可靠性，增强数据预处理能力，大大提高模糊度的固定效率。而且如果一个频率信号出现问题，可使用传统方法利用另外两个频率

视频 什么是 GPS？

进行定位，提高了定位的可靠性和抗干扰能力。北斗是全球第一个提供三频信号服务的卫星导航系统。

（二）有无源定位方面

有源定位就是接收机自己需要发射信息与卫星通信，无源定位不需要。北斗一代使用的是有源定位，有源定位技术只要 2 颗卫星就可以完成定位，但需要信息中心 DEM（数字高程模型）数据库支持并参与解算。它在北斗二代上被保留下来，但不作为主要的定位方式。而北斗二代使用的是无源定位，和 GPS 是一样的，不需要信息中心参与解算，有源定位则作为补充功能。

这个功能的好处是当你观测的卫星质量很差，数量较少时（理论上，无源定位至少要 4 颗卫星才能解算 X、Y、Z 和钟差四个未知参数，实际需要的更多），仍然可以定位。这个功能对于紧急情况会比较有用，比如在山谷中，观测条件非常差，能知道大概位置也是非常重要的。坏处是在战争中会暴露你的位置信息。

（三）通信服务方面

短报文通信服务，是中国卫星导航的原创功能，并且非常实用。在汶川地震的时候，震区唯一的通信方式就是北斗一代。这个特色功能毫不意外地在二代中保留下来。也就是说，北斗不但能让你知道自己在哪，还能让别人知道你在哪，有利于求救。但是这个功能是有容量限制的，所以并不适合作为日常通信功能，而是作为紧急情况通信比较合适。

（四）定位精度方面

目前双方的定位精度基本相同。整个北斗三号系统有 35 颗卫星，正常运行的为 30 颗，可提供的空间信号精度范围为 0.36~0.66 米，平均值为 0.5 米。

北斗现有能实现的精度：当前北斗总计发射了 59 颗卫星，于 2020 年正式完成组网，现在北斗能提供的空间信号精度平均值为 0.41 米，这个数据好于 GPS 的精度。

北斗系统定位精度由水平 25 米、高程 30 米，提高至目前水平 10 米、高程 10 米，测速精度由每秒 0.4 米提高至 0.2 米，受时精度优于 20 纳秒，目前在中国及周边地区，北斗系统服务性能与 GPS 相当。北斗的平面精度与高程精度是基本相当的，而 GPS 系统的水平精度确实不错，但是它的高程精度是软肋，比水平精度差得比较多。

四、BDS 在智慧物流中的应用

（一）在交通运输中的应用

BDS 在交通运输中的作用和影响主要有：应用于重点运输过程监控、公路基础设施安全监控、港口高精度实时定位调度监控等领域，有效提升了监控管理效率和道路运输安全水平。

1. 保障运输安全

通过北斗技术，定位运输车辆的行驶线路和途经区域，避免车辆行驶在路况差、能见度低、弯道坡道过多的线路上以及在居民生活区、靠近火源的区域停车，保证运输安全。对于司机超速行驶、疲劳驾驶、超时停车等违规驾驶车辆的行为及时告警，避免造成生命财产损失。另外，货物损坏、调包、丢失，甚至是谁什么时间将货物搬运到什么地点都可以准确查出，使业务流程公开、透明地呈现出来。这不仅有效避免了一些人为的过错，同时也明确了各方的责任。

2. 保障运输时效

通过北斗技术，再结合电子地图、移动网络等技术，将运输车辆途经各个站点的时间记录下来，并与企业规定时间对比，以做出车辆能否准时到达的判断，帮助企业保障运输时效。

3. 提升运输品质

如在冷链运输企业的应用，通过北斗技术，再配合温度采集设备，对影响冷链货物品质的最主要的因素——温度实现全程监控，并定位温度异常的时间和地点，来监控司机实施全程冷链运输。

4. 管控运输成本

如在公路干线运输，通过北斗技术，再配合车辆油量采集设备，实现对运输过程的全程油耗监控，避免运输过程油耗异常，增加企业成本。

5. 敏感区域监控

在物流运输的过程中，某些区域经常发生货物丢失、运输事故等状况，系统监控到车辆进入该区域时，加强对车辆和货物的监控。

6. 短报文通信

在物流车辆行驶至偏远地区或山区时，由于网络信号无法覆盖，车辆无法与调度管理中心取得联系，当发生意外状况时，车辆可通过北斗定位终端的短报文功能与调度管理中心取得联系，使调度管理中心及时了解车辆状态，并采取及时的救援措施。

（二）在突发公共事件应急管理中的应用

基于北斗系统的导航、定位、短报文通信功能，提供实时救灾指挥调度、应急通信、灾情信息快速上报与共享等服务。

（三）在无人配送中的应用

在疫情的特殊时期，"无人派送车"穿梭在一条条街道上，承担着派送快件的任务，尽可能减少了快件派送过程中人与人的接触，降低了感染率，为疫情防控贡献了一份力量。目前，国内多家电子商务企业的物流货车及配送员，应用北斗车载终端和手环，实现了车、人、货信息的实时调度。

案例分析

新时代北斗精神

中国北斗卫星导航系统是重要的空间基础设施，是事关国计民生的大国重器。建设独立自主的卫星导航系统，是党中央、国务院、中央军委做出的重大战略决策。习近平总书记对北斗全球卫星导航系统建设高度重视，多次做出重要指示批示。2020年7月31日，北斗三号全球卫星导航系统建成暨开通仪式在北京举行。该系统已经向"一带一路"沿线国家和地区亿级以上用户提供服务，相关产品出口120余个国家和地区。

视频 新时代北斗精神

从1994年北斗一号工程立项开始，一代代航天人一路披荆斩棘、不懈奋斗，始终秉承航天报国、科技强国的使命情怀，以"祖国利益高于一切、党的事业大于一切、忠诚使命重于一切"的责任担当，克服了各种难以想象的艰难险阻，在陌生领域从无到有进行全新探索，在高端技术空白地带白手起家，从北斗一号、北斗二号、北斗三号"三步走"发展战略决策，到有别于世界其他国家技术路径设计，再到用两年多时间高密度发射18箭30星，北斗卫星导航系统经历了从无到有、从有到优、从区域到全球的发展历程。

2020年7月31日，北斗三号全球卫星导航系统建成暨开通仪式在北京举行。习近平总书记出席仪式，铿锵有力地宣布："北斗三号全球卫星导航系统正式开通！"这标志着中国建成了独立自主、开放兼容的全球卫星导航系统，中国北斗从此走向了服务全球、造福人类的时代舞台。参研参建的 400 多家单位、30 余万名科研人员合奏了一曲大联合、大团结、大协作的交响曲，孕育了"自主创新、开放融合、万众一心、追求卓越"的新时代北斗精神。

北斗全球卫星导航系统是中国迄今为止规模最大、覆盖范围最广、服务性能最高、与人民生活关联最紧密的巨型复杂航天系统。这是中国航天人在建设科技强国征程上立起的又一座精神丰碑，是与"两弹一星"精神、载人航天精神既血脉赓续，又具有鲜明时代特质的宝贵精神财富，激励着广大科研工作者继续勇攀科技高峰，激扬起亿万人民同心共筑中国梦的磅礴力量。

"北斗精神"是北斗人不怕苦、不怕累的生动注脚，也是共产党人不忘初心、牢记使命的现实写照，诠释了中华民族"造星"之路上的点滴。以"北斗精神"造出中华民族更闪亮的星。北斗精神是中国航天人在建设北斗全球卫星导航系统过程中表现出来的"自主创新、开放融合、万众一心、追求卓越"的新时代精神，以国为重是"北斗精神"的核心价值观。

（资料来源：百度百科）

思考题：
1. 什么是新时代北斗精神？
2. 查阅资料，请讲一讲北斗人故事，说一说对我们青年一代有什么激励作用。
3. 中国北斗卫星导航系统在智慧物流领域有何应用？

案例分析： "北斗精神"体现了北斗人不怕苦、不怕累的精神，也是共产党人不忘初心、牢记使命的现实写照，诠释了中华民族"造星"之路上的点滴。北斗精神是中国航天人在建设北斗全球卫星导航系统过程中表现出来的"自主创新、开放融合、万众一心、追求卓越"的新时代精神，以国为重是"北斗精神"的核心价值观。

实践任务三　智慧物流感知和识别技术应用场景分析

（综合性实验 2 学时）

1. 目的要求

（1）掌握调查方法，提升调查能力。

（2）学习结合具体的调研实例和场景进行分析，提升理论实践的应用能力。

2. 实验内容

采用网络调查、实地调查等方法，调查一维条码、二维条码、EPC、RFID、传感器在物流中的应用，并比较不同识别技术在物流领域应用场景的区别。

3. 组织和实施

（1）将全班学生进行分组。

（2）拟定调查提纲，确定调查的方式并进行调查，整理调研材料。

（3）通过讨论、总结，得出一维条码、二维条码、EPC、RFID 及传感器等在物流中的应用分析报告，并结合所学知识进行总结，制作汇报 PPT。

（4）学生分组汇报，教师审阅报告，教师点评、考核。

4. 考核标准

总评考核可以采取小组互评（20%）+ 组内互评（20%）+ 教师评价（60%）的方式或者采取小组成员互评（30%）+ 教师评价（70%）的方式。有意识地培养学生团队协作能力、分析问题和解决问题的能力。同时，注意报告撰写的格式规范问题、报告结构及解决方案是否合理等，考核评价标准参考表3-3。

表3-3　考核评价标准

专　业		班　级		学　号		姓　名	
考核内容	智慧物流感知和识别技术应用场景分析						
考核标准	教师评价（70%）	评　价　内　容				分值/分	评分/分
		掌握相关理论知识、方法和技能				10	
		有效进行问卷设计、访谈或讨论记录				10	
		PPT制作精美，思路清晰，汇报重难点突出、体现思政元素				40	
		撰写报告完整，格式规范，现状调研及分析翔实，应用特点及场景分析正确				40	
	小组成员互评（30%）	具有团队协作精神				40	
		积极主动创新性思考，承担并完成所分配的任务				40	
		创造亮点，为小组争取荣誉				20	

思考与练习

一、单项选择题

1. （　　）是一种无线电通信技术，基本原理是电磁理论，即利用无线电波对记录媒体进行读写。

　　A. RFID　　　　B. GPS　　　　C. GIS　　　　D. Barcode

2. 条码的识读原理是（　　）。

　　A. 电磁原理　　B. 光电原理　　C. 译码原理　　D. 以上都不是

3. （　　）由空间段、地面段和用户段三部分组成。

　　A. GIS　　　　B. GPS　　　　C. GSM　　　　D. BDS

4. （　　）组成包括敏感元件、转换元件、变换电路和辅助电源四部分。

　　A. 传感器　　　B. 电子标签　　C. EPC标签　　D. 用户接收机

5. 条码扫描译码过程是（　　）。

　　A. 光信号——模拟电信号——方波信号——数字信号

　　B. 模拟电信号——光信号——方波信号——数字信号

　　C. 光信号——方波信号——数字信号

　　D. 光信号——模拟电信号——方波信号

6. RFID系统组成包括（　　）、阅读器、天线、主机系统四部分。

　　A. 电子标签　　B. 接收机　　　C. 卫星星座　　D. 监控系统

7. BDS系统的定位原理是（　　）。

　　A. 三角定位法　　　　　　　　B. 四角定位法

　　C. 六点定位法　　　　　　　　D. 圆心定位法

8. 我国的BDS系统确保在地球上任何一点至少能观测（　　）颗卫星组成了完整的卫星

导航定位系统,确保全天候、全天时提供卫星导航信息。

  A. 1   B. 2   C. 3   D. 4

 9.( )是用某种特定的几何图形按一定规律在平面(二维方向上)分布的黑白相间的图形来记录数据符号信息的。

  A. 二维条码   B. 一维条码   C. 条形码   D. 电子标签

二、多项选择题

 1. 一维条码与二维条码的区别有( )。

  A. 一维条码信息密度较低,信息容量较小

  B. 一维条码只能对物品进行标识,不能描述

  C. 一维条码能表达汉字和图像

  D. 一维条码保密防伪性能差

 2. 区块链技术有( )特点。区块链技术属于一种分布式多节点的数据库,非常适合应用于物流行业,一旦区块链与物流行业结合了,那么它的每个区块都可以包含许多详细的信息,如买方、卖方、合约、价格等信息,双方或多方经过全网的验证,就能够把有效的数据上传到整个网络,以此共享,且信息绝对安全。

  A. 不可篡改性   B. 匿名性   C. 私有性   D. 永久存储性

 3. 新时代北斗精神是指( )的精神。

  A. 自主创新   B. 开放融合   C. 万众一心   D. 追求卓越

三、简答题

 1. 扫描枪扫描原理是什么?

 2. 一维条码、二维条码、RFID 电子标签、EPC 有何区别?

 3. 举例说说传感器和传感器网络在物流领域的应用。

 4. BDS 导航原理是什么?说说其在物流领域的应用。

四、综合题

北斗,让物流更智慧更高效

  北斗热潮正在全国各地掀起。目前多地都将北斗应用于物流业中,北斗与物流业的融合加快了构建智慧物流的步伐。

  北京市近年来逐步在物流车辆上安装北斗设备,包含货车、挂车等多个车型,结合自身的物流大数据,进行了物流智慧管理。比如,通过对车辆速度和路线的实时监控,保障驾驶安全;结合北斗卫星导航系统的地理位置数据,进行数据分析和挖掘,定制了仓储和站点急需上门接货的位置信息,定制服务线路,提高物流效率,管控成本,也让信息更透明,让查看物流信息的买家看到最便捷的配送路线。

  2016 年,安徽省推出"互联网+北斗物流"项目,通过手机货源 App 终端,能让行进中的空货车找到离自己最近的货源。有了这款 App 终端,包裹能更加及时地进行运输,早一天开始运输,就能早一天送达目的地。

  2017 年,广西省物流行业协会与相关企业签订协议,推进北斗系统在广西地区的推广应用,推动南宁城市共同配送的发展,以信息化助力智慧物流配送。

  2018 年,总部位于上海市青浦区的某物流平台超过 6 000 台物流车辆均配备了北斗定位终端,整个物流配送过程实现全过程监控,通过利用智能化的物流数据,分析并优化物流过程中

存在的问题。

2018年,辽宁省以北斗系统等现代信息技术支撑的"物联网+物流",加强机器人与自动分拣、二维码、免提扫描(智能眼镜)、自动驾驶货车、无人机、3D打印、智能快递柜等技术设备的研发应用。

2020年6月17日,亚洲首个全流程智能柔性生产物流园——京东物流北斗新仓建成投用,该仓库位于天津市武清区,在软件、硬件及模式创新等方面拥有100%的自主知识产权,实现了物联网的100%覆盖,通过智能感应、高精定位、动态分配、商品扫描、订单聚合、商品复核六个步骤有机结合完成了物流过程中的很多作业,将传统的仓库演变成现代化的全流程仓配体系。

(资料来源:搜狐网)

思考题:
1. 各地如何将北斗系统应用于物流领域?
2. 北斗系统对智慧物流的发展有何促进作用?

项目四

智慧物流通信技术

学习目标

【素养目标】
◆ 了解我国 5G 技术的发展历史,培养爱岗敬业、甘于奉献的劳模精神,诚实劳动、攻坚克难的劳动精神以及精益求精、敢于创新的工匠精神;
◆ 了解区块链特点和原理,培养学生具有自由、平等、公平、法治、诚实、信任等六项思想意识。

【知识目标】
◆ 了解几种常见的近距离通信技术,掌握通信与网络技术特点及其应用;
◆ 掌握区块链技术的定义、特点,理解其工作原理和应用。

【技能目标】
◆ 能区别几种近距离通信技术,理解其应用场景;
◆ 能区别几种远距离通信技术,掌握其在物流领域的应用场景;
◆ 能理解 5G 技术对智慧物流领域带来的变革发展。

案例导入

"三种精神"引领 5G 时代,5G 赋能千行百业,共赢未来

数字移动通信的发展留下了通信人一代代劳模、工匠的烙印,贯穿着通信人传承红色通信的精神。短短 30 年间,中国数字移动通信网络发展经历了 2G 跟随、3G 突破、4G 同步、5G 引领走向辉煌,无处不渗透着爱岗敬业、甘于奉献的劳模精神,诚实劳动、攻坚克难的劳动精神以及精益求精、敢于创新的工匠精神,无一不是鼓舞通信人砥砺前行的强大精神动力。

在疫情防控过程中 5G "黑科技"无所不在,5G 热成像系统和 5G 抗疫机器人有力地保障了人们的安全。5G 技术在工业自动化、城市智慧管理、智慧医疗与教育、自动驾驶与车联网等方面拥有强大的能力与广阔的前景,将有效支撑人与人、人与物、物与物的互联互通,为打造"万物智联"时代奠定坚实的技术基础。

2G 发展之路用双脚开拓,是爱岗敬业、艰苦奋斗的精神激励着我们。3G 发展之路虽难且行,是争创一流、勇于创新的精神激励着我们。4G 发展之路比肩国际,是执着专注、精益求精的精神激励着我们。5G 时代,我们会在劳模精神、劳动精神、工匠精神的引领下,不改红色初心,

勇担中华民族伟大复兴的护航使命，勇当数字化改革主力军。

（资料来源：杭州日报）

思考题：
1. 什么是 5G？引领 5G 的三种精神是什么？
2. 这三种精神与传统文化有何关系？
3. 智慧物流通信和网络技术有哪些？

文档　三种精神与传统文化的关系

案例启示： 中国数字移动通信网络发展经历了 2G 跟随、3G 突破、4G 同步、5G 引领走向辉煌，无处不渗透着通信人爱岗敬业、甘于奉献的劳模精神，诚实劳动、攻坚克难的劳动精神以及精益求精、敢于创新的工匠精神，无一不是鼓舞我们砥砺前行的强大精神动力。5G 时代，引导学生在劳模精神、劳动精神、工匠精神的引领下，不改红色初心，勇担中华民族伟大复兴的护航使命，勇当数字化改革主力军。在物流场景中进行广泛的 5G 应用部署，将持续推动物流行业朝向数字化、智能化、绿色化方向发展。近年来，伴随着互联网、大数据、人工智能等技术的发展，智慧物流正在由新到兴，5G 时代到来之后，这一速度势必加快。5G 这一前瞻技术在物流领域的落地应用，将继续引领物流行业的转型升级。

任务一　智慧物流通信和网络技术

智慧物流感知技术实现了信息的自动感知和识别，要实现信息的互联互通就需要通信与网络技术，如果说感知识别技术是人体五官，那么通信与网络技术就是人体的神经，将这些信息及时地反馈和传递，为做出正确的决策提供快速的通信路径。

智慧物流通信与网络技术根据应用距离和场景不同，主要分为以下几种类型。

一、近距离通信技术及应用

近距离通信是万物互联时代中至关重要的一环。据统计，预计到 2025 年，近距离通信设备出货量将达 60 亿台，复合年增长率将达到 10%，这将催生出无数的新设备、新场景、新机会。近场设备可以通过多种技术进行通信，目前较广泛的近距离无线通信技术主要有蓝牙（Bluetooth）、无线局域网 802.11（Wi-Fi）和 ZigBee 技术。同时也诞生出一些具有发展潜力的近距离无线技术标准，它们分别是：短距离通信（NFC）、超宽频（Ultra Wideband）、GPS、WiMedia、无线 1394 与 DECT 等。它们都有其立足的特点，或基于传输速率、连接距离、功耗的特殊要求，或着眼于功能的扩展性，或符合某些单一应用的特别的无线通信需求，或建立具有竞争技术的差异化特性。但目前为止还没有一种无线通信技术可以完美到足以满足所有应用的需求。

（一）Wi-Fi

Wi-Fi 是一种允许电子设备连接到一个无线局域网（WLAN）的技术，Wi-Fi 全称 Wireless Fidelity，又称 802.11 标准，通常使用 2.4G UHF 或 5G SHF ISM 射频频段。连接到无线局域网通常是有密码保护的，但也可以是开放的，这样就允许任何在 WLAN 范围内的设备可以连接上。无线保真是一个无线网络通信技术的品牌，由 Wi-Fi 联盟所持有，其目的是改善基于 IEEE 802.11 标准的无线网络产品之间的互通性。

Wi-Fi 技术的优点如下：①无线电波的覆盖范围广。无线电波的覆盖半径可达 300 英尺左右（约合100米）；②速度快，可靠性高。802.11b无线网络规范是IEEE 802.11网络规范的变种，最高带宽为11 Mbps，在信号较弱或有干扰的情况下，带宽可调整为5.5 Mbps、2 Mbps和1 Mbps，带宽的自动调整，有效地保障了网络的稳定性和可靠性。

Wi-Fi技术的缺点：移动Wi-Fi技术只能作为特定条件移动Wi-Fi技术的应用。相对于有线网络来说，无线网络在其覆盖的范围内，它的信号会随着离节点距离的增加而减弱，且无线信号容易受到建筑物墙体的阻碍，无线电波在传播过程中遇到障碍物会发生不同程度的折射、反射、衍射，使信号传播受到干扰，无线电信号也容易受到同频率电波的干扰和雷电天气等的影响。

无线Wi-Fi技术能被广泛用于物流仓储管理上，主要是因为Wi-Fi无线网络技术具有覆盖范围广的特点，最优可达到300米。因此，仓储中可以使用Wi-Fi给一些终端设备提供通信保障。同时，Wi-Fi无线网络技术不依赖物理媒介，无须复杂的光纤和电缆设备，节约了成本。

（二）蓝牙

蓝牙（Bluetooth）是一种无线技术标准，可实现固定设备、移动设备和楼宇个人域网之间的短距离数据交换。

蓝牙技术的优点是同时可传输语音和数据，可以建立临时性的对等连接（Ad-hoc Connection）。根据蓝牙设备在网络中的角色，可分为主设备与从设备。蓝牙模块体积很小，便于集成。因为个人移动设备的体积较小，所以嵌入其内部的蓝牙模块体积就应该更小。蓝牙传输低功耗。蓝牙设备在通信连接状态下，有四种工作模式——激活模式、呼吸模式、保持模式和休眠模式。

蓝牙技术的缺点：传输距离短，蓝牙传输频段为全球公众通用的2.4 GHzISM频段，提供1 Mbps的传输速率和10米的传输距离；抗干扰能力不强，由于蓝牙传输协议和其他2.4G设备一样，都是共用这一频段的信号，这也难免导致信号互相干扰的情况出现；蓝牙技术同时还存在芯片价格高的缺点。

蓝牙技术消除了扫描包的手动步骤。即使在物联网的应用中，蓝牙技术也可以在仓库、装运或集装箱内自动检测到，从而触发相应运输管理系统内的信息的自动更新。因为蓝牙技术本身并不连接到互联网，根据当前的场景需求，蓝牙技术可以提供一个安全的环境来随时传达有关产品和货物的专有信息，实时的库存管理和数据驱动决策的应用促使蓝牙技术被越来越多的使用。

（三）IrDA

IrDA是红外数据组织（Infrared Data Association）的简称，目前广泛采用的IrDA红外连接技术就是由该组织提出的。IrDA的主要优点是无须申请频率的使用权，因而红外通信成本低廉。并且还具有移动通信所需的体积小、功耗低、连接方便、简单易用的特点。此外，红外线发射角度较小，传输上安全性高。

IrDA的不足在于它是一种视距传输，两个相互通信的设备之间必须对准，中间不能被其他物体阻隔，因而该技术只能用于2台（非多台）设备之间的连接。而蓝牙就没有此限制，且不受墙壁的阻隔。

（四）ZigBee

ZigBee（又称紫蜂协议）是基于IEEE802.15.4标准的低功耗局域网协议，可以说是蓝牙的同族兄弟，它使用 2.4 GHz 波段，采用跳频技术。与蓝牙相比，ZigBee 更简单、速率更慢、功率及费用也更低。它的基本速率是 250 Kb/s，当降低到 28 Kb/s 时，传输范围可扩大到 134 米，并获得更高的可靠性。

ZigBee 的优点有功耗低、成本低、网络容量大、工作频段灵活。ZigBee 的缺点：数据传输速率低，只有 10~250 Kb/s，专注于低速率传输应用；有效范围小，有效覆盖范围为 10~75 米，具体依据实际发射功率的大小和各种不同的应用模式而定，基本上能够覆盖普通的家庭或办公室环境。ZigBee 在安防监控系统、传感器网络、家庭监控、身份识别系统和楼宇智能控制系统等领域拓展应用。

（五）NFC

NFC（Near Field Communication，近场通信）是一种短距高频的无线电技术，在 13.56 MHz 频率运行于 20 厘米距离内。NFC 近场通信技术是由非接触式射频识别及互联互通技术整合演变而来，在单一芯片上结合感应式读卡器、感应式卡片和点对点的功能，能在短距离内与兼容设备进行识别和数据交换。

NFC 技术具有安全性、连接快、功耗低和私密性特点。相比蓝牙或 Wi-Fi 这些远距离通信连接协议，NFC 是一种短距离通信技术，设备必须靠得很近，从而提供了固有的安全性，比蓝牙连接速度更快、功耗更低，支持无电读取。NFC 设备之间采取自动连接，在可信的身份验证框架内，NFC 技术为设备之间的信息交换、数据共享提供安全。

NFC 技术支持三种应用类型：一是设备连接。除了无线局域网，NFC 也可以简化蓝牙连接。二是实时预定。比如，海报或展览信息背后贴有特定芯片，利用含 NFC 协议的手机或 PDA，便能取得详细信息，或是立即联机使用信用卡来购买门票。三是移动商务，如非接触卡在交易中的应用。

物流行业中的仓储、拣选、配送等场景都可以应用 NFC 技术，比如标签的扫描，食品和药品的追溯，它还有可能解决配送途中难以掌握运输细节的问题，在部分行业中，还可以直接达成与用户的互动。

（六）UWB

UWB（Ultra Wideband，超宽带）是一种无载波通信技术，利用纳秒至微秒级的非正弦波窄脉冲传输数据。UWB 系统结构的实现比较简单，高速的数据传输，安全性高，多径分辨能力强，定位精确。

UWB 主要应用在小范围、高分辨率，能够穿透墙壁、地面和身体的雷达和图像系统中。把 UWB 看作蓝牙技术的替代者可能更为适合，因为蓝牙技术的协议较为复杂，而 UWB 高速、低成本、低功耗的优点使得 UWB 较适合家庭无线消费市场的需求。UWB 尤其适合近距离内高速传送大量多媒体数据，具有穿透障碍物的突出优点。

（七）DECT

DECT（Digital Enhanced Cordless Telecommunications，数字增强无绳通信）系统是由欧洲电信标准协会（European Telecommunications Standards Institute，ETSI）制定的增强型数字无绳电话标准，是一个开放型的、不断演进的数位通信标准，主要用于无绳电话系统。

几种近距离通信方式比较如表 4-1 所示。

表 4-1　几种近距离通信方式比较

名称	Wi-Fi	蓝牙	ZigBee	UWB	RFID	NFC
传输速度	11~54 Mbps	1 Mbps	100 Kbps	53~480 Mbps	1 Kbps	424 Kbps
通信距离	20~200 米	10 米以内	和功率有关，几米~几千米	0.2~40 米	几米~几十米，和功率有关，无天线低功率 1 米	小于 10 厘米
频段	2.4 GHz	2.4 GHz	2.4 GHz	2.4 GHz 10.6 GHz		13.56 GHz
安全性	低	高	中等	高		极高
功耗	10~50 mA	20 mA	5 mA	10~50 mA	10 mA	10 mA
主要应用	无线上网、PC、PDA	通信、汽车、IT、多媒体、工业、医疗、教育等	无线传感器、医疗	高保真视频、无线硬盘	读取数据、取代条形码	手机、近场通信

二、远距离通信与网络技术及应用

（一）无线局域网

无线局域网（Wireless Local Area Network，WLAN）指应用无线通信技术将计算机设备互联起来，构成可以互相通信和实现资源共享的网络体系。无线局域网本质的特点是不再使用通信电缆将计算机与网络连接起来，而是通过无线的方式连接，从而使网络的构建和终端的移动更加灵活。

与有线网络相比，无线局域网具有更强的灵活性和移动性，安装便捷，易于进行网络规划和调整，易于扩展，同时故障定位容易，且易于扩展。因此，无线局域网的发展十分迅速，已经在企业、医院、商店、工厂和学校等场合得到了广泛的应用。在智慧物流方面的应用主要包括仓储管理、货柜集散场和监控系统等。

（二）移动互联网

移动互联网（Mobile Internet）是指移动通信终端与互联网结合为一体，是用户使用手机、PDA 或其他无线终端设备，通过速率较高的移动网络，在移动状态下（如在地铁、公交车等）随时、随地访问 Internet 以获取信息，使用商务、娱乐等的网络服务。

从层次上看，移动互联网可分为设备层、网络层和应用层，其最显著的特征是多样性。应用或业务的种类是多种多样的，对应的通信模式和服务质量要求也各不相同；接入层支持多种无线接入模式，但在网络层以 IP 协议为主；终端也是种类繁多，注重个性化和智能化，一个终端上通常会同时运行多种应用。移动互联网支持多种无线接入方式，根据覆盖范围的不同，可分为无线个域网（WPAN）接入、无线局域网（WLAN）接入、无线城域网（WMAN）接入，各种技术客观上存在部分功能重叠的相互补充、相互促进的关系。例如，无线广域网（WWAN）利用现有移动通信网络（如 4G/5G）实现互联网接入，具有网络覆盖范围广、支持高速移动性、用户接入方便等优点。

政策文件

2022 年 5G 行业国家产业政策

近年来，5G 行业受到各级政府的高度重视和国家产业政策的重点支持。国家陆续出台了多项政策，鼓励 5G 基站行业发展与创新，《2022 年政府工作报告》《关于提升 5G 服务质量的通知》《工业和信息化部关于推动 5G 加快发展的通知》《贯彻落实碳达峰碳中和目标要求推动数据中心和 5G 等新型基础设施绿色高质量发展实施方案》等产业政策为 5G 行业的发展提供了明确、广阔的市场前景，为企业提供了良好的生产经营环境。

（三）5G 技术

1. 发展背景

移动通信延续着每十年一代技术的发展规律，已历经 1G、2G、3G、4G 的发展。每一次代际跃迁，每一次技术进步，都极大地促进了产业升级和经济社会发展。从 1G 到 2G，实现了模拟通信到数字通信的过渡，移动通信走进了千家万户；从 2G 到 3G、4G，实现了语音业务到数据业务的转变，传输速率成百倍提升，促进了移动互联网应用的普及和繁荣。随着移动互联网快速发展，新服务、新业务不断涌现，移动数据业务流量爆炸式增长，4G 移动通信系统难以满足未来移动数据流量暴涨的需求，第五代移动通信（5G）系统应运而生。移动通信技术发展历程如表 4-2 所示。

视频 什么是 5G？

表 4-2 移动通信技术发展历程

移动通信技术	1G	2G	3G	4G	5G
速率		150 Kbps	1~6 Mbps	10~100 Mbps	20 Gbps
下载速度		15~20 K/s	120~600 K/s	1.5~10 M/s	2.5 G/s
功能	语言通信	语音和短信，支持 GSM 小规模数据传输	多媒体通信	全方位网络	整合物联网的全新网络

从表 4-2 中的数据可以看到：从 2G 过渡到 3G，通信速率大约增长了 30 倍；从 3G 过渡到 4G，通信速率大约增长了 17 倍；从 4G 过渡到 5G，通信速率大约增长了 256 倍。

5G 作为一种新型移动通信网络，不仅要解决人与人通信，为用户提供增强现实、虚拟现实、超高清（3D）视频等更加身临其境的极致业务体验，更要解决人与物、物与物的通信问题，满足移动医疗、车联网、智能家居、工业控制、环境监测等物联网应用需求。最终，5G 将渗透到经济社会的各行业各领域，成为支撑经济社会数字化、网络化、智能化转型的关键新型基础设施。

2. 5G 的概念和应用场景

第五代移动通信技术（5th Generation Mobile Communication Technology，5G）是具有高速率、低时延和大连接特点的新一代宽带移动通信技术，是实现人—机—物互联的网络基础设施。

国际电信联盟（ITU）定义了 5G 的三大类应用场景，即增强移动宽带（eMBB）、超高可靠低时延通信（uRLLC）和海量机器类通信（mMTC）。

（1）增强移动宽带（eMBB）。

增强移动宽带主要面向移动互联网流量爆炸式增长，为移动互联网用户提供更加极致的应用体验。

（2）超高可靠低时延通信（uRLLC）。

超高可靠低时延通信主要面向工业控制、远程医疗、自动驾驶等对时延和可靠性具有极高要求的垂直行业应用需求。

（3）海量机器类通信（mMTC）。

海量机器类通信主要面向智慧城市、智能家居、环境监测等以传感和数据采集为目标的应用需求。

3. 5G在物流领域的应用

在物流装备领域，5G技术可广泛应用于物流自动搬运设备、物流辅助搬运设备，实现物流装备闭环控制、物料精准识别、移动设备集群协同调度、远程实时监控等功能，结合虚拟现实/增强现实（VR/AR）技术实现协同设计、虚拟培训、智能拣选、辅助装配、辅助故障修复、远程协助等创新应用，集成大数据、人工智能技术共同实现企业智能配置生产方式，实现信息物理融合、智能故障分析诊断、系统策略动态优化调整，打造智能工厂，助推智能制造。5G重新定义智能化物流仓储系统、智能化物流配送系统、智能运输管理系统、智能园区系统。5G技术将赋能智慧物流的发展，加快推进物流技术装备智慧化，对智慧物流的智能装备、智能仓储、自动化运输、物流追踪等环节将产生深远影响。

案例分析

5G智慧物流园

2020年10月中旬，山东某智慧物流园在济南零点国际商贸物流港投运，在园区管理上更"智能化、集约化、精细化"，依托5G基站网络，带动区内企业降低成本。

园区实现商贸物流、办公协作、招商引资、物业管理、企业服务、产业分析、工业制造、项目孵化等业务信息化、智能化管理，建立一体化的园区内部智能管理平台。园区利用5G基站网络优势，通过优化供应链管理，实现采购、制造、销售、消费信息交互和流程的再造。并利用AR全景对园区的人流、车流、货量分布、流动状态进行监控与分析；针对违规停车、货物超区堆放等安全隐患，系统自动发送告警通知并精准处理；在仓库安装物联网设备，识别库存，接入云监管平台，自动识别风险。同时，5G智能机器人可以实现园区巡逻，实现重点区域的身份识别、交通疏导及日常消防预警。综上，5G智慧物流园将实现人、车、货高效匹配、便捷调动而且管理方便。在安全方面，人、车、货实现即时数字化，使企业运营成本下降10%，打破传统物流园的运营困境，实现物流企业的转型。

（资料来源：物流产品网）

思考题：
1. 案例中的5G智慧物流园可以实现哪些功能和应用？它有哪些优势？
2. 举例说明5G对智慧物流发展有何推动作用？其具体体现在哪些方面？

任务二　智慧物流信息安全

引　例

2021年6月，工业和信息化部、中央网络安全和信息化委员会办公室联合发布了《关于加快推动区块链技术应用和产业发展的指导意见》（以下简称《指导意见》）。《指导意见》明确，到2025年，区块链产业综合实力达到世界先进水平，产业初具规模。区块链应用将渗透到经济社会多个领域，在产品溯源、数据流通、供应链管理等领域培育一批知名产品，形成场景化示范应用。2020年2月19日，工业和信息化部办公厅发布了《关于运用新一代信息技术支撑服务疫情防控和复工复产工作的通知》。该通知指出，支持工业电子商务企业和物流企业高效协同，运用互联网、大数据、区块链等技术完善智慧物流体系，打通生产生活物资流通堵点，保障生产资料和生活用品有效供给。近几年，国家层面在区块链及相关应用领域陆续发布了诸多通知、意见、公告和政策等。

思考题：
1. 什么是区块链？区块链对智慧物流的发展有何促进作用？
2. 请系统梳理近年来国家层面在区块链及相关应用领域出台的相关文件的主要内容和思想。
3. 区块链在智慧物流领域有哪些应用？

引例分析： 2016年，工业化和信息化部发布《中国区块链技术和应用发展白皮书（2016）》，区块链首次被作为战略性前沿技术写入《国务院关于印发"十三五"国家信息化规划的通知》，各地政府纷纷出台有关区块链的政策指导意见及通知文件。据不完全统计，北京、上海、重庆、湖南、贵州、海南、江苏、河北、广西等多个省市均出台相关政策，推动区块链深化应用。将区块链应用到智慧物流中，对智慧物流的发展具有极大的促进作用。

物流行业的各种数据上"链"，可以打造智慧物流协同共享的云平台。物流数据的共享可以消除不同企业之间的数据壁垒和不同部门之间的隔阂，从而避免资源的浪费和数据的重复分析，降低企业的资源损耗和物流运输成本，提高服务效率。总之，区块链技术能够有效解决当前物流行业的数据整合难题，建立起健康、安全、高效的智慧物流体系，促进物流行业健康快速发展。

一、区块链技术概述

（一）区块链技术的定义

区块链（Blockchain）起源于比特币。在比特币形成的过程中，区块是一个一个的存储单元，记录了一定时间内各个区块节点全部的交流信息。各个区块之间通过随机散列（也称哈希算法）实现链接，后一个区块包含前一个区块的哈希值，随着信息交流的扩大，一个区块与一个区块相继接续，形成的结果就叫区块链。区块链是分布式数据存储、点对点传输、共识机制、加密算法等计算机技术的新型应用模式。

视频 区块链及其应用

狭义来讲，区块链是一种按照时间顺序将数据区块以顺序相连的方式组合成的一种链式数据结构，并以密码学方式保证的不可篡改和不可伪造的分布式账本。

广义来讲，区块链技术是利用块链式数据结构来验证与存储数据，利用分布式节点共识算法来生成和更新数据，利用密码学的方式保证数据传输和访问的安全，利用由自动化脚本代码组成的智能合约来编程和操作数据的一种全新的分布式基础架构与计算方式。

（二）区块链的特点

区块链具有去中心化、开放性、独立性、安全性和匿名性的特点。

1. 去中心化

区块链避免了中心化存储带来的安全和单点崩溃问题，同时结合共识机制来保证数据的一致性。区块链技术不依赖额外的第三方管理机构或硬件设施，没有中心管制，除了自成一体的区块链本身，通过分布式核算和存储，各个节点实现了信息自我验证、传递和管理，它本质上是一个去中心化的数据库，同时作为比特币的底层技术。去中心化是区块链最突出、最本质的特征。

2. 开放性

区块链技术基础是开源的，除了交易各方的私有信息被加密外，区块链的数据对所有人开放，任何人都可以通过公开的接口查询区块链数据和开发相关应用，因此整个系统信息高度透明。

3. 独立性

基于协商一致的规范和协议（类似于比特币采用的哈希算法等各种数学算法），整个区块链系统不依赖其他第三方，所有节点能够在系统内自动安全地验证、交换数据，不需要任何人为的干预。

4. 安全性

只要不能掌控全部数据节点的 51%，就无法肆意操控修改网络数据，这使区块链本身变得相对安全，避免了主观人为的数据变更。

5. 匿名性

除非有法律规范要求，单从技术上来讲，各区块节点的身份信息不需要公开或验证，信息传递可以匿名进行。

二、区块链系统的组成和基本工作原理

（一）区块链系统的组成

区块链系统由数据层、网络层、共识层、激励层、合约层和应用层组成，如图 4-1 所示。

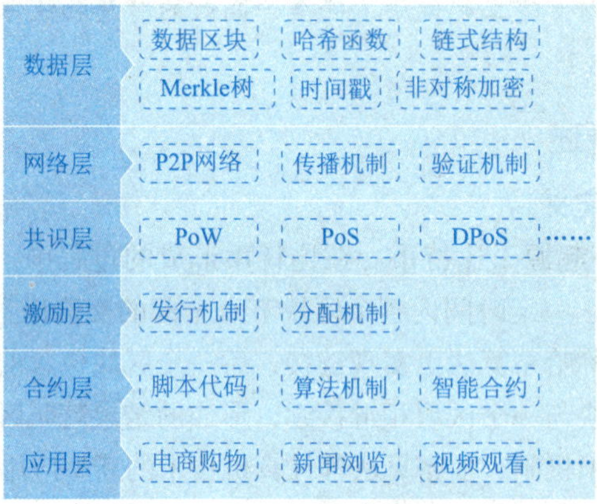

图 4-1 区块链系统的组成

第一层：数据层，存储底层数据、非对称数据加密和时间戳等基础数据。

第二层：网络层，含有分布式组网机制、数据传播机制、数据验证机制等。

第三层：共识层，封装有各类共识机制算法，确定记账决定方式，这关系到整个系统的安全性和可靠性。目前较为知名的共识机制有工作量证明机制（Proof of Work，PoW）、股份授权证明机制（Delegated Proof of Stake，DPoS）、权益证明机制（Proof of Stake，PoS）等。

第四层：激励层，在区块链技术体系中使用的经济手段，包括经济激励的发行以及分配，多出现在公有链中。

第五层：合约层，封装区块链系统中的脚本代码、算法机制以及智能合约，帮助区块链灵活地处理数据。

第六层：应用层，封装了各种应用场景和案例，如电商购物、新闻浏览、视频观看等。

（二）区块链的存储结构

区块链采用了特定的"块—链"存储结构（见图4-2）。

图4-2 区块链"块—链"存储结构

数据被按时间顺序划分成区块，每一个区块存放一段时间内的所有价值交换信息，所有节点存储这段时间内的数据，并且永久保存，各个节点通过特定的计算争夺领导权，将下一时间段的信息进行打包分发，并通过某种特定的信息添加到上一区块的后面，构成区块链结构。

这种区块链结构的特点：可以保证数据的完整性，因为每一个区块都会存储它被创建之前的所有价值交换信息；还可以保证数据的严谨性，因为一旦新的区块被加入链中，之前的区块就再也不能修改。区块链实现了从记录到传输再到存储的全面分布式的模式，数据传输、数据验证、数据存储都去中心化，所有参与者共同构建数据库。区块链是一串使用密码学方法相关联产生的数据块，每一个数据块中包含了一次比特币网络交易的信息，用于验证其信息的有效性（防伪）和生成下一个区块。

（三）区块链的基本原理

区块链的基本原理包括交易、区块、链三部分。

交易（Transaction）：一次对账本的操作，导致账本状态的一次改变，如添加一条记录（这个账本只允许添加，不允许删除）。

区块（Block）：记录一段时间内发生的交易和状态结果，是对当前账本状态的一次共识（新的数据要加入，必须放到新的区块中，后继区块记录前导区块的哈希值）。

链（Chain）：由一个个区块按照发生顺序串联而成，是整个状态变化的日志记录（账本底层的基本架构是一个线性的链表，链表由一个个"区块"串联而成）。

区块链各方相互合作交易均可直接对接完成，不需要靠第三方平台，也就省去了中间的一些程序和费用。为了合作或交易的安全，系统会将每一个参与者的动作广播给所有参与者，保障了整个过程的安全、透明，解决了信任问题。区块链技术交易示意如图4-3所示。

图4-3 区块链技术交易示意

区块链采用非对称加密算法以提高数据的可信赖度。非对称加密即指加密和解密使用不同的密码，即公钥和私钥。加密数据所用的密码被称为公钥，是所有人都知道的，可以用来给信息加密的密码；解密数据所用的密码被称为私钥，是只有该信息的接收者知道并用于解密的密码。公钥加密的信息只有使用对应的私钥才可以解密。在实际情况中，假设甲向乙发送一个信息，甲、乙各自生产一对公钥与私钥用以加密和解密，甲、乙分别保管自己的私钥并向对方告知公钥，如果甲向乙发送信息，那么甲用乙的公钥进行加密并向乙发送加密后的信息，乙收到消息后用自己的私钥解密，网络中其他参与者均无法解密。这种算法强度高的加密方式保证了区块链信息的可信赖度。

区块链使用数学方法解决信任问题，用算法代替中心化的第三方机构，为人们创造信用，帮助人们达成共识。区块链利用脚本使系统可以直接定义完成价值交换活动所需要的条件，有了脚本，区块链技术就有机会使系统不断成长，去处理一些新出现的交易模式，确保其时效性和实用性。脚本中包含大量指令，每次价值交换都会记录指令，比如接收价值的一方如何接收，以及花费掉自己曾收到的留存价值需要满足什么附加条件等。脚本的可编程性使其可以灵活改变花费掉留存价值的附加条件，如增加所需公钥的数量。它也可以在发送价值时规定价值再转移的条件。

知识总结

区块链技术属于一种分布式多节点的数据库，非常适合应用于物流行业，区块链与物流行业结合，那么它的每个区块都可以包含许多详细的信息，如买方、卖方、合约、价格等信息，双方或多方经过全网的验证，就能够把有效的数据上传到整个网络，以此共享，保障了整个过程的安全、自由、平等、透明，并解决了信任问题。通过学习区块链技术的特点和原理，培养学生具有平等、自由、公平、诚信等思想意识。

文档　区块链在物流中的应用

三、区块链的优势和应用

如果把区块链作为一个状态机，则每次交易就是试图改变一次状态，而每次共识生成的区块，就是参与者对于区块中所有交易内容导致状态改变的结果进行确认。这种优势在于它达到了信息的交互，保证了物流的规模与效益，因为系统中每个人都可以记账，因此，整个物流系统获得了极大的安全性，同时由于去除了人工信息、纸质信息的流程，使得成本大大降低，效率得到了很大的提高。

通过区块链，可以清晰地看到物流运输从装载、运输到取件的整个流程，因此确保了智慧物流信息的可追溯性，从而避免了丢包、误领事件的发生。另外，通过区块链，也可以查看物流货品的签收情况，从而杜绝了快递员通过伪造签名来冒领包裹等问题。区块链用于集装箱的智能化运输在国外已经有了一定规模的应用，这种智能集装箱的好处在于它能够把信息存储在数据库里，然后集装箱的运输路线和日程安排就能够借助于区块链的存储解决方案自主决定了，智能集装箱能够分析过往的运输经验，从而更新货物的运输路线，不断提高物流业的效率。同时，收货人也能全程跟踪货物的物流消息，并且能够随时修改货物运输的日程安排等。

将区块链技术应用在物流供应链中，便于银行等金融机构查询企业的信用信息，可有效解决其融资问题，全面促进物流行业的发展，使其服务于社会、发展国民经济，进而推动我国社会经济的快速发展。在EDI（电子数据交换）业务中应用区块链技术，能够快速改进目前复杂的数据交换格式，提高数据交换效率，实现数据之间的高效交换，并且能够提高其可靠性，消除数据信息保密性和安全性等方面的问题。

政策文件

国务院印发的"十三五"国家信息规划将区块链等相关技术列入强化超前布局的战略性前沿技术。

2020年4月，国家发改委首次明确将"区块链"列入新型基础设施的范围，明确区块链与人工智能和云计算一并属于新基建的信息基础设施部分的新技术基础设施。两会也提出很多与区块链相关，比较"接地气"的建议、提案，强调了区块链技术与具体行业领域的结合，注重实际落地应用场景。对于企业来讲，机遇与挑战并存，目前区块链已经参与到资本市场、货币转汇、银行业务、投票、供应链、资产管理以及自主身份验证等众多前景光明的发展领域当中。

2020年10月，中共中央总书记习近平在中央政治局第十八次集体学习时强调，要把区块链作为核心技术自主创新的重要突破口，明确主攻方向，加大投入力度，着力攻克一批关键核心技术，加快推动区块链技术和产业创新发展。党和国家领导人高度重视区块链技术，区块链正式上升为国家战略。

实践任务四　　几种常见智慧物流网络和通信方式应用场景分析

（综合性实验2学时）

1. 目的要求

（1）区别几种典型的智慧物流网络和通信方式。

（2）明确几种网络和通信方式的应用场景。

2. 实验内容

通过网络或实地调研智慧物流网络和通信方式应用场景。

（1）调研智慧物流网络和通信方式的应用场景。

（2）分析几种网络和通信方式的特点。

（3）分析几种网络和通信方式的优缺点。

（4）结合所学知识分析几种常见的网络和通信方式的区别，并给出其分别适用的应用场景。

3. 主要仪器设备及用品

（1）计算机。

（2）计算机软件环境为Win10以上。

4. 组织和实施

（1）学生分组，每组确定调研的企业，通过网络、实地调查等方式，设计调研问卷或调研访谈提纲。

（2）调研实施。做好相关记录，整理调研材料，小组讨论，并撰写调研报告与制作汇报PPT。

（3）小组汇报。学生分组撰写调研报告，按照报告的模板要求，详细分析每个问题，小组讨论并给出可行的解决方案，每个小组内部进行恰当分工，最后在课堂上进行结果汇报。

5. 考核标准

总评考核可以采取小组互评（20%）+组内互评（20%）+教师评价（60%）的方式或者采取小组成员互评（30%）+教师评价（70%）的方式。有意识地培养学生团队协作能力、分析问题和解决问题的能力。同时，注意报告撰写的格式规范问题、报告结构及对策方案是否合理等，考核评价标准参考表4-3。

表4-3 考核评价标准

专业		班级		学号		姓名	
考核内容	几种常见智慧物流网络和通信方式应用场景分析						
考核标准		评价内容				分值/分	评分/分
	教师评价（70%）	掌握相关理论知识、方法和技能				10	
		调研和讨论记录				10	
		PPT制作精美，思路清晰，汇报重难点突出、体现思政元素				40	
		撰写报告完整，格式规范，现状调研及分析翔实，应用特点和场景分析正确				40	
	小组成员互评（30%）	具有团队协作精神				40	
		积极主动创新性思考，承担并完成所分配的任务				40	
		创造亮点，为小组争取荣誉				20	

思考与练习

一、单项选择题

1.（　　）是一种短距高频的无线电技术，在13.56 MHz频率运行于20厘米距离内。

A. NFC　　　　B. UWB　　　　C. Wi-Fi　　　　D. ZigBee

2.（　　）是一种低速短距离传输的无线网络协议，其底层是采用IEEE 802.15.4标准规范的媒体访问层与物理层。

A. UWB　　　　B. 蓝牙　　　　C. ZigBee　　　　D. 移动互联网

3.（　　）是一种允许电子设备连接到一个无线局域网（WLAN）的技术，全称Wireless Fidelity，又称802.11标准。

A. 互联网　　　　B. 蓝牙　　　　C. Wi-Fi　　　　D. NFC

4.（　　）是具有高速率、低时延和大连接特点的新一代宽带移动通信技术，是实现人—机—物互联的网络基础设施。

A. 5G　　　　B. 4G　　　　C. 3G　　　　D. 2G

5. 以下不属于区块链技术特点的是（　　）。区块链技术属于一种分布式多节点的数据库，非常适合应用于物流行业，一旦区块链与物流行业结合了，那么它的每个区块都可以包含许多详细的信息，如买方、卖方、合约、价格等信息，双方或多方经过全网的验证，就能够把有效的数据上传到整个网络，以此共享，且信息绝对安全。

A. 不可篡改性　　　　B. 匿名性　　　　C. 私有性　　　　D. 中心化

二、简答题

1. 智慧物流通信和网络技术有哪些？它们各有何特点？
2. 什么是5G技术？其对智慧物流发展有何作用？

三、综合题

案例一：5G技术重新定义物流

5G是最新一代蜂窝移动通信技术，特点是高速率、减少延迟、节省能源、降低成本、提高了系统容量和可以进行大规模设备连接，具有大带宽、低时延、高可靠和广连接等优势。

具体来看，随着5G与物流技术的深度融合，将通过连接升级、数据升级、模式升级、智能升级全面助推智慧物流的发展。

5G将加速底层通信技术的变革：5G网络切片根据时延、带宽等不同应用场景需求可以进行网络资源组合，以此来保证网络服务品质的特性，5G的无线组网解决方案在智慧物流的应用场景可以完美替代拖链电缆、漏波电缆、红外通信、工业Wi-Fi等传统的通信方式，真正实现企业园区5G一张网，将加快物流领域关键网络基础设施的变革。

5G将加速物流装备智能化变革：5G将加速人工智能技术、边缘计算技术与物流装备的融合进程，物流装备通过状态感知、信息交互、实时分析，可以具备物料识别、自助纠错、末端导引的能力，进一步提高物流装备的智能化水平，加快物流装备融合创新研发进程。

5G将加速物流系统调度控制技术变革：在智慧物流领域，可以结合5G边云协同特性，利用MEC（移动边缘计算），实现基于5G的移动搬运设备的云化调度控制应用，将设备定位、导航、图像识别及环境感知等复杂计算上移到5G边缘服务器，实现云化物流设备大规模密集部署、大范围无缝切换，构建高效、经济、灵活的柔性生产搬运体系。

5G将加速物流装备运维模式革新：利用智能装备的数字模型和5G网络，打通远端设备与本地数字模型的安全传输通道，将远端设备的运行状态、参数、传感器数据及现场监控视频等实时传输到本地监控中心，实现设备的远程监测、信息采集、故障报警和预测性维护等功能。本地专家可以根据数字模型呈现的运行参数、现场5G高清视频等信息进行远程维护，也可以通过AR眼镜与客户进行远程互动，协助处理系统故障。

（资料来源：物流技术与应用）

思考题：

1. 什么是5G技术？
2. 5G技术对智慧物流发展有何影响？

案例二："京源链"，从农田到餐桌的放心链条

2019年10月，京东物流基于物联网、人工智能、区块链等技术，自主研发出农业数字化、智能化管控系统"京源链"。通过配合前端物联网设备，"京源链"做到对"农业四情"、种植管理、加工仓储等全程信息的数据采集，依靠区块链技术建立加密追溯二维码，按照"一物一码"标准实现溯源信息的公开和透明，实现"从农田到餐桌"的全程可追溯信息化管理。利用区块链技术实现商品从生产端到消费端全流程可追溯，成为保护用户权益的可靠手段。京东通过与联盟链成员共同维护安全透明的追溯信息、建立科技互信机制，做到了可信物流追踪服务。

（资料来源：搜狐网）

思考题：

1. 什么是区块链技术？
2. "京源链"有何特点和优势？

项目五

智慧物流数据处理与计算技术

学习目标

【素质目标】
- ◆ 培养学生具有数据思维、创新意识和数据安全意识；
- ◆ 培养学生具有爱岗敬业的职业精神，精益求精的品质精神，追求卓越的创新精神。

【知识目标】
- ◆ 了解大数据和云计算技术的发展现状和趋势；
- ◆ 掌握大数据的概念、特征及结构；
- ◆ 理解物流大数据的分类和应用模式；
- ◆ 掌握云计算技术的定义、特点、服务类型及其在物流领域的应用。

【技能目标】
- ◆ 知晓物流大数据的应用模式并能进行分析和应用；
- ◆ 理解云计算的服务模式和运营模式，并能根据不同的应用模式对智慧物流企业进行分析；
- ◆ 知晓大数据和云计算技术给智慧物流领域带来的变革和发展。

案例导入

"中国云计算之父"王坚院士的创新之路

王坚，阿里巴巴集团技术委员会主席，阿里云创始人，云计算技术专家，中国工程院院士。1984年毕业于杭州大学（今浙江大学）心理系，获得学士学位，1990年获杭州大学（今浙江大学）博士学位，之后留校任教。1999年加入微软中国研究院，2008年加入阿里巴巴集团担任首席架构师，2009年担任阿里软件的首席技术官，同年创办阿里云计算有限公司并担任总裁，2012年担任阿里巴巴集团首席技术官，2019年当选中国工程院院士。

1. 从浙江大学心理学教授到阿里巴巴

在进入阿里巴巴之前，王坚已经有着夺目的学术和行业经历。博士毕业后，王坚留校任教，并在1992年晋升为教授，1993年列为博士生导师，并担任心理系系主任；1996年任美国纽约州立大学心理系访问教授，讲授研究生必修课"认知心理学"。看起来已经辉煌的人生道路，却随着当时王坚在1999年的辞职发生转折，为王坚递过来橄榄枝的，是组建微软中国研究院的李开复。

王坚在微软中国研究院（后来更名为微软亚洲研究院）主要负责用户界面、机器学习、大规模数据处理等研究及北京adCenter实验室，负责研究与数据驱动软件相关的关键技术和系统（包括SQM及Watson的数据架构及分析），微软广告平台的相关技术及无缝个人计算。

2. 在阿里巴巴的那些苦难时刻

一开始，王坚在阿里巴巴的主要工作，就是解决大规模算力瓶颈的问题。当时在阿里的IT架构中，淘宝和支付宝使用的绝大部分都是IBM小型机、Oracle商业数据库以及EMC集中式存储（合称IOE）；而王坚发现，无论是Oracle还是Greenplum、Hadoop，都不是大规模数据计算的最优解，要研发一套新的技术架构来换掉阿里巴巴的旧引擎，这套系统至少要比IOE表现更好，能同时调度数千台计算机。

虽然当时看似有更加便利的选择，但王坚决定从零开始建立这个云计算系统，这个系统被定名为——飞天，而飞天也是中国唯一自研的云操作系统，它也奠定了今天的阿里云的基础。但当时王坚和他的团队经历了无数的挫折和非议，王坚团队里曾经有一半员工因为扛不住而选择离职，在辞职信中他们直言："我觉得再干下去，也看不到任何希望。"在2012年的阿里年会上，王坚在一片委屈中忍不住失声痛哭，他手拿话筒，哽咽地给自己鼓气："这几年我挨的骂甚至比我一辈子挨的骂还多，但是我不后悔。"

3. 唯有相信，方能抵达

当年，在王坚的主导下，阿里巴巴开始了轰轰烈烈的"去IOE"，同样引发了业内不小的争议。各方质疑的声音弥漫了整个阿里巴巴。那几年里，他主持的云计算研发耗费巨资，但迟迟未做出成绩；他手下的员工纷纷出走，将近80%的员工或者转岗到风生水起的淘宝、天猫等业务部门，或者直接离开阿里巴巴，而王坚继续走着这场技术长征。王坚坚信：技术才是一家公司的核心竞争力，阿里巴巴只有改变自身对其他公司的技术依赖，才能找到自己不可替代的坚实力量。同时，随着阿里巴巴的业务快速增长，IT基础设施成本的上升将会拖垮阿里巴巴，王坚也必须换掉老引擎，从零开始建立这套技术体系。

4. 唯有心系天下，才能做好数字化

王坚理解的数字化，不是拿钱让你把以前的事情做得更好，而是要改变过去的治理方法。2016年，他在云栖大会上说："世界上最遥远的距离是红绿灯跟那个交通监控摄像头的距离，它们都在一根杆子上，但是从来就没有通过数据被连接过。因为它们的距离，交通是一定会堵的，原因就是摄像头看到的东西永远不会变成红绿灯的行动。"从每次演讲，包括王坚现在致力在做的事情，都可以看出，他是站在系统层在看待人和事物发展——视野更宏观、有全局观、有整体观。

王坚现在研究的城市大脑这件事，表面上是大数据、算法和算力的支撑，更深入的：它既是在帮助全社会，也是在帮助人们自己，因为人和社会是统一的整体、数据和实物也是统一的整体。用城市大脑，就能解释清楚所有数字化转型的真正意义到底是什么。在王坚看来，数字化时代是一个非常有挑战性的时代，因为大家对数据的理解，从技术、法律、治理的角度，还必须经过一次彻底的变化才行。

但是，正如珠峰不是用来证明人类攀登能力的，人类征服的不是高山，而是人类自己，王坚最喜欢《进入空气稀薄地带》中的一句话："如果困难出现，就要战斗到底。"有时候，干成一件事的道理，就是这么简单。这就是简单的力量。

（资料来源：人民日报）

思考题：

1. 从"中国云计算之父"王坚院士身上你能学到哪些精神品质？
2. 什么是云计算？云计算与大数据技术有何区别？
3. 说说云计算技术在智慧物流领域的应用及发展前景。

案例启示： 想要解决更难的问题，就要站在更高的层次，"中国云计算之父"王坚院士从一开始，就站在了信念层、身份层、系统层——自己就是要做技术创新，自己就是要成为科研人，自己就是要放眼全局。有了坚定的信念，才能百折不挠、心无旁骛、直达云巅，通过人物故事鼓舞和激励青年一代前行。

云计算与大数据的关系就像一枚硬币的正反面一样密不可分。大数据必然无法用单台的计算机进行处理，必须采用分布式架构。它的特色在于对海量数据进行分布式数据挖掘。但它必须依托云计算的分布式处理、分布式数据库和云存储、虚拟化技术。

任务一　认知智慧物流大数据

随着移动互联网的飞速发展，物流行业信息化程度不断加深，物流运营过程中产生了海量的数据，运用大数据进行可视化物流运营管理，是整个物流行业目前面临的机遇和难题，大数据技术的应用可以帮助物流企业提高管理水平、实现智能决策，实现精准预测的目的。本任务重点介绍大数据的概念、特征、结构和物流大数据应用模式等。

一、大数据技术概述

（一）大数据的概念

国家标准（GB/T 35274—2017）对大数据的定义：大数据是指具有数量巨大、种类多样、流动速度快、特征多变等特征，并且难以用传统数据体系结构和数据处理技术进行有效组织、存储、计算、分析和管理的数据集。

麦肯锡全球研究所给出的定义是：一种规模大到在获取、存储、管理、分析方面大大超出了传统数据库软件工具能力范围的数据集合，具有海量的数据规模、快速的数据流转、多样的数据类型和价值密度低四大特征。大数据技术的战略意义不在于掌握庞大的数据信息，而在于对这些含有意义的数据进行专业化处理。换而言之，如果把大数据比作一种产业，那么这种产业实现盈利的关键，在于提高对数据的"加工能力"，通过这种"加工"来实现数据的"增值"。

从技术上看，大数据与云计算的关系就像一枚硬币的正反面一样密不可分。大数据必然无法用单台的计算机进行处理，所以必须采用分布式架构。同时它必须依托云计算的分布式处理、分布式数据库、云存储和虚拟化技术。大数据需要特殊的技术，以有效地处理大量的容忍经过时间内的数据。适用于大数据的技术，包括大规模并行处理（Massively Parallel Processing，MPP）数据库、数据挖掘、分布式文件系统（Distributed File System，DFS）、分布式数据库、云计算平台、互联网和可扩展的存储系统。

知识补充：

数据存储计量单位有：bit、Byte、Kb、Mb、Gb、Tb、Pb、Eb、Zb、Yb、Bb、Nb、Db，其中最小的单位是 bit，它们按照进率 1 024（2^{10}）来计算：

1 Byte=8 bit

1 Kb=1 024 Bytes=8 192 bit
1 Mb=1 024 Kb=1 048 576 Bytes
1 Gb=1 024 Mb=1 048 576 Kb
1 Tb=1 024 Gb=1 048 576 Mb
1 Pb=1 024 Tb=1 048 576 Gb
1 Eb=1 024 Pb=1 048 576 Tb
1 Zb=1 024 Eb=1 048 576 Pb
1 Yb=1 024 Zb=1 048 576 Eb
1 Bb=1 024 Yb=1 048 576 Zb
1 Nb=1 024 Bb=1 048 576 Yb
1 Db=1 024 Nb=1 048 576 Bb

视频 什么是大数据？

（二）大数据的特征

国际上，大数据具有以下四大特征。

（1）体量大：构成大数据的数据集的规模大。

（2）多样性：数据可能来自多个数据仓库、数据领域或多种数据类型。

（3）速度快：单位时间的数据流量多。

（4）可变性：即体量、速度和多样性等特征都处于多变状态。

（三）大数据的结构

大数据包括结构化、半结构化和非结构化数据。结构化数据，简单来说就是数据库，也称作行数据，是由二维表结构来逻辑表达和实现的数据，严格地遵循数据格式与长度规范，主要通过关系型数据库进行存储和管理。半结构化数据，具有一定的结构性，但和具有严格理论模型的关系数据库的数据相比更灵活。它是一种适用于数据库集成的数据模型，是一种标记服务的基础模型，用于 Web 上共享信息。非结构化数据是与结构化数据相对的，不适用于由数据库二维表来表现，包括所有格式的办公文档、XML、HTML、各类报表、图片和音频、视频信息等。支持非结构化数据的数据库采用多值字段、变长字段等机制进行数据项的创建和管理，广泛应用于全文检索和各种多媒体信息处理领域。非结构化数据越来越成为数据的主要部分。互联网数据中心（Internet Data Center，IDC）的调查报告显示：企业中 80% 的数据都是非结构化数据，这些数据每年都按指数增长 60%。大数据就是互联网发展到现阶段的一种表象或特征而已，在以云计算为代表的技术创新下，这些原本看起来很难收集和使用的数据开始容易被利用。

直通职场

数据分析安全一般要求

中华人民共和国国家标准《信息安全技术——大数据服务安全能力要求》（GB/T 35274—2017）对大数据服务提供者数据分析安全的一般要求为：建立数据分析相关数据源获取规范和使用机制，明确数据获取方式、访问接口、授信机制、数据使用等；建立多源数据派生、聚合、关联分析等数据分析过程中的数据资源操作规范和实施指南；建立数据分析结果输出的安全审查机制和授权控制机制，并采取必要的技术手段和管控措施保证共享数据分析结果不泄露个人信息、重要数据等敏感信息；对数据分析结果共享的风险进行合规性评估，避免分析结果输出中包含可回复的个人信息、重要数据等数据和结构标识，如用户鉴别信息的重要标识和数据结构；对数据分析过程中个人信息、重要数据等敏感数据进行记录，以备对分析结果质量和真实性进行溯源。

二、智慧物流大数据及应用

（一）物流大数据的含义

物流大数据是指物流服务的供给、需求和物流活动过程中各种相关数据会以大数据的形式出现，反映整个物流行业的业态。物流与社会经济息息相关，物流大数据也会反映出社会经济发展的状态。

通过物流大数据分析可以提高运输与配送效率，减少物流成本，更有效地满足客户服务要求。所有货物流通的数据、物流快递公司、供求双方有效结合，形成一个巨大的即时信息平台，从而实现快速、高效、经济的物流。信息平台不是简单地为企业客户的物流活动提供管理服务，而是通过对企业客户所处供应链的整个系统或行业物流的整个系统进行详细分析后，提出具有中观指导意义的解决方案。许多专业从事物流数据信息平台的企业形成了物流大数据行业。

（二）物流大数据分类及交易模式

物流大数据可以划分为三类：

第一是微观层面，包括运输、仓储、配送、包装、流通加工环节数据。

第二是中观层面，包括供应链、采购物流、生产物流等数据。

第三是宏观层面，基于商品管理，把商品分成不同类型进行数据分析。

其中微观层面及中观层面的数据一般掌握在物流企业内部，但此类尚未进行处理分析，成为物流大数据交易中最重要的、最基本的供应方；整合、处理、分析"源数据"得到的具有新价值的数据，即宏观层面，指导物流企业经营管理的各个方面，因此，未来物流大数据交易的主要需求为宏观层面。

目前，物流大数据交易模式采用利益交换的模式——用服务去换取管理，即各个利益主体通过交换的方式，一方将信息的管理权交给另一方，另一方将信息整合起来后形成服务给一方。以菜鸟网络为例，以消费者、商家、物流企业的数据为依托，为商家、快递企业提供预警预测分析，帮助快递企业提前获取这些信息，从而提前把物流资源进行一定的配置和整合。

大数据技术为供方（物流企业）提供最大化的利润，为需方提供最佳的服务。主要体现在以下几个方面：第一，提高运营管理效率，根据市场数据分析，合理规划分配资源，调整业务结构，确保每个业务均可赢利；第二，预测技术，根据消费者的消费偏好及习惯，预测消费者需求，将商品物流环节和客户的需求同步进行，并预计运输路线和配送路线，缓解运输高峰期的物流压力，提高客户的满意度，提高客户黏度。

（三）大数据在智慧物流中的应用

1. 大数据在物流决策中的应用

在物流决策中，大数据技术应用涉及竞争环境的分析与决策、物流供给与需求匹配、物流资源优化与配置等。

在竞争环境分析中，为了达到利益的最大化，需要与合适的物流或电商等企业合作，对竞争对手进行全面的分析，预测其行为和动向，从而了解在某个区域或是在某个特殊时期，应该选择的合作伙伴。

物流的供给与需求匹配方面,需要分析特定时期、特定区域的物流供给与需求情况,从而进行合理的配送管理。供需情况也需要采用大数据技术,从大量的半结构化网络数据,或企业已有的结构化数据,即二维表类型的数据中获得。

物流资源的配置与优化方面,主要涉及运输资源、存储资源等。物流市场有很强的动态性和随机性,需要实时分析市场变化情况,从海量的数据中提取当前的物流需求信息,同时对已配置和将要配置的资源进行优化,从而实现对物流资源的合理利用。

2. 大数据在物流企业行政管理中的应用

在企业行政管理中同样可以应用大数据相关技术。例如,在人力资源方面,在招聘人才时,需要选择合适的人才,对人才进行个性分析、行为分析、岗位匹配度分析;对在职人员同样也需要进行忠诚度、工作满意度等分析。

3. 大数据在物流客户管理中的应用

大数据在物流客户管理中的应用主要表现在客户对物流服务的满意度分析、老客户的忠诚度分析、客户的需求分析、潜在客户分析、客户的评价与反馈分析等方面。

4. 大数据在物流智能预警中的应用

物流业务具有突发性、随机性、不均衡性等特点,通过大数据分析,可以有效了解消费者偏好,预判消费者的消费可能,提前做好货品调配,合理规划物流路线方案等,从而提高物流高峰期间物流的运送效率。

政策文件

大数据产业政策

党中央、国务院高度重视大数据在推进经济社会发展中的地位和作用。2014年,大数据首次写入政府工作报告,大数据逐渐成为各级政府关注的热点,政府数据开放共享、数据流通与交易、利用大数据保障和改善民生等概念深入人心。此后国家相关部门出台了一系列政策,鼓励大数据产业发展。

2015年,国务院印发《促进大数据发展行动纲要》(以下简称《纲要》),《纲要》作为我国推进大数据发展的战略性、指导性文件,充分体现了国家层面对大数据发展的顶层设计和统筹布局,为我国大数据应用、产业和技术的发展提供了行动指南。

2016年,工业和信息化部印发《大数据产业发展规划(2016—2020年)》(以下简称《规划》),《规划》指出全面提升我国大数据的资源掌控能力、技术支撑能力和价值挖掘能力。

2020年,工业和信息化部发布《关于工业大数据发展的指导意见》(以下简称《指导意见》),《指导意见》对我国工业大数据发展进行了全面部署,进一步促进大数据与工业深度融合发展。

案例分析

利用智慧物流大数据预判风险

通常而言,用于制造生产的零部件的质量决定了最终成品的质量。因此,公司不但要确保其生产过程运行顺利,还要防止有缺陷的部件被组装。在生产部件被运输到生产线的过程中,部分敏感材料可能受到严重损害,这些被损害的部件有时被发现得太晚或者没有被发现已经被组装成了成品。

利用供应链协同平台智慧物流大数据来监测敏感物料在途的温度、湿度或振动情况，将客户相关的数据（如预测、计划、采购订单、运输订单等）和实时传输的物联网数据相结合。通过供应链协同平台智能中控台，客户可以实时监测在途货物的损坏情况。

智慧物流大数据是有效进行风险管理的基础，通过分析历史业务数据赋予客户风险预测的能力。例如，数据分析显示，某些供应商在此运输路线上造成运输物料损害的可能性很大，那么下一步客户可以通过优化线路规划避免这类问题。简而言之，智慧物流大数据使企业能够预测交货问题，提前采取预防措施，确保组装部件的质量，从而提高生产质量和客户满意度。

大数据技术是构建智慧物流的基础，智慧物流大数据有助于提前识别风险并应对风险，它是构成敏捷、强大、自主的供应链的基础，可以有效预测，甚至避免潜在的问题发生。

（资料来源：SupplyOn供应链协同平台）

思考题：
1. 什么是大数据？本案例中大数据的作用具体体现在哪些方面？
2. 什么是物流大数据？说说物流大数据在智慧物流领域的应用。

任务二　智慧物流云计算

引　例

冷链物流云平台

利用云计算模式，创建冷链物流云服务平台（见图5-1），将冷链产业链上的主体和活动环节信息整合到一个统一服务平台，解决主体之间的流程连接、信息共享、标准统一、可溯源等问题。平台强大的信息获取与计算能力，可全程实时跟踪物流过程，即时响应客户需求，达到高品质服务的目标，保证了信息在冷链物流供应链主体和冷链物流环节间进行高效的流转与共享。物流云实现对运输车辆和货物的可视化管理、动态跟踪、资源优化、供需匹配、优化调度和智能决策管理。

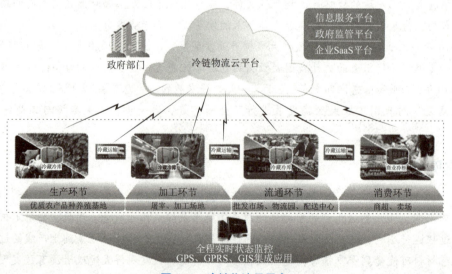

图5-1　冷链物流云平台

冷链物流云服务模式促进供应链协同和提升资源的优化配置。市场主体之间的沟通、协调、合作与协同等变得更为频繁与紧密，市场主体将加工能力、存储能力、配送能力、包装能力及市场需求（冷藏品）等集成到云平台，由算法进行智能化、实时的匹配，替代人工经验的不足和减少信息滞后的损失。在按需求驱动的模式下，客户将定制的需求（个性化）、物流配送需求，在云平台中共享给多个配送企业，由配送企业快速响应客户需求。

（资料来源：吴玉荣，《冷链物流云服务架构与动态配送研究》）

思考题：
1. 什么是云计算技术？冷链物流云平台有何功能和优势？
2. 举例说说云计算技术在智慧物流领域的应用。

视频 什么是云计算？

引例分析： 云计算作为一种全新的商业和应用计算方式，是继PC、互联网之后的第三次IT技术革命，具有高度的可扩展性、可靠性、资源利用率和按需服务等特点。随着智慧物流技术不断发展，集成共享大系统的物流信息资源，以云的方式来为各类用户提供各类按需使用的物流服务，提升智慧物流运作效率与服务质量。

一、云计算技术概述

（一）云计算的定义

云计算（Cloud Computing），分布式计算技术的一种，指通过网络将庞大的计算处理程序自动分拆成无数个较小的子程序，再交由多部服务器所组成的庞大系统经搜寻、计算分析之后将处理结果回传给用户的技术。

文档 云计算的发展历程

国家标准GB/T 31167—2014中对云计算的定义为：通过网络访问可扩展的、灵活的物理或虚拟共享资源池，并按需自助获取和管理资源的模式。资源包括服务器、操作系统、网络、软件、应用和存储设备等。

"云"实质上就是一个网络。从狭义上讲，云计算就是一种提供资源的网络，使用者可以随时获取"云"上的资源，按需求量使用，并且可以看成是无限扩展的，只要按使用量付费就可以。从广义上讲，云计算是与信息技术、软件、互联网相关的一种服务，这种计算资源共享池叫作"云"。云计算把许多计算资源集合起来，通过软件实现自动化管理，只需要很少的人参与，就能让资源被快速提供。也就是说，计算能力作为一种商品，可以在互联网上流通，可以方便地取用，且价格较为低廉。

总之，云计算不是一种全新的网络技术，而是一种全新的网络应用概念。云计算的核心概念就是以互联网为中心，在网站上提供快速且安全的云计算服务与数据存储，让每一个使用互联网的人都可以使用网络上的庞大计算资源与数据中心。

（二）云计算的特点

云计算的特点在于灵活性高、可扩展性和性价比高等，与传统的网络应用模式相比，其具有如下优势与特点。

1. 虚拟化技术

虚拟化突破了时间、空间的界限，是云计算最为显著的特点。虚拟化技术包括应用虚拟和资源虚拟两种。众所周知，物理平台与应用部署的环境在空间上是没有任何联系的，正是通过虚拟平台对相应终端操作完成数据备份、迁移和扩展。

2. 动态可扩展

云计算具有高效的运算能力，在原有服务器基础上增加云计算功能，能够使计算速度迅速提高，最终实现动态扩展虚拟化的层次达到对应用进行扩展的目的。

3. 按需部署

计算机包含了许多应用、程序软件等，不同的应用对应的数据资源库不同，所以用户运行不同的应用需要较强的计算能力对资源进行部署，而云计算平台能够根据用户的需求快速配备计算能力及资源。

4. 灵活性高

目前，市场上大多数IT资源、软硬件都支持虚拟化，比如存储网络、操作系统和开发软、硬件等。虚拟化要素统一放在云系统资源虚拟池中进行管理，可见云计算的兼容性非常强，不仅可以兼容低配置机器、不同厂商的硬件产品，还能够外设获得更高性能计算。

5. 可靠性高

倘若服务器故障也不影响计算与应用的正常运行。因为单点服务器出现故障可以通过虚拟化技术将分布在不同物理服务器上面的应用进行恢复或利用动态扩展功能部署新的服务器进行计算。

6. 性价比高

将资源放在虚拟资源池中统一管理，在一定程度上优化了物理资源，用户不再需要昂贵、存储空间大的主机，可以选择相对廉价的PC组成云，一方面减少费用，另一方面计算性能不逊于大型主机。

7. 可扩展性

用户可以利用应用软件的快速部署条件来更为简单快捷地将自身所需的已有业务以及新业务进行扩展。如计算机云计算系统中出现设备的故障，对于用户来说，无论是在计算机层面上，还是在具体运用上，均不会受到阻碍，同时还可以利用计算机云计算具有的动态扩展功能来对其他服务器开展有效扩展。这样一来就能够确保任务得以有序完成。在对虚拟化资源进行动态扩展的情况下，同时能够高效扩展应用，提高计算机云计算的操作水平。

直通职场

云计算服务安全管理

云计算是一种提供信息技术服务的模式。积极推进云计算技术的应用，获取和采用以社会化方式提供的云计算服务，有利于减少各部门分散重复建设，有利于降低信息化成本、提高资源利用率。但云计算的应用也带来了一些安全问题。如客户对数据、系统的控制和管理能力明显减弱，客户与云服务商之间的责任难以界定，数据保护更加困难，容易产生对云服务商的过度依赖等。

客户采用云计算服务时，其信息和业务的安全性既涉及云服务商的责任，也涉及客户自身的责任。中华人民共和国国家标准《信息安全技术——云计算服务安全能力要求》（GB/T 31168—2014）面向云服务商提出安全能力要求；《信息安全技术——云计算服务安全指南》（GB/T 31167—2014）面向使用者提出云计算服务安全管理，具体包括前期分析和规划、选择合适的云服务商、对云计算服务进行运行监管以及考虑推出云计算服务和更换云服务商的安全风险。

二、云计算的服务模式

物流信息云平台的逻辑结构就是构建物流公共信息云平台，其体系架构可以分为三层，分别是平台基础层（即 IaaS 层）、服务支持层（即 PaaS 层）和应用服务层（即 SaaS 层）。云平台各个层次均有与业务匹配的相关功能、模块与硬件支持，三个层次紧密耦合成一个整体。

视频 云计算提供的三种服务模式

（一）基础设施即服务（Infrastructure as a Service，IaaS）

提供给消费者的服务是对所有计算基础设施的利用，包括处理 CPU、内存、存储、网络和其他基本的计算资源，用户能够部署和运行任意软件，包括操作系统和应用程序。消费者不用管理或控制任何云计算的基础设施，就能控制操作系统的选择、存储空间、部署的应用，也有可能获得有限制的网络组件（如路由器、防火墙、负载均衡器等）的控制。公有云的分类如图 5-2 所示。

公有云分类	服务层次	提供资源	面向对象	核心能力	代表厂商和产品
SaaS	Software as a Service（软件即服务）	用户网站、移动应用、互动应用、网站内容管理应用等	企业	帮助企业优化业务流程	Salesforce Sales Cloud，谷歌的 Apps，微软的 Office 365，Citrix 的 Cloud Stack，以及云存储等针对个人使用的云服务产品
PaaS	Platform as a Service（平台即服务）	分布式数据库服务，OS，编程语言，开发库，部署工具等	开发者	帮助开发者的产品快速获得某种功能	AWS Elastic Beanstalk, Heroku, Force.com, 谷歌的 GAE（Googel App Engine），新浪 SAE，百度云的开发引擎
IaaS	Infrastructure as a Service（基础设施即服务）	服务器、储存、网络硬件等底层设施资源	开发者和企业客户	帮助企业/开发者快速拥有存储、计算等资源	亚马逊 EC2，微软 Azure，Rackspace 的 OpenStack，IBM，Oracle，VMWare，阿里云，青云以及移动的大云等

图 5-2 公有云的分类

（二）平台即服务（Platform as a Service，PaaS）

PaaS 实际上是指软件研发的平台，即为开发、测试和管理软件应用程序提供按需开发环境，作为一种服务，以 SaaS 的模式提交给用户。因此，PaaS 也是 SaaS 模式的一种应用。但是，PaaS 的出现可以加快 SaaS 的发展，尤其是加快 SaaS 应用的开发速度。

（三）软件即服务（Software as a Service，SaaS）

随着互联网技术的发展和应用软件的成熟，在 21 世纪开始兴起的一种完全创新的软件应用模式。通过互联网提供按需软件付费应用程序，云计算提供商托管和管理软件应用程序，并允许其用户连接到应用程序且通过全球互联网访问应用程序。

三、云计算的运营模式

按照运营模式分类，可将云计算分为公有云、私有云和混合云，如图 5-3 所示。

（一）公有云

公有云通常指第三方提供商为用户提供的能够使用的云。公有云一般可通过互联网使用。公有云的核心属性是共享资源服务。这种云有许多实例，可在当今整个开放的公有网络中提供服务。

图 5-3　云分类

（二）私有云

私有云是为一个客户单独使用而构建的，因而提供对数据、安全性和服务质量的最有效控制。私有云可部署在企业数据中心的防火墙内，也可以将它们部署在一个安全的主机托管场所，私有云的核心属性是专有资源。

（三）混合云

混合云融合了公有云和私有云，是近年来云计算的主要模式和发展方向。我们已经知道私有云主要是面向企业用户，出于安全考虑，企业更愿意将数据存放在私有云中，但是同时又希望可以获得公有云的计算资源，在这种情况下混合云被越来越多地采用，它将公有云和私有云进行混合和匹配，以获得最佳的效果，这种个性化的解决方案，达到了既省钱又安全的目的。

小思考：什么是物流云？什么是云物流？你能区别二者吗？

四、云计算在物流领域的应用模式

云计算技术在物流领域的应用具体有以下几个方面。

（一）整合信息资源

通过云计算对信息资源进行统一整合，提高物流企业对整个系统信息资源的有效管理，有效降低物流企业成本，同时对业务进行支撑的可用性也大大提高。云计算架构灵活、具有扩展性，随着整个系统资源和需求的部署而动态进行。云计算高效的资源整合为物流企业带来的成本优势也是非常明显的。

（二）构建云平台

云计算平台采用云计算核心集成技术，"单点登录、统一认证、数据同步、资源集成"，实现物流企业业务全程电子化，在线询价、在线委托、在线交易、在线对账和在线支付等服务，使物流业务买卖双方尽享电子商务"门到门服务"的便捷，降低成本，提升效率，降低差错率。国际物流可实现各类服务商和供应商之间订单的数据交换、物流信息的及时共享，以及交易的支付和信贷融资等完整的一条龙服务。例如，长沙市电子商务云物流服务平台充分展现了云计算的优势。

（三）提供云存储

云存储为物流企业提供空间租赁服务。随着物流企业自身不断发展，企业的数据量随之不断增长。数据量的增长意味着更多的硬件设备投入，更多的机房环境设备投入，更多的运行维护成本和人力成本投入。通过高性能、大容量云存储系统，可以满足物流企业不断增加的业务数据存储和管理服务；同时，大量专业技术人员的日常管理和维护可以有效地保障云存储系统运行安全，确保数据不会丢失。

云存储为物流企业提供远程数据备份和容灾。数据安全对于物流行业来说也是至关重要的，大量的客户资源、平台资源、应用资源、管理资源、服务资源、人力资源不仅要有足够的容量空间去存储，还需要实现数据的安全备份和远程容灾。不仅要保证本地数据的安全性，还要保证当本地发生重大的灾难时，可通过远程备份或远程容灾系统进行快速恢复。通过高性能、大容量云存储系统和远程数据备份软件，可以为物流企业提供空间租赁和备份业务租赁服务，物流企业也可租用数据中心（Data Center, DC）提供的空间服务和远程数据备份服务功能，建立自己的远程备份和容灾系统。

云存储为物流企业提供视频监控系统。通过云存储、物联网等技术建立的视频监控平台，所有监控视频集中托管在数据中心，在远程服务器上运行应用程序，应用客户端通过互联网访问它，并通过在服务器层级将数据处理的计算能力和存储端的海量数据承载能力整合到单一的监控中心或多个分级监控中心。客户通过网络登录管理网页，即可及时、全面、准确地掌握物品的可视化数据和信息，可以远程、随时查看已录好的监控录像。

实践任务五　智慧物流技术综合案例分析

（综合性实验 2 学时）

1. 目的要求

（1）了解智慧物流信息感知和识别的技术与方法。

（2）了解智慧物流信息传输的技术与方法。

（3）了解智慧物流信息存储与处理的技术与方法。

（4）了解智慧物流信息应用的技术与方法。

（5）初步具备物流企业信息管理规划能力。

2. 实验内容

通过调研某智慧企业物流技术情况，分析以下内容。

（1）分析企业物流信息感知和识别所使用的技术与方法。

（2）分析企业物流信息传输所使用的技术与方法。

（3）分析企业物流信息存储和处理所使用的技术与方法。

（4）分析企业物流信息系统应用情况。

（5）总结并分析存在的问题并给出优化策略或方案。

3. 主要仪器设备及用品

（1）计算机。

（2）计算机软件环境为 Win10 以上。

（3）连接互联网。

4. 组织和实施

（1）学生分组，每组确定调研的企业，通过网络、实地调查等方式，设计调研问卷或调研访谈提纲。

（2）调研实施。做好相关记录，整理调研材料，小组讨论，并撰写调研报告与制作汇报PPT。

（3）小组汇报。学生分组撰写调研报告，按照报告的模板要求，详细分析每个问题，小组讨论并给出可行的解决方案，每个小组内部进行恰当分工，最后在课堂上进行结果汇报。

5. 考核标准

总评考核可以采取小组互评（20%）+ 组内互评（20%）+ 教师评价（60%）的方式或者采取小组成员互评（30%）+ 教师评价（70%）的方式。有意识地培养学生团队协作能力、分析问题和解决问题的能力。同时，注意报告撰写的格式规范问题、报告结构及解决方案是否合理等。教师根据学生完成情况考核，考核评价标准参考表 5-1。

表 5-1 考核评价标准

专　业		班　级		学　号		姓　名	
考核内容	智慧物流技术综合案例分析						
考核标准	教师评价（70%）	评　价　内　容				分值/分	评分/分
		掌握相关理论知识、方法和技能				10	
		调研和讨论记录				10	
		小组汇报思路清晰，汇报重难点突出、体现思政元素				40	
		撰写报告完整，格式规范，现状及问题分析翔实，优化对策或方案有质量				40	
	小组成员互评（30%）	具有团队协作精神				40	
		积极主动创新性思考，承担并完成所分配的任务				40	
		创造亮点，为小组争取荣誉				20	

本模块小结

智慧物流技术是智慧物流建设与发展的重要基础。智慧物流基于物联网技术在物流业的应用而提出，继承了物联网的三层技术架构体系，即感知层、网络层和应用层三个层次。感知层如同智慧物流的五官，主要包括一维条码、二维条码技术，EPC 及 RFID 技术，传感器技术与无线传感网、跟踪定位技术等，实时采集感知物流终端的货物、环境以及设施设备信息；网络层如同智慧物流的神经传导系统，主要包括移动通信网络、近距离通信技术、远距离通信与网络技术、区块链技术等；应用层如同智慧物流的大脑，主要包括大数据技术、云计算、智能分析与控制、数据挖掘、视频分析等技术，负责智慧物流数据处理与计算，为智慧物流应用提供支撑。

思考与练习

一、单项选择题

1. 以下属于数据管理技术发展阶段的是（　　）。
   A. 人工管理阶段　　　　　　　　B. 文件系统阶段
   C. 数据库系统阶段　　　　　　　D. 以上都是

2. 以下属于数据描述的三个领域的是（　　）。
   A. 事物　　　B. 信息　　　C. 数据　　　D. 以上都是

3. （　　）技术是对数据进行分类、组织、编码、输入、存储、检索、维护和输出的技术。
   A. 数据管理　　　　　　　　　　B. 数据库管理
   C. 人工管理　　　　　　　　　　D. 文件管理

4. （　　）是长期储存在计算机内、有组织的、可共享的大量数据集合。
   A. 数据　　　B. 数据库　　　C. 文件系统　　　D. 数据库系统

5. 以下不属于数据描述的领域是（　　）。
   A. 现实世界　　　B. 信息世界　　　C. 计算机世界　　　D. 虚拟世界

6. （　　）是指具有数量巨大、种类多样、流动速度快、特征多变等特征，并且难以用传统数据体系结构和数据处理技术进行有效组织、存储、计算、分析和管理的数据集。
   A. 大数据　　　B. 区块链　　　C. 云计算　　　D. 车联网

7. 1 MB 等于（　　）KB。
   A. 1　　　B. 1 024　　　C. 8 192　　　D. 1 000

8. 供应链、采购物流、生产物流数据属于（　　）层面的数据。
   A. 微观层面　　　B. 中观层面　　　C. 宏观层面　　　D. 都是

9. （　　）是通过网络访问可扩展的、灵活的物理或虚拟共享资源池，并按需自助获取和管理资源的模式。
   A. 区块链　　　B. 大数据　　　C. 云计算　　　D. 物流大数据

二、多项选择题

1. 以下属于数据库的基本操作的有（　　）。
   A. 查询　　　B. 插入　　　C. 删除　　　D. 修改

2. 大数据具有（　　）的特征。
   A. 体量大　　　B. 多样性　　　C. 速度快　　　D 可变性

3. 云计算按照服务模式分为（　　）。
   A. 应用服务层（即 SaaS 层）　　　　B. 服务支持层（即 PaaS 层）
   C. 平台基础层（即 IaaS 层）　　　　D. 以上都不是

三、综合题

物流大数据、云计算、RFID 等技术助力智慧物流发展变革

近年来，随着人工智能、大数据、云计算、物联网等技术的发展，物流业在多个环节正逐步实现智能化。在位于浙江慈溪滨海经济开发区的公牛智能仓库，4 个人、1 个班次，就能够拣选 1.2 万箱，而传统方式需要 20 人才能完成同样的工作量。

智慧物流不仅提高了效率，还显著降低了成本、增强了安全保障。比如，自动驾驶技术在物流领域的应用就可以在效率、成本和安全等方面帮助企业增加效益。智慧物流不仅应用在硬件的仓储、运输、配送等全环节，也用于物流供应链规划、智慧决策、物流云等软件层面的场景。在智慧仓库中，传感器及识别技术的应用让一切变得既简单又高效。通过安装 RFID（射频识别技术）标签对货物、托盘和操作硬件等资产进行标记，传送有关订单内容和位置等信息，工作人员就可以很轻松地获取每一件货物的所在位置，并实时监控货物的出入库情况，及时清点库存。同样，在快递行业，基于深度神经网络的细粒度分拣码自动生成引擎技术，实现了对货品地址的自学习与自分析，能自动生成分拣和配送编码，直接取代了传统的邮政编码，实现了海量包裹的快速分拣和配送。

（资料来源：人民日报）

思考题：
1. 什么是物流大数据？什么是云计算？
2. 大数据技术、云计算技术如何助推智慧物流发展？

模块三

智慧物流作业系统

内容架构

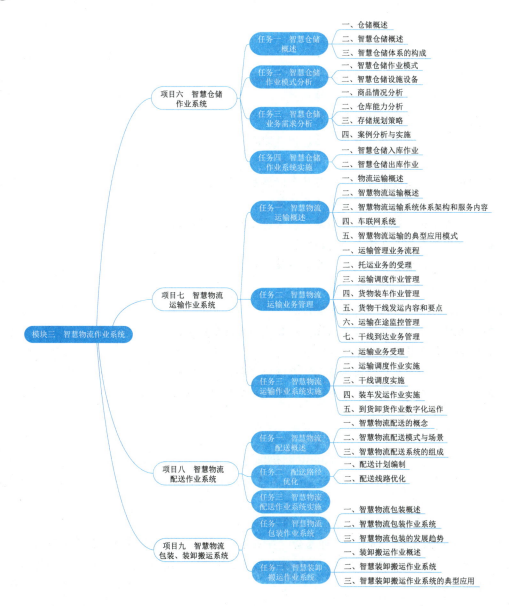

项目六

智慧仓储作业系统

🔄 学习目标

【素养目标】
- ◆ 具备诚信、吃苦耐劳精神品质及抗压能力；
- ◆ 具有科技创新精神、工匠精神；
- ◆ 培养严谨、规范工作意识，爱岗敬业，具有家国情怀和奉献精神；
- ◆ 具有职业责任感和民族自豪感，树立物流强国使命感。

【知识目标】
- ◆ 理解智慧仓储的概念，掌握智慧仓储体系的组成；
- ◆ 理解智慧仓储的作业模式及适应场景；
- ◆ 掌握智慧仓储在不同作业场景下的常用设备及选用要求；
- ◆ 掌握智慧仓储业务需求分析内容；
- ◆ 掌握智慧仓储作业系统的入库和出库作业流程。

【技能目标】
- ◆ 能够区别智慧仓储与传统仓储；
- ◆ 能够精准分析企业情况并确定适用企业的智慧仓储类型；
- ◆ 能够进行智慧仓储业务管理；
- ◆ 能准确分析智慧仓储商品情况、存储能力和存储策略；
- ◆ 能够准确实施并完成智慧仓储作业系统入库和出库作业。

🔄 案例导入

黑科技赋能电商物流，场景智慧新体验

日日顺物流以6大智慧无人仓群、7大黑科技、20万场景服务师技能全面升级，为用户定制解决方案。

1. 6大智慧无人仓群，迭代智慧物流的运作模式

日日顺物流胶州仓、佛山仓、即墨仓、黄岛仓、南昌仓以及首家高端大件产品杭州仓等为代表的6大智慧无人仓群联动开放，以保障在电商活动期间，能够以最快的速度，将货物派送到用户手中。

以日日顺物流即墨仓为例。日日顺物流即墨仓为大件 5G 智慧物流园区，通过连接产业端和用户端，构建了一个全流程零距离交互的场景生态平台。日日顺物流即墨仓内拥有先进智能装备和 5G、人工智能技术，如 5 台关节机器人、80 台 AGV 机器人、6 套龙门机械手、16 台高速堆垛机、3 套全景五面扫、视觉技术等。即墨仓通过利用信息化、数字化以及物联网技术，不仅解放了工人的双手，而且其效率在传统人工扫描获取产品信息的基础上提升了 80%，实现了大件物流仓储管理从人工、机械的传统管理到智能化、科技化的转型升级。

2. 7 大智慧黑科技——颠覆传统物流的作业模式

日日顺物流打造出"无人化"智能仓。目前，仓内所有的商品从入库、存取到出库全过程都是在算法指引下完成，通过 AGV 小车实现货物仓内自动运输，通过计算库位系数、库位健康度来实现指导并垛作业和提升仓库利用率。

除了仓库内的英勇护卫团——AGV 激光导引，日日顺物流还应用了先锋麒麟臂——关节机器人，通过视觉识别技术辅助货物辨识定位，零误差垛型计算，提升码垛效率 80%；鹰眼侦察兵——全景智能扫描站，将数字化赋能全场景供应链，货物信息采集匹配准确率提升至 100%；自驱精算师——自动立体库堆垛机，通过空间坐标定位、激光测距辅助等技术，实现大件定制化托盘的全自动上下架和移库；精英投递手——龙门拣选机器人，以机器视觉和龙门机自动控制等技术，实现了行业首例非标大件货物的混码场景。而中枢智慧大脑——数字孪生，则通过数据流实现对仓内运作的全面感知，形成一张远程统筹的"数字"全景视图，实现大数据全流程可控制。

3. 20 万场景服务师技能全面升级，为用户定制解决方案

作为连接消费者与家电、健身器材、出行工具、家具家居等企业之间的桥梁，日日顺物流 20 万场景服务师在上门服务过程中，深入了解消费者与企业之间的实际需求和痛点，构建起一个全流程零距离交互的场景生态平台。

（资料来源：《物流时代周刊》）

思考题：

1. 日日顺推出了哪 7 大黑科技？
2. 什么是智慧物流场景生态？谈谈你对智慧物流发展前景的认识。

案例启示： 当前物流业的发展已经形成一个共识——未来一定是以科技为支撑的物流。随着人工智能、物联网等新技术的不断突破，行业面临着新挑战和新机遇，日日顺以 7 大黑科技、6 大智慧无人仓群、20 万场景服务师，持续交互用户新需求，给予用户最佳体验。通过案例，引导学生认识到物流服务应遵循用户需求、降本增效的原则，唤起学生的职业责任感和物流科技创新精神。

任务一　智慧仓储概述

视频　智能仓储

引　例

AGV 智慧仓库

针对鞋服行业快速、高效、准确的仓储物流特点，鸿星尔克自主研发智能仓储物流解决方

案，实现全场无人化、智能化、信息化的管理模式，有效提升拣选作业效率，不断满足鞋服行业日益增长的"即时送达"需求。鸿星尔克 AGV 智慧仓库的主要业务是通过先进的智能搬运机器人和软件系统为智慧仓库提供更精益更高效的柔性智能化系统解决方案，并提供基于智能搬运机器人的产品及服务，包括智能拣选、智能收货及出库、智能 AI 调度及品牌服务等，保证消费者及时拿货。

（资料来源：物流技术与应用）

思考题：
1. 什么是仓储？什么是智慧仓储？
2. AGV 智慧仓储有何特色优势？

视频 智慧仓

一、仓储概述

（一）仓储的定义

"仓"即仓库（Warehouse），是存放、保管、储存物品的建筑物和场地的总称，既可以是库房、货棚、货场，也可以是洞穴、大型容器或特定的具有存放和保护物品功能的场地。

"储"即储存、储备，表示收存以备使用，具有收存、保管、交付使用的意思。

仓储（Warehousing）（GB/T 18354—2021）是指利用仓库及相关设施设备进行物品的入库、储存、出库的活动。仓储首先是一项物流活动，或者说物流活动是仓储的本质属性。仓储活动或者说仓储的基本功能包括物品的进出、库存、分拣、包装、配送及其信息处理等六个方面。配送是仓储的自然延伸，是仓储发展为配送中心的内在要求。仓储的目的是满足供应链上下游的需求，起着联系和桥梁的作用。

仓储管理（Warehousing Management）（GB/T 18354—2021）是指对仓储及相关作业进行的计划、组织、协调与控制。对现代仓储管理的重点不再仅仅着眼于物资保管的安全性，更多关注的是如何运用现代技术，如信息技术、自动化技术、智能设备等来提高仓储运作的速度和效益。

（二）仓储的功能和作用

仓储的功能包括基本功能、增值功能和社会功能。

基本功能是指为了满足市场的基本储存需求，仓库所具有的基本的操作或行为，包括储存、保管、拼装、分类等基础作业。增值功能则是指通过仓储高质量的作业和服务，使经营方或供需方获取额外的利益，这个过程称为附加增值。增值功能的典型表现方式：一是提高客户的满意度。二是提高信息传递的精准性，提高用户对市场的响应速度，提高经营效率，降低经营成本，从而带来额外的经济利益。社会功能包括时间调整功能、价格调整功能和衔接商品流通的功能等。

仓储是物流与供应链中的库存控制中心、调度中心、增值服务中心，还是现代物流设备与技术的主要应用中心。

二、智慧仓储概述

（一）智慧仓储的概念

智慧仓储（Intelligent Warehouse）是指在仓储管理业务流程再造的基础上，利用射频识别、网络通信、信息系统应用等信息化技术及先进的管理方法，实现入库、出库、盘库、移库管理的信息自动抓取、自动预警及智能管理功能的智慧物流活动。

智慧仓储是智慧物流的重要节点，将仓储数据接入互联网系统，通过对数据的提取、运算、分析和优化，再通过物联网、自动化设备、仓储管理系统（WMS）、仓库控制系统（WCS），实现对仓储系统的智慧管理、计划与控制（见图6-1）。智慧仓储重视仓储过程核心数据的积累和运用，降低了仓储环节人的参与度，使用新技术促进仓储各个环节以及仓储和供应链其他环节产品流和信息流的流畅运转，从而降低仓储成本、提高效率。

图 6-1　智慧仓储作业场景

实用案例

普洛斯无偿开放全国物流园区的仓储资源支援湖北疫情防控物资保障体系

2020年年初，普洛斯积极发动全球网络，紧急从海外采购100多万件医疗物资，通过基金会捐赠给受疫情影响严重区域的指定医疗或隔离机构，守护医护人员和疫区后勤人员的安全。一方面，和一些慈善基金会开展合作，无偿开放全国物流园区的仓储资源，为支援疫情的防控物资提供仓储周转支持。另一方面，提供应急周转仓储服务。全国40多个城市无偿开放近110个物流园，用于应急周转仓储服务。

（资料来源：运联智库）

小思考：智慧仓储较传统仓储有何优势？

（二）智慧仓储与传统仓储的区别

智慧仓储相比传统仓储，具有以下优势。

（1）能够有效利用仓储信息，提高仓储任务分配和执行的效率，优化仓储作业的流程，节约人力和物力，为管理者提供辅助决策依据。

（2）智慧仓储设备的应用使人与仓储设备之间的交互更加便捷，减少人为操作错误，提高工作人员的操作准确率。

（3）智能优化算法和智能控制技术的使用在保证仓储作业效率的基础上，通过对仓储设备和人力、物力的合理调配，能够有效降低能耗，节约成本，合理保持和控制企业库存。

（4）能够加强仓储信息的流通性，与供应链上、下游的衔接更加畅通。

智慧仓储与传统仓储的区别如表 6-1 所示。

表 6-1　智慧仓储与传统仓储的区别

项目		传统仓储	智慧仓储
不同点	存储设备	静止状态的货架	可移动式货架
	搬运设备	手推车、叉车等	AGV 仓储机器人等智能设备
	拣选方式	"人到货"作业模式	"货到人"作业模式
	拣选人员	根据订单、扫描枪等信息在拣选区寻找货物	等候在工作站旁,由人工进行拣选作业
	应用系统	WMS（仓储管理系统）	WMS（仓储管理系统）+WCS（仓储控制系统）
相同点	原则	将相关性强的商品就近存储,出库频率高的靠近出入口处存放	
	目的	缩短拣选路程,减少拣选时间,提高作业效率,减少仓储成本	

三、智慧仓储体系的构成

智慧仓储体系包括智慧仓储信息系统、智慧仓储控制技术和智慧仓储管理,能对信息进行智能感知、处理和决策,对仓储设备进行智慧控制和调度,能自动完成仓储作业的执行,并进行智能分仓管理、智能货位布局、资源匹配和路径规划管理等。智慧仓储系统平台如图 6-2 所示。

（图片来源：利元亨智能装备）

图 6-2　智慧仓储系统平台

（一）智慧仓储信息系统

智慧仓储信息系统包括仓储管理系统（Warehouse Management System，WMS）、仓储控制系统（Warehouse Control System，WCS）及智能设备系统。WMS 综合了入库管理、出库管理、移库管理、库存盘点、仓库管理、库存统计等诸多功能,有效控制并跟踪仓库的物流,实现完善的企业仓储信息管理,并可以与 EPR、MRP、WCS 等多种软件系统对接,更好地提高企业管理的深度和广度。WCS 可以协调各种物流设备,如输送机、堆垛机、穿梭车以及机器人、自动导引小车等物流设备之间的运行,主要通过任务引擎和消息引擎优化分解任务、分析执行路径,为上层系统的调度指令提供执行保障和优化,实现对各种设备系统接口的集成、统一调度和监控。智慧仓储信息系统逻辑架构如图 6-3 所示。

图6-3 智慧仓储信息系统逻辑架构

（二）智慧仓储控制技术

智慧仓储控制技术包括物联网技术、仓储机器人、智能算法和智能控制技术等。物联网技术为智慧仓储系统的设计提供了一种架构，使智慧仓储系统具有了信息感知、数据传输和信息运用的功能；智能机器人的应用，能够提高仓储系统的自动化水平，多机器人的协调是实现自动化仓储的基础；智能算法能够有效处理仓储信息，提高作业的准确率和效率，其中智能算法的动态适应性是研究难点；智能控制技术使仓储设备具有了决策和执行的能力，能够使其更好地适应工作环境和工作强度，是仓储智能化的基础之一。

（三）智慧仓储管理

智慧仓储管理具体体现在智能分仓、智能货位布局、仓储动态分区和资源匹配与路径规划管理方面。

1. 智能分仓

在大数据驱动下，仓储网络事实上是一个即时共享的云存储系统，可配合精准的供应链计划。物流企业可在全国的各级仓库间实现智能分仓、就近备货和调拨等。

智能分仓实现过程：首先，根据商品的大小、重量以及商品与客户的距离来调动智能路由，获取相关路由的路径和线路；其次，根据履行成本的决策（即基于时效、成本的综合决策）来选择最终的调度；再次，通过平台来调度物流资源的服务商；最后，把所有数据记录下来，输入供应链管理的平台，来实现对商家需求能力计划以及供给计划的优化，这样能够更好地进行销量预测，对仓储选择、品类规划进行优化，把商品推送到离消费者最近的仓。

2. 智能货位布局

在仓储物流管理中，要想用有限库容和产能等资源达到高出库效率，需要精心安排商品库存分布和产能调配，仓储货位分布将变得尤为重要。智能货位布局的依据有以下要素：物动量ABC、相关度、类似和互补法则、相容性、先进先出、叠高法则、重量特性、面向通道、产品尺寸法则等。

3. 仓储动态分区

当订单下传到库房，如果没有一个合理的订单分区调度，可能会带来不同区域订单热度不均、区产能不均衡等问题，从而造成部分区域产能暂时跟不上或者部分区域过于拥挤，最终影响出库效率。为解决这些问题，需要实时动态分析仓库订单分布，应用分区技术，动态划分逻辑区，从而达到各区产能均衡的目的，使得设备资源利用率达到最大化和避免拥堵，进而提升仓库整体出库效率。

4. 资源匹配与路径规划管理

当 WMS 从 ERP 接到客户订单时，运用生产调度运筹优化模型，建立仓内货架、拣选设备、出货口等供需最优匹配关系模型，合理安排作业任务，使得全仓整体出库效率达到最大化。当作业设备接收搬运指令时，要将货物快速准确送达目的地，需要规划合理最优路径。应用时空大数据等技术，协调规划全仓作业设备整体搬运路线，使得全仓作业设备有条不紊地进行，最大程度减少拥堵。

实用案例

京东建成的全流程无人仓，从货到人到码垛、供包、分拣，再到集包转运，应用了多种不同功能和特性的机器人，而这些机器人不仅能够依据系统指令处理订单，还可以完成自动避让、路径优化等工作，实现了从入库、存储到包装、分拣的全流程、全系统的智能化和无人化。

菜鸟通过智慧物流技术打造自动化的流水线、物流机器人、智能缓存机器人、360 度运行的拣选机器人、带有真空吸盘的播种机器人、末端配送机器人等高科技产品，提升配送效率，让物流行业的当日达、次日达成为快递的标配速度。

任务二　智慧仓储作业模式分析

引　例

某企业物流仓主要为天猫商城平台的商家提供商品的存储保管等服务，仓库面积为 12 000 平方米，存储商品种类达 10 000 种，主要存储服装、生活用品、食品、小型电子产品等，订单具有多批次小批量的特点，且存储商品的周转天数大都较短，且受各种大促的影响，经常会出现短期内订单量暴增的现象。另外，因库存商品管理方面的疏忽，"货不对位"的现象屡见不鲜。在订单拣货效率方面也存在一些问题，无法很好地满足客户的需求。因此需要通过相关智能仓储技术、设备的应用来更好地满足客户需求。

思考题：
结合案例背景，分析该企业物流仓实现升级应选取的智慧仓储作业模式和场景类型。

一、智慧仓储作业模式

智慧仓储 AGV 作业模式有 P2P 智能搬运、订单到人、货架到人、料箱到人等作业模式。

（一）P2P 智能搬运作业模式

P2P（Point to Point）是指点到点的智能搬运，一般用于工厂场景。比如：①从仓库把物料运输到产线；②产线和产线之间半成品的转运；③产线成品到最后成品仓库的搬运等。

P2P 智能搬运作业工作流程如下。

（1）AGV 小车在待命区待命，等待执行命令。

（2）当成品产线传输区里有成品下线时，系统向 AGV 控制系统发送任务信息。

（3）AGV 控制系统收到任务信息反馈后，会根据各辆 AGV 小车的位置进行任务分配并按路径行驶，随后 AGV 控制系统发出任务指令。

（4）AGV 小车接收到任务信息后，出发前往产线传输装载区。

（5）AGV 小车到达成品产线传输区等待货物下线，并对货物进行自动装载，然后沿着 AGV 控制系统规划好的路线运载货物回到仓库。

（6）AGV 小车通过感应地面上路径标签（二维码或 RFID 标签等形式），对货架的所在地进行定位，并找到货物所要堆放的货架位置。

（7）到达要存放的货架前后，AGV 小车将货物放进货架中，并对货架上的信息卡进行信息读写，反馈给 AGV 控制系统，对货物的存放位置进行记录。

（8）货物上架完成后，AGV 小车退出货架位置，继续进行下一个任务，或者回到服务区充电或待命。

通过 AGV 自动化物流系统，产线到仓库运输的效率得到很大改善，大大减少了企业在运输环节的成本，使企业生产物流更加自动化、智能化。

（二）"订单到人"作业模式

"订单到人"（Order To Person，OTP）作业模式（见图 6-4），将仓库分成不同的区域，仓储机器人驮拣货车带着订单任务去相应拣货点实现"订单找货"，再由不同区域拣货员根据当前机器人订单完成拣货。

AGV "订单到人"主要作业流程如下。

（1）机器人从调度系统获取拣选任务。

（2）机器人根据指令将载有订单箱的拣货车运送至拣选工作站。

图 6-4 "订单到人"作业模式

（3）拣货员负责若干巷道的拣货工作。

（4）拣货员将拣选车的商品分拨到拣货车。

（5）拣货后，机器人搬运拣选车至其他拣选工作站，直至完成所有订单的拣货作业。

"订单到人"作业模式其特征就是用 AGV 代替人的搬运操作。如果区域 AGV 忙不过来，可以快速调整热点区域的分布，实现动态流量的调度，甚至可以通过后台的调动数据，使某个地方的 AGV 多一些或少一些。

"订单到人"作业模式适应场景：畅销品（出库频率高）；升级改造的大面积、多种类、大订单的仓库。

（三）"货架到人"作业模式

"货架到人"（Goods Shelf To Person）作业模式（见图 6-5），AGV 驮的是货架。

"货架到人"作业模式适合场景：小件、规整、非重型商品；种类多、寻找难度大的商品；含订单少、复拣率低的商品。在这种工作方式下，货架高度受限，仓库利用率偏低，AGV 在搬运的过程中为确保稳定性，不适合重型物品。地狼仓大多采用这种方式。

图 6-5 AGV "货架到人"作业模式

AGV "货架到人"主要作业流程如下。

（1）机器人接收调度系统指令。

（2）根据指令将需要拣选货物的货架从货架存放区搬运至拣选工作站。

（3）拣货员从货架上取下商品完成拣选和分拨。

（4）拣货后，机器人驮着货架搬至下一个站点或返回存放区。

（四）AGV"料箱到人"作业模式

飞狼仓主要采用"料箱到人"作业模式，这种模式适合配件类、重型物品，能够确保搬运的过程稳定，空间利用率比较高。"料箱到人"作业模式（见图6-6）是指自主移动机器人根据任务拣选相应的料箱送到固定工作台，再由工作人员拣选，但是这种方式对仓内标准化要求较高，在前期部署需要大量资金投入，后期改造成本高。

AGV"料箱到人"作业流程如下。

（1）每个料箱可以放若干个SKU。

（2）机器人根据任务叉举待操作的料箱到工作站。

图6-6　AGV"料箱到人"作业模式

（3）操作员在工作站对料箱商品进行各类操作。

（4）机器人将料箱拖放回空置货位。

采用"料箱到人"作业模式，一个料箱可以放多个SKU，通过若干台AGV，把料箱驮到工作站，可以保证料箱送到工作站是连贯的，人可以不停地作业。

（五）AMR"订单到人"作业模式

AMR是Autonomous Mobile Robot的缩写，即自主移动机器人，是集环境感知、动态决策规划、行为控制与执行等多功能于一体的综合系统，它可以实现"人机协作不跟随、人机协同一体化"的"订单到人"模式。与前几代需要依靠磁条或者二维码定位导航的移动机器人AGV相比，AMR是AGV的一个升级形态，AMR不需要依靠磁条或者二维码等进行定位导航，具备环境感知和自主决策与控制能力，可根据现场情况动态规划路径、自主避障。AMR"订单到人"作业模式如图6-7所示。

AMR"订单到人"作业流程如下。

（1）调度系统根据集合单、订单时效、VIP订单、路径等以最优的方式发布拣货指令。

（2）作业员将载物箱放在机器人上并扫码获取任务信息。

（3）机器人自主移动至任务储位。

（4）作业员根据平板指示找到货品，即刻复核储位、货品及数量。

（5）读取RFID标签后，放入载物箱，继续

图6-7　AMR"订单到人"作业模式

下一个拣选。

（6）所有拣选任务完成后，机器人前往分拣区配合播种。

（7）管理员可通过数据面板实时掌握业务动态。

AMR"订单到人"作业模式适合中件仓、中小件仓。建设和升级仓库成本较小，更无须定制货架、料箱及部署二维码等，跨仓搬仓皆可使用，能柔性适应订单波峰波谷变化，淡旺季使用率达100%，可实现随时增减AMR。

智慧仓储"点到点""订单到人""货架到人""料箱到人"等作业模式相比传统人工拣货，可节约大量拣货人力，订单拣选准确率较高，拣货效率相比传统模式提高数倍。同时自动化水平高，柔性好，可根据需求动态调整拣货点和机器人等数量。

智慧仓储作业模式除了上述几种外，还有输送线—订单箱到人、立体库—托盘到人、分拣机—订单箱到包装线等场景模式。

实用案例

新一代货到人拣选方案

对于仓储物流自动化来说，存储、效率和成本三个指标往往无法兼顾，不同行业仓储运营难以用一套解决方案去解决所有难题。极智嘉在2022年10月推出新一代货到人拣选方案PopPick。据介绍，该方案基于订单预测与智能理货算法，PopPick工作站能够在夜间或者闲时自动理货以提高货架订单命中率。

视频 新一代货到人拣选方案

目前，PopPick解决方案可以做到单趟搬运60个料箱。基于订单预测和智能理货算法，PopPick工作站可在夜间或空闲时间自动理货，无须人工干预即可完成不同货架之间的货箱交换，一次搬运可命中10箱以上，搬运效率非常高。潜伏式搬运机器人的路径丰富，因此机器人在整个场地的布局中密度能够做到最大化。PopPick工作站也符合人体工学设计，双点箱式拣选效率可达650箱/小时/工位。数据显示，PopPick通过货箱间距极限压缩和四向车拓展高层空间的方式，实现存储能力较人工仓提升4倍的领先优势。

不仅如此，其大中小件全兼容，货箱、货架、托盘全融合；支持整托、整箱和拆零拣选的模式，同时支持集货。此外，PopPick成本仅为传统方案的50%。

（资料来源：物流指南网）

二、智慧仓储设施设备

智慧仓储设施设备包括储存系统、输送系统和拣选系统。

（一）存储系统

智慧仓储的存储形式也由过去主要以托盘存储转变为主要以料箱存储，存储在可移动式货架上。然而，不管是哪种存储方式，存储作业的自动化是实现"货到人"的基础。存储系统具体包括AS/RS、Miniload、2D/3D密集存储系统、Multi Shuttle多层穿梭车以及AGVS等。

视频 几种智能搬运设备

1. AS/RS

AS/RS（Automated Storage and Retrieval System，自动存取系统），就是自动化仓储系统，是由高层立体货架、堆垛机、输送系统、信息识别系统、计算机控制系统、通信系统、监控系统、管理系统等组成的自动化系统，如图6-8所示。

2. Miniload

以料箱存储为对象的AS/RS系统被单独命名为Miniload（见图6-9），Miniload有很多种形式，尤其是货叉和载货台形式多达数十种，具有广泛的适应性，其存取能力最高可达每小时250次。Miniload是"货到人"拆零拣选的重要存取方式。

图 6-8　AS/RS

图 6-9　Miniload

3. 2D/3D 密集存储系统

2D/3D 密集存储系统（见图 6-10）是一个集 Miniload、穿梭车、提升机等多种系统于一体的全新一代存储系统，分为托盘和料箱两种方式，其存储效率是传统立体库存储的 1.5~3 倍，被称为存储系统的里程碑成果。

4. Multi Shuttle 多层穿梭车

Multi Shuttle 多层穿梭车（见图 6-11）取代 Miniload 完成存取作业，可以满足每小时多达 1 000 次的存取作业的需求，这是一个革命性的成果，将存取效率提升了一大步。

图 6-10　2D/3D 密集存储系统

图 6-11　Multi Shuttle 多层穿梭车

5. AGVS

AGVS（Automated Guided Vehicle System，自动导引搬运车系统），开始作为一种输送系统，广泛应用于汽车装配、烟草等制造企业以及港口等场合。随着 AGV 的不断发展，不仅其形式发生了巨变，其应用场景亦发生了变化。亚马逊推出的 Kiva 系列机器人，实际上已将 AGVS 的应用从单纯的输送转变为一个集存取与输送于一体的"货到人"系统，其应用前景广阔。

AGV 全称"自动导引搬运车"，也可称为 AGV 机器人（见图 6-12）。AGV 仓储机器人装备了电磁、光学或其他自动导引装置，是能够沿规定的导引路径行驶的无人驾驶运输车。

AGV 机器人作业流程（见图 6-13）："货到人"作业模式中，AGV 机器人根据控制系统的指令到达待拣选品项所在的货架下，举起货架搬运至指定拣选台，拣选人员根据订单信息依次完成拣选任务；拣选完成后，AGV 机器人根据指令移动至下一个拣选台或将货架搬回原始位置，然后开始下一个拣选任务。

图 6-12　AGV 机器人

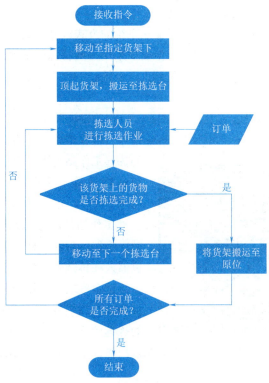

图 6-13　AGV 机器人作业流程

AGV 机器人的主要技术参数包括额定载重量、自重、停位精度、最小转弯半径、车体尺寸、行驶速度和工作周期等。

（1）额定载重量，即自动引导搬运车所能承载货物的最大重量。目前 AVG 的载重量范围在 50~20 000 千克，以中小型吨位居多，根据调查，目前使用 AGV 载重在 100 千克以下的占 19%，载重在 100~300 千克的占 22%，300~500 千克的占 9%，500~1 000 千克的占 18%，1 000~2 000 千克的占 21%，2 000~5 000 千克的占 8%，而 5 000 千克以上的数量极少。

（2）自重，即自动引导搬运车与电池加起来的总重。

（3）停位精度：指自动移载时实际位置与程序设定位置的偏差。

（4）最小转弯半径，是确定车辆弯道运行所需空间的重要参数。

（5）车体尺寸，即车体的长宽高及外形尺寸，该尺寸所承载货架的尺寸和通道宽度相适应。

（6）行驶速度，即在自动导引搬运额定重量下行驶所能达到的最快速度。它是确定车辆作业周期和搬运效率的重要参数。

（7）工作周期：自动导引搬运完成一次所需的时间。

AGV 机器人的优势主要体现在无人化、准确性、灵活性和高效率等方面。AGV 机器人方便搬运，占地面积小，加上人工成本的上涨，AGV 的无人化、少人化优势越来越明显。AGV 机器人行驶路径和速度可控，定位停车准确；AGV 机器人的全程监控，可大幅度提高订单任务的准确性。AGV 机器人可与各类工作场所进行匹配，实现柔性衔接；对于"货到人"的工作模式，可省去货品下架、搬运的时间；AGV 机器人具备自动充电的功能，可实现全天连续工作，提高作业效率。

(二)输送系统

输送系统采用多层输送系统和并行子输送系统的方式,可完成多达每小时 3 000 次的输送任务,更大的输送量客观上是有需求的,但需要采用一些特殊的手段,如配合 3D 密集存储系统等。AGV 是集存取与输送于一体的"货到人"系统。

(三)拣选系统

拣选系统主要指的是拣选工作站(见图 6-14)相关设施设备,拣选工作站的设计非常重要。一个工作站要完成每小时多达 1 000 次的拣选任务,依靠传统的方法是无法想象的。目前设计的拣选工作站采用电子标签、照相、RFID、称重、快速输送等一系列技术,已经可以满足实际需求。

图 6-14 拣选工作站

工作站是拣选人员进行拣选、扫描的操作区域,拣选区域需设计拣选人员的操作空间、AGV 机器人在拣选台的排队区域和拣选区域。一般每个拣选台安装一个显示屏、货架、播种墙、监控设备以及扫描装置等,拣选人员根据显示屏提示的拣选信息进行拣选作业,将拣选出来的货品进行扫描,系统提示拣选完成。

案例分析

物流大件智慧无人仓

日日顺物流依托先进的管理理念和物流技术整合网络资源,搭建了一个开放的专业化、标准化、智能化大件供应链服务平台。

在智能化方面,日日顺物流建立了行业内首个智慧无人仓,实现了从商品入库到出库全过程的无人化作业模式。在专业化方面,日日顺物流形成了包括智能多级云仓方案、干线集配方案、区域可视化配送方案、送装方案、价值交互增值方案在内的智慧物流五大核心解决方案。

1. 人单货库智能交互,全流程自动作业效率最优

大件物流领域一直是智能化推进的痛点,因为其自身体积大、易损坏等特征,使得大件物流仍需人力搬运,效率低且成本高。对于这一问题,日日顺物流早在 21 世纪初便在行业内建立了首个智慧无人仓,运用各种自动化设备进行无缝对接运转,实现了仓内全天候的可无人化黑暗作业。

在智慧仓作业过程中,产品输送线、全景扫描站、自动化立体库、AGV 小车等智能化设施可互联互通、自主控制,并自行完成对货物的运输、扫描、外检、存储、地面运送等流程,在每个环节都实现了运输路径、货物摆放等的最优,最大程度地节省空间、提高效率。

2. 信息系统全网覆盖,提供城乡无差异物流服务

在智慧物流的推进下,日日顺物流持续完善网络配送系统,建立了国内大件物流行业首个全国共享的三级分布式云仓网络,并实现了与多元化干线集配网、仓配一体化网、最后 1 千米末端网、连接城&村服务网的融合,组建起大件物流领域唯一全网覆盖、送装同步、到村入户的服务网络。目前,日日顺物流通过建立前置仓、发运基地、中转站等配套设施,其配送范围已覆盖全国 2 915 个县区,实现了农村与城市无差别的送装服务。

3. 四网融合是平台的核心竞争力

日日顺物流始终坚持以用户最佳体验为标准，依托覆盖到村仓储网、即需即送配送网、最后1公里送装一体服务网和即时交互信息网的"四网融合"的平台核心竞争力，为社会提供最优质的物流服务。

物联网时代，日日顺物流先后经历企业物流→物流企业→平台企业三个阶段，实现了从传统经济向物联网经济的成功转型。

（资料来源：物流技术与应用）

思考题：

1. 日日顺大件物流提供的智慧物流五大核心解决方案是什么？
2. 日日顺物流大件智慧无人仓有何特色？

任务三 智慧仓储业务需求分析

表格 商品基本情况表

引 例

某服装智慧仓储业务需求分析

某服装股份有限公司是一家以线上经营为主的服装企业，目前随着业务量的持续上升以及客户要求的不断提高，现有的仓储服务已经无法满足业务发展的需求，且仓库目前处于轻度亏损的状态，以期通过投入智慧物流设备技术来提高订单拣选效率和准确率，降低人力投入成本，提升客户体验感。

经过初期洽谈，了解到目前该公司遇到的问题如下：①人员需求大、成本高、人员作业强度大、对员工经验依赖性较强；②拣选人员需要在仓库大量行走去寻找商品（占用总时间的60%）；③订单时效性、准确率要求较高；④商品种类众多，订单商品需求量小的商品分散存储在仓库内，寻找难度大，拣货出错率高，拣选效率低（仓库平均每日可处理订单商品数为1 000件左右）。面对这样的情况，企业仓储管理人员叫苦不迭，希望通过仓库拣选存储功能区的优化升级来解决这些问题。

表格 出库、入库信息表

（资料来源：全国物流服务师职业技能竞赛样题）

思考题：

请结合以上信息，根据给出的商品基本情况以及历史出库数据进行商品基本情况的分析，分析内容包含商品存储单位、包装形态、体积、重量等方面，并根据分析结果以及历史出库情况确定智慧仓在既定周转天数内的商品存储数量。

引例分析： 在进行智慧仓储业务需求分析时，需要对存储商品的库存量进行单位SKU分析、库存情况分析以及存储策略分析等。具体包括商品存储单位、包装形态、体积、重量等方面，并根据分析结果以及历史出库情况确定智慧仓在既定周转天数内的商品存储数量目标及存储策略。

表格 销售、库存数据表

一、商品情况分析

（一）商品库存量单位（SKU）

商品品种数量以库存量单位或最小存货单位来计量，即按照库存进出计量的单位（Stock Keeping Unit，SKU），即库存控制的最小可用单位，可以以件、盒、托盘等为单位。对一种商品而言，当其品牌、型号、配置、等级、花色、包装容量、单位、生产日期、保质期、用途、价格、产地等属性与其他商品存在不同时，可称为一个单品。单品与传统意义上的"品种"不同，用"单品"这一概念可以区分不同商品的属性。

1. SKU 的内涵

在仓储运营和管理中，SKU 包含了三方面的信息。

（1）从货品角度看，SKU 是指单品，其货品属性已经被确定。只要货品属性有所不同，那么就是不同的 SKU。也就是说同样的货品只要在人们对其进行保存、管理、销售、服务上有不同的方式，那么就需要被定义为不同的 SKU。

例如，华为 P40 和华为 P50 是不同的 SKU；同是华为 P50，白色和黑色也是分属不同的 SKU；同是华为 P50 白色，但一个是 16G，另一个是 32G 内存，它们也还是分属不同的 SKU。

（2）从业务管理的角度看，SKU 还含有货品包装单位的信息。例如，SKU#123 是指 330 毫升瓶装黑啤（以瓶为单位）；SKU#456 是指 330 毫升瓶装黑啤（以提为单位，6 瓶为 1 提）；SKU#789 是指 330 毫升瓶装黑啤（以箱为单位，24 瓶为 1 箱）。由于计量单位（包装单位）不同，因业务管理需要，划归于不同的 SKU，当然可以有单位转换的算法协助转换 SKU。又如，袜子以双为单位是一个 SKU。如果其他参数都一样，只是以打为单位打成包（12 双），按包销售，它们也是分属不同的 SKU。

（3）从信息系统和货物编码角度看，SKU 只是一个编码。不同的商品（商品名称）有不同的编码。而这个编码与被定义的商品做了一一对应的关联，这样才可以依照不同 SKU 的数据来记录和分析库存和销售情况。当使用 WMS 或者 ERP 系统的时候，会发现每个 SKU 编码都有精确的商品信息含义。

2. SKU 数量对仓储规划的意义

SKU 数量对仓储规划设计存在如下的具体意义：确定存储货位数目。在商品不混载存储的情况下，每个 SKU 应当有一个或多个存储货位。若为每个商品设置便于拣选的储位时，则设计的储位的数目应当超过预估的在库 SKU 数目；若为部分商品设置便于拣选的储位时，则设计的储位的数目应当超过预估的每日发货商品 SKU 数目。

商品 SKU 数目预测，应当以现状数据为基础，既符合经营发展趋势，又符合行业发展的普遍规律。

根据商品的包装特性、商品属性，可以初步确定商品适合的存储货架类型及存储方式；根据商品的包装样式、包装材料等可以判断商品适合的货架类型；根据商品的属性，可以判断商品适合的存储方式。

（二）商品外形与包装尺寸

仓储中心的货物品种数量较大，且每个商品外形尺寸各不相同，但大部分商品的外形尺寸都在合理范围之内。通常将尺寸过大、过长、过宽，或形状不规则的商品称为异形商品。分析货物外形尺寸的作用如下。

1. 找出异形品

分析商品的外形尺寸数据可以找到数据上的特大值,这些数值对应了外形尺寸上超出普通范围的异形商品。

2. 确定货架的合适尺寸

确定商品尺寸的合理范围可确定货架的合适尺寸。根据商品尺寸与货架尺寸的关系,可以确定货架的最佳选择。

在"货到人"作业模式中,行业内通常主要考虑体积、重量、存放能力、作业模式三个维度等。体积与重量主要影响:SKU每次的补货量能否放到单个货位中;当货架装满时,是否低于机型的最大承重。存放能力主要影响机器人的搬运模式。作业模式决定"货到人"作业效率,要求SKU为"非爆品"。"货到人"作业模式不适合"爆品"作业,若某些SKU出现次数过多,会造成含该SKU的货架一直频繁调度于各个站点,站点前调度频繁会导致拥堵等状况。

二、仓库能力分析

仓库能力分析主要围绕仓库吞吐能力、库存周转、库存规模等指标进行分析。

(一) 吞吐能力

仓库吞吐能力,是指在一定时期内(一般为以月、季或年度计算)仓库出库、入库和直拨物料的总量,以实物箱数、件数为计量单位,这个指标反映着一定时期内仓库的工作量、仓库的作业效率和仓库的收发能力,体现了一个物流系统的内向聚集与外向发散的能力。

仓库吞吐能力是汇总计算的,所以,需要仓库物料有统一的计量单位(或可换算为统一的计量单位)。多数仓库以"吨"为仓库吞吐能力的计量单位,但是,很多仓库存放的物料不是以重量为单位的,也难以换算为重量单位,比如包材仓库,纸箱、卷膜、铁盒等,很难去统一为重量单位。对于这类仓库,可以用金额作为仓库吞吐能力的计量单位,便于计算、对比和分析。

与吞吐能力相关的统计数据主要包括:一段时期的入库总量与日均出库量,出库总量与日均量,以及该时期内出入库量的峰值。若要保证库存始终维持在一定的水平范围内,则一段时期内总体的入库量与出库量必然接近平衡。因此在实际分析过程中,吞吐能力既可以指入库吞吐能力,也可以指出库吞吐能力,两者在数量上近似相等。

在仓库的规划中,仓库的吞吐需求在一定程度上等于其销售出库需求,只需要推算销售的趋势变化,就可以得出仓库吞吐能力的估值。即通过预估在将来一段时期内的销售金额与平均销售价格,从而估计出库数量,即吞吐能力目标值。计算公式为:

$$出库量 \approx 销售数量 \approx \frac{销售金额}{平均销售价格}$$

在衡量仓库吞吐能力时,日均值通常比一段时期的出库总数更具有量化意义。计算公式为:

$$日均出库数量 = 出库总量 / 出库总天数$$

(二) 库存周转

库存周转是指商品从入库到出库所经过的时间和效率,在仓储管理中被广泛地应用。库存周转情况的量化指标有两个:库存周转次数与库存周转天数。

库存周转次数是指一定周期内商品的库存能够周转几次。在仓储管理中,分析库存周转的目的在于分析实物的周转情况,因此需要使用销售数量与库存数量来计算周转次数,计算的一般公式为:

$$周转次数 = \frac{全年销售量}{平均库存量}$$

平均库存量,是指一定时期内仓库内某种物资的平均库存量。物资库存量反映一定时间节点上实际结存的某种物资数量,一般为月末库存量、季末库存量及年末库存量等。计算公式为:

$$\overline{X} = \frac{\frac{1}{2}X_1 + X_2 + \cdots + \frac{1}{2}X_n}{n-1}$$

其中,X_1,…,X_n 为各月月末库存量;n 为月份的项数。

例如,某仓库上年年末库存量为950吨,1月末为650吨,2月末为850吨,3月末为1 140吨,4月末为1 050吨。该仓库平均库存量的计算公式为:

平均库存量 =(1/2×950+650+850+1 140+1/2×1 050)/(5-1)=910(吨)

周转天数表示库存周转一次所需的天数,计算的一般公式为:

$$周转天数 = \frac{全年实际工作日}{周转次数}$$

周转天数表示商品的平均在库天数,周转天数越长则表示商品的平均在库天数越多,因此在说明实际问题中,周转天数比周转次数更易理解和描述。

(三)库存规模

库存规模体现了物流系统的存储能力。它包括两个指标:库容量、库存量。库容量是衡量库存规模的量化指标,指仓库的最大容量。库存量是指仓库存储商品的数量,可以以货物数量作为计量,在实际物流分析中更多地使用货物箱数或件数作为计量。库容量是静态的,库存量是动态的。某个时间点的库存可能因为大量备货而极高或因大量销售而极小。

因此需要统计一段时期的每日平均库存,用日平均库存代表库存的水平,某一天或短暂时期的高库存或者低库存并不影响全局。

在出库量一定的情况下,商品周转速度快则所需的库存较少,周转速度慢则需要较大的库存量。两者之间的关系可以用函数关系来表达:

周转次数 × 平均库存量(箱)= 全年出库总量(箱)

或:

周转天数 × 日均商品出库数量(箱)= 平均库存数量(箱)

三、存储规划策略

(一)储位分配原则

1. 以周转率为基础法则

根据商品及货架的周转率情况进行储位分配:按周转率由大到小进行物动量ABC计算,将A类货物放置于靠近拣选站处,B类次之,C类再次;同属于一段中的货品列为同一级,依照定位或分类存储的原则,指定存储区域给每一级货品,周转率越高应离出入口越近。

2. 基于产品相关性原则

根据历史订单数据,采用数据挖掘技术,对产品属性的相关性进行分析,依据相关性进行排序,有效降低出入库行程,降低工作人员劳动强度,简化盘点等工作。

3. 基于产品互补性原则

根据历史数据和产品属性分析产品间的互补性，将互补产品存放的位置尽量接近，以保证缺货或者并发出库时，能够快速出货。

4. 基于产品尺寸原则

仓库进行库位划分及布置时，应考虑产品单位大小及同批次共同存储的数量及整批形状，确认产品和存储库位特性是否相符，以便在存储库位建立与产品存储策略对应的模型。模型应适应不同产品存储的需要，减少空间浪费，提高发货效率，避免由于空间和产品尺寸不匹配导致的物流资源损失。

5. 基于重量特性原则

存储一般原则：重量重的存放在下层，重量轻的放置在上层，同时考虑目前存储产品的重量分布情况，对产品进行合理存储。

6. 基于产品特性原则

存储时考虑产品的特性，是否具有危险性、腐蚀性等，建立各类物品的存储策略和物流布局。另外，也可根据存储物品特性灵活调整，但应符合相关产品的标准。同时优先级也要明确，并考虑物流布局及分拣的装置和效率，提高工效、空间利用率。

（二）存储策略

存储策略是根据货物的特点和规划的存储区域而定，不同的存储策略产生不同类型的拣选环境。合理的货位存储策略能够充分利用存储空间，减少出入库移动的距离，进而提高拣选效率。

1. 随机存储策略

随机存储策略就是将需入库物品按照相同的概率随机存储于各可用货位，但没有考虑商品之间的关联性，可能会增加货架的访问次数。

2. 基于周转率的存储策略

基于周转率的存储策略是将商品按照周转率进行分类存储，具有较高周转率的货物（物动量 A 类货物）常常被分配在靠近拣选台且较易获取的位置，这样会导致 A 类货架被频繁访问，容易产生局部拥堵的情况。

3. 分类存储策略

分类存储策略就是将商品按照不同的类别、特性进行分类，给每类商品分配固定的存储位置进行存储。

4. 就近空位存储策略

就近空位存储策略就是指将到达的货物单元分配到距离较近的空闲位置上，该种策略可以最大限度减少直接行走的距离。在自动化存储系统（AS/RE）当中，如果空间利用率很高，那么就近空位存储策略与随机存储策略的效果相似。

储位优化是通过一定的分配原则和合适的存储策略为每种货品指定储位，减少拣选时间、路程，从而提高拣选效率。AGV 小车作业过程中执行的是双循环作业命令，因此在货位优化中要尽可能最大化同一个货架中的品项的相关性和订购频次，对商品进行聚类，将订购频次高、相关性强的品项存储于同一货架上，使得每个货架的内聚度最大，减少货架的搬运次数。

四、案例分析与实施

开篇引例用到的表格：商品基本情况信息表、销售数据及库存信息表。

(一)商品基本情况分析

1. 商品存储单位分析
通过物流商品基本情况及历史订单数据信息的综合分析可知,其商品存储单位主要是件。

2. 商品包装形态分析
服装商品的包装形态普遍为袋装、盒装商品,其包装易于进行存取等作业操作。

3. 商品体积、重量基本情况分析
通过对"商品基本信息表"进行初步分析统计后,得出如下结果:

对文档排序最大体积:300 000 000 立方毫米

最小重量:900 毫克

最小体积:9 000 立方毫米

最大重量:3 558 000 毫克

平均体积:13 358 569.9 立方毫米

平均重量:726 822 毫克

(二)仓库存储能力目标分析

通过对"品牌 2020 年销售、库存数据"进行分析,得出以下结果:

日均出库数量:出库量 / 出库日 =815 509/360=2 265.30(件)

日均订单数:订单数 / 出库日 =621 953/360=1 727.65(单)

平均月库存量:(如果给了周转天数就无须计算)

$$\frac{0.5\times 26\ 518+25\ 225+23\ 978+21\ 978+25\ 647+24\ 538+28\ 183+34\ 050+21\ 129+27\ 014+42\ 653+27\ 027+0.5\times 22\ 727}{13-1}=27\ 183.6(件)$$

周转次数:全年销售总量(全年出货总量)/ 平均月库存量 =815 509/27 183.6=30(次)

周转天数:全年实际工作日 / 周转次数 =360/30=12(天)

目标存储量:周转天数 × 日均商品出库数量 =12 × 2 265.4=27 184.6(件)

(三)分析结论

企业的商品属性为服装,单件商品规格较小,且具有大量的 SKU,需要在场地有限的情况下存储大量的商品,商品适合小型箱式存储与拣选。

(1)商品以小件商品为主,大部分产品重量在 1 千克以下(大多数商品都在 1 千克以下)。

(2)仓库目标存储情况:平均周转天数 12 天;目标存储量 27 184.6 件。

任务四 智慧仓储作业系统实施

引 例

北京某食品公司是一家纯互联网食品品牌企业,其主营业务为全品类休闲零食。现决定规划一区域引进 AGV 智能设备,采用货到人(GTP)AGV 智慧仓解决方案进行订单处理,降低人工劳动强度,提高拣选效率。收货入库上架、补货入库上架是仓储作业的重要工作,工作站的入库功能就是用于商品入库、补货上架操作。商品的拣货出库业务,是仓库根据业务部门或

存货单位开出的商品出库凭证,按其所列商品编号、名称、规格、型号、数量等项目,组织商品出库等一系列工作的总称。智能机器人的出库流程特点在于将系统生成的海量订单通过智能算法转化成最优调度任务,以 AGV 车辆为搬运载体,将货物搬运到工作站,工作站提示出库作业。

思考题:
AGV 智慧仓如何进行补货入库作业和拣货出库作业?

一、智慧仓储入库作业

(一)传统仓储入库作业

完整的入库作业一般包含以下操作部分:信息获取、系统扫描验收、入库上架及确认反馈。信息获取是入库作业的第一步,首先要获取到货信息,从相关系统获取相应的采购单据,并与内部相关系统对接,形成收货单据。其次是系统扫描验收,使用条码设备逐件扫描产品条码进行收货。核查系统显示实际收货数量与订单明细是否一致。最后是入库上架,这是指在扫描上架作业过程中,需要完成两项工作:一是商品物理位置的转移;二是系统操作。

入库作业的基本业务流程包括:入库申请、编制入库作业计划及计划分析、入库准备、接运卸货、核查入库凭证、物品检验、办理交接手续、处理入库信息、生成提货凭证(仓单)等,如图 6-15 所示。

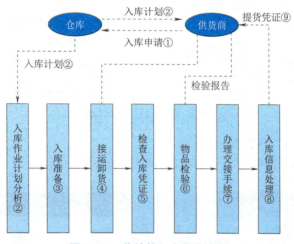

图 6-15 传统的入库作业流程

(二)智慧仓储 AGV "货到人"补货作业

智慧仓储"货到人"补货入库业务流程包括如图 6-16 所示。

(1)WMS 系统下发补货入库任务或者运维运营系统创建补货入库任务。

(2)运维运营系统将补货入库任务同步到 PDA 工作站。

(3)入库员呼叫机器人从货架存储区扛着货架到 PDA 工作站。

(4)运维运营系统分配资源,绑定机器人和货架,规划路径。

(5)机器人将扛着货架从货架存储区到 PDA 工作站。

(6)入库员进行补货入库操作,货架补货入库结束后放行,机器人和货架回到货架存储区。

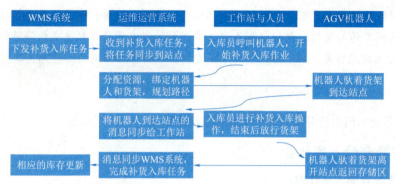

图 6-16 智慧仓储"货到人"入库业务流程

如在络捷斯特运维运营系统中，智慧仓储"货到人"入库业务系统操作步骤如下。

步骤一：创建入库作业。

在运维运营系统中，创建入库订单，选取商品信息，并输入商品数量，确定订单，如图 6-17 所示。

图 6-17 创建入库订单

步骤二："货到人"补货入库作业。

（1）单击【入库】图标，进入入库操作界面，如图 6-18 所示。

图 6-18 AGV"货到人"入库界面

（2）选中入库单，单击【叫车】按钮，呼叫机器人。选择叫车数量，单击【确定】按钮，提示叫车成功，单击【返回】按钮，如图6-19所示。

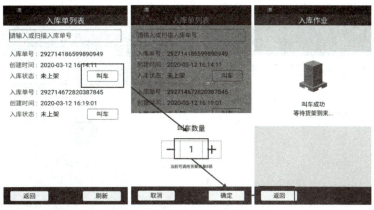

图6-19　入库"叫车"设置

（3）待机器人到达入库站点后，重新进入入库界面，按提示依次扫描货位编码、商品编码，输入商品数量，单击【确认上架】按钮，如图6-20所示。

图6-20　扫码入库上架

（4）依次单击【放行货架】【确认】按钮，放行成功后，单击【结束入库】按钮，如图6-21所示。

图6-21　放行货架

（5）上述操作完成后，会显示入库明细，确认后，界面跳转到入库单列表。系统根据实际入库商品和数量判断是否有异常。再次确认入库信息，单击【确定】按钮，即入库成功，如图 6-22 所示。

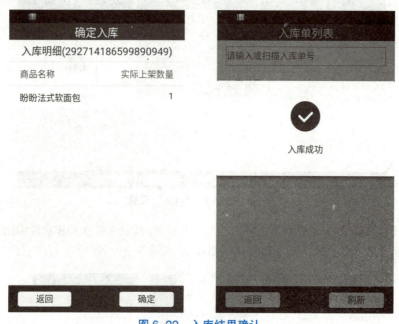

图 6-22　入库结果确认

二、智慧仓储出库作业

（一）传统仓拣货出库流程

传统仓储库作业一般包含四个操作部分：信息获取、拣货作业、出库复核、发货。

信息获取是指仓库根据从销售部门获取的出库信息，在 WMS 系统中创建出库订单，通过分配将确定的产品锁定给指定订单。

拣货作业：WMS 系统会根据预设的规则，把同一时段的所有订单放入订单池内，按照一定的波次规则组合订单，并生成拣货任务。拣货员在系统中打印拣货任务清单，并根据订单执行拣货操作，通过输入订单号码，限定作业任务范围，并按照系统中的拣货任务队列获取指定订单的拣货任务进行拣货操作。

出库复核：主要用于实物拣货后、出库前，在仓库内对准备出库的产品进行复核，检验所拣取的待出库货物与订单分配明细是否相符。若相符，将复核完成的货物进行拣货操作；若不相符，由专人处理；若有多拣的货物，将多余货物放回原位；若少拣/错拣，由专人补货/换货，直至所拣取的待出库货物与订单分配明细相符。

发货：根据调度指令，办理运输手续，将订单中所需的商品装车发运，具体操作流程如下：①打印装箱清单；②安排车辆提货；③司机提货；④与发货员交接；⑤装车发货，并在 WMS 系统进行发货确认；⑥发货数据回传 ERP。

（二）智慧仓"货到人"拣货出库作业流程

在 AGV 智慧仓环境下，拣货操作在标准工作站进行，具体流程如图 6-23 所示。

图 6-23 AGV"货到人"拣货出库作业流程

（1）WMS 系统下发拣选任务。
（2）系统将拣选任务同步到标准工作站的拣选站点。
（3）系统分配资源，绑定机器人和货架，规划路径。
（4）机器人驮着货架到拆零拣选站。
（5）拣选员将商品播种到播种墙上，播种结束后，放行货架。
（6）机器人驮着货架回到货架存储区。

智慧仓"货到人"出库业务系统操作步骤具体示例如下。

步骤一：创建出库订单。

在络捷斯特运维系统中，单击【订单生成】任务，创建出库订单，选取商品信息，输入商品数量，并单击【确定】按钮，如图 6-24 所示。

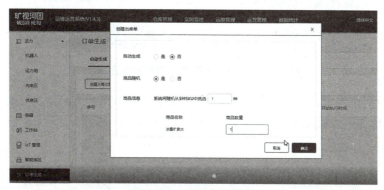

图 6-24 创建出库订单

步骤二：周转箱绑定。

（1）绑定站点后，单击【周转箱绑定】任务，进入绑定状态，播种墙的待绑定播种位显示为绿色，对应的电子标签显示绿灯。

（2）单击对应的屏幕上的绿色播种位或者拍绿灯，对应播种位变成蓝色，标签绿灯变成蓝灯，弹出绑定周转箱对话框，绑定成功后，该播种位变灰，全部绑定成功后，单击【取消绑定】按钮，如图 6-25 所示。

步骤三："货到人"拣货出库作业。

（1）机器人驮货架到达站点，此时屏幕左侧会出现需要拣货的货架的物理拓扑结构图，如图 6-26 所示。

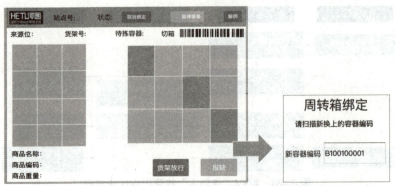

图 6-25 智慧仓"货到人"拣货出库周转箱绑定

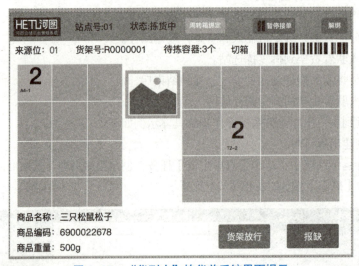

图 6-26 "货到人"拣货前系统界面提示

（2）根据屏幕提示的拣货信息，从对应货位取出指定数量的商品后，扫描商品 SKU，屏幕上播种墙对应货位显示黄色和数量，对应播种墙下面的电子标签会亮起红灯，并显示数量，如图 6-27 所示。

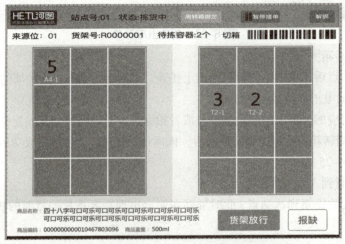

图 6-27 "货到人"工作中拣货操作过程示意

（3）拣货员按电子标签提示信息将指定数量的商品放入播种墙对应位置，播种完成，按下电子标签按钮，标签指示红灯熄灭；或者单击播种墙黄色格子，播种墙黄色格子会变灰。下一个待拣格子自动变黄（系统按从上到下、从左到右顺序自动推荐待拣货位）。

（4）重复步骤（2）和（3），直至屏幕左侧所有格子都变灰和所有商品都播种完成。

（5）如果播种墙拓扑格子变绿，此时电子标签亮起绿灯，则表示播种完成，如图6-28所示。

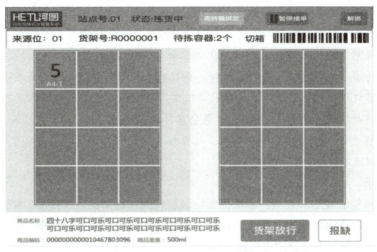

图6-28　"货到人"拣货完成环节系统显示

（6）当最后一个货位拣货完成，屏幕上的【货架放行】按钮会由灰色变为蓝色，单击该按钮，可以将货架放行。

完成该波次的播种，则需要换箱。有电子标签的情况下：电子标签显示绿灯，对应播种墙货位显示绿色时拍灭绿灯，电子标签指示灯变成蓝色，代表换箱中；扫描新容器编码，完成换箱，标签指示灯由蓝色变灰熄灭。

当发现货架某个货位缺货时：

①单击选中屏幕上【报缺】按钮。

②在弹出的窗口上核对货位号和缺货的商品信息，输入目前货位里缺少的商品的数量，选择报缺类型，默认为"缺失"，单击【确定】按钮完成报缺。

③报缺完成后，回到上一次分拣任务作业页面，拣货员继续完成后续正常作业操作；系统会自动判断子仓内其余货架货位是否包含该报缺商品，如果库存充足，会自动派遣货架前往站点完成该报缺商品的再次拣选。

④单击屏幕右上方的【解绑】按钮，会弹出确认对话框，单击【确定】按钮后，可以解绑站点。

实践任务六　某智慧仓储企业业务需求分析

（综合性实验 2 学时）

案例：盛世物流（集团）有限公司北京分公司在北京、河北、天津等地均拥有自营仓库。其中，廊坊服装仓建于 2018 年，自建仓以来，先后为数十家服装企业提供仓储服务。目前随着客户业务量持续上升以及消费者要求不断提高，盛世物流廊坊服装仓现有仓储服务能力已经无法满足业务发展的需要，盛世物流北京分公司管理层决定对其进行智慧化升级改造。廊坊服装仓升级方案：盛世物流规划部门的工作人员对自动化立体仓库、以 AGV 机器人为主的 GTP 智慧仓库等多种智慧仓技术进行了调研。企业对未来智慧仓储的预期是在成本可控的情况下能够满足日常订单的作业需求以及商品的存储需求，并期望能够在 4 年内实现投资成本的回收。最终决定将廊坊服装仓升级为 GTP 智慧仓库，以期通过引入 AGV 机器人等智能设备来解决订单拣选效率和准确率、人力投入等方面的问题，最终实现仓储效率提高以及客户体验提升的目标。

表格　商品基本情况表

1. 任务要求

假设你是该物流规划部人员，请根据廊坊服装仓的基础信息以及商品、销售数据，完成该物流廊坊服装仓升级业务需求分析，具体包含商品存储单位、包装形态、体积、重量及存储能力目标分析。

表格　入库信息表

（资料来源：全国物流服务师职业技能竞赛样题）

2. 考核评价

教师对任务完成情况做出综合评价。考核评价标准参考表 6-2。

表 6-2　考核评价标准

专业		班级		学号		姓名	
考核内容	某智慧仓储企业业务需求分析						
考核标准	评 价 内 容					分值/分	评分/分
	商品基本情况分析正确					15	
	商品存储能力分析正确					20	
	结论描述得当					15	
	报告完整，格式规范，积极主动创新性思考					25	
	汇报思路清晰，汇报重难点突出、体现思政元素					25	

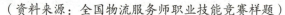

表格　出库及库存信息表

思考与练习

一、单项选择题

1. "货到人"作业模式不适合爆品作业的原因是（　　）。
   A. 库存可能会不足　　　　　　　B. 会造成站点前拥堵
   C. 会加快机器人的损耗　　　　　D. 会加大拣选人员的作业量

2. SKU 通常包含（　　）方面的信息。

文档　项目六习题参考答案

A. 包装单位　　　　　　　　　　　　B. 货品属性
C. 货品销售方式　　　　　　　　　　D. 以上都不是

3. 如果一个货架的规格是900毫米×900毫米×2 200毫米，存储空间系数为0.7，那么它实际能用到的存储空间是（　　）。

A. 1.782 立方米　　B. 1.247 立方米　　C. 0.89 立方米　　D. 1.821 立方米

4. 为保证智慧仓内机器人能够正常运行，不受机器人电量的影响，需要在智慧仓内设置（　　）。

A. 等待位　　　　B. 充电桩　　　　C. 工作站　　　　D. 休息点

5. 假设在进行布局规划的时候，将充电桩画在地图的底部，即仓库的南面，机器人从北面移动到充电桩，那对应的机器人充电接口的朝向应该设置为朝（　　）。

A. 东　　　　　　B. 西　　　　　　C. 南　　　　　　D. 北

6. 如果仓库的面积非常小，那设置（　　）主干道更合适。

A. 2 条　　　　　B. 3 条　　　　　C. 4 条　　　　　D. 1 条

7. 在实际中，若企业期望仓库留有足够的存储弹性与余量时，以下（　　）可以作为库容量。

A. 库存需求预测的上限值　　　　　　B. 库存需求预测的下限值
C. 库存需求预测的平均值　　　　　　D. 都可以

二、简答题

1. 什么是智慧仓储？智慧仓储和传统仓储有何区别？
2. 智慧仓有哪几种作业模式？各有何特点？
3. 智慧仓有哪几种主要设备？

三、综合题

丰汇物流公司是一家专门提供仓储配送的第三方物流公司，其主要为连锁超市提供存储、配送服务，服务质量高、时效好，现在已与很多公司形成了战略合作关系。伊美集团有限公司是一家大型的服装企业，由丰汇物流公司承接其仓储配送业务。伊美集团有限公司根据门店订单以及网络销售预测的情况，提前将各类服装从工厂配送到丰汇物流中心进行存储，丰汇物流中心再根据当日订单进行分拣、包装、贴标签出库。丰汇物流中心自有车队根据门店订单在预约时间内进行配送，并与门店做好货物交接。一般情况下，丰汇物流中心日处理量达到2万箱左右。电商促销期间，由于各商场、电商平台推出力度较大的各种促销活动，伊美集团有限公司与丰汇物流中心为备战电商促销，提前2~3周开始备货。丰汇物流中心电商促销期间，日处理量预计将达到5万箱左右。丰汇物流中心及伊美集团领导相当重视电商促销战役，为此特别成立电商促销备战小组。

思考题：

假如你是丰汇物流中心仓储主管，面对电商促销剧增的业务量，你会如何应对？

项目七

智慧物流运输作业系统

学习目标

【素质目标】
- ◆ 树立开放共享、绿色低碳、数字智能的智慧物流运输服务思想；
- ◆ 培养严谨、规范的工作意识，爱岗敬业，具有家国情怀和奉献精神；
- ◆ 具有运输作业安全意识，能够进行在途突发事件处理；
- ◆ 具有物流法律法规意识和物流成本意识。

【知识目标】
- ◆ 理解智慧物流运输的概念，理解智慧物流运输系统体系架构和服务内容；
- ◆ 了解智慧物流运输相关车联网系统、无人车系统；
- ◆ 理解物流运输业务流程，掌握运输托运受理、调度配载、装车发运、在途监控、货物到达等相关业务内容及方法；
- ◆ 掌握数字运输作业系统作业处理流程。

【技能目标】
- ◆ 能够区别智慧物流运输与智慧交通；
- ◆ 能够区别车联网与智能网联车；
- ◆ 能够对运输订单进行准确性审核，判断托运货物是否可以承运；
- ◆ 能够根据要求利用物流数字化运作系统完成业务受理操作；
- ◆ 能够基于实际订单数据完成干线运输车辆调度，完成运输干线调度操作；
- ◆ 能够准确识别车辆在途异常情况，能够处理在途异常情况。

案例导入

晋济高速山西晋城段 2014 年 "3.1" 事故

2014年3月1日14时45分许，晋济高速山西晋城段岩后隧道内9公里加605米处，两辆运输甲醇的半挂货车发生追尾相撞，碰撞致使后车前部与前车尾部铰合在一起，造成前车尾部的防撞设施及卸料管断裂、甲醇泄漏，后车正面损坏（事故现场见图7-1）。为关闭主卸料管根部球阀，前车向前移动1.18米后停住。此时后车发生电气短路，引燃地面泄漏的甲醇，形成流淌火，迅速引燃了两辆事故车辆（后车罐体没有泄漏燃烧）及隧道内的其他车辆。事故共造成40人死亡、12人受伤和42辆车烧毁，直接经济损失8 197万元。

图7-1　晋济高速山西晋城段2014年"3.1"事故现场

（资料来源：新华社）

思考题：
1. 什么是危险品？危险货物在途突发事件处理要点是什么？
2. 车辆安全检查的基本原则是什么？车辆运输安全作业规范有哪些？

案例启示： 我国是危险化学品、爆炸物品、放射性物品等危险物品的生产和使用大国，也是危险货物道路运输大国。近年来，我国危险货物道路运输行业管理不断规范、发展形势持续向好，但危险货物道路运输事故依然时有发生。

为深入贯彻落实党中央国务院的部署要求，切实强化危险货物道路运输安全管理，预防危险货物道路运输事故，保障人民群众生命、财产安全，保护环境，2019年11月10日，交通运输部、工业和信息化部、公安部、生态环境部、应急管理部、市场监督管理总局发布了《危险货物道路运输安全管理办法》（交通运输部令2019年第29号），自2020年1月1日起施行。

通过案例引导同学们树立危险品运输安全意识，了解危险货物道路运输安全管理办法，具有车辆安全检查的基本原则意识，掌握车辆运输安全作业规范和危险品在途突发事件处理方法等。

任务一　智慧物流运输概述

引　例

综合运输服务"十四五"发展规划印发，打造智慧运输服务体系

交通运输部正式印发《综合运输服务"十四五"发展规划》（以下简称《规划》）（交运发〔2021〕111号），以加快建设交通强国为总目标，加快构建便捷顺畅、经济高效、开放共享、绿色智能、安全可靠的现代综合运输服务体系。

《规划》深入分析了"十三五"期间综合运输服务发展现状基础以及国际国内新形势新要求，明确了综合运输服务发展的总体思路，提出了今后5年的工作重点。"十四五"期间，交通运输部聚焦10项主要任务，着力构建协同融合的综合运输一体化服务系统、快速便捷的城乡客运服务系统、舒适顺畅的城市出行服务系统、集约高效的货运与物流服务系统、安全畅通的国际物流供应链服务系统，重点打造清洁低碳的绿色运输服务体系、数字智能的智慧运输服务体系、保障有力的安全应急服务体系、统一开放的运输服务市场体系、精良专业的从业人员保障体系，推进综合运输服务发展和提质增效。

（资料来源：第一财经）

思考题：
1. 什么是智慧运输？进一步查阅《规划》，思考如何打造智慧运输服务体系。
2. 打造智慧运输服务体系对建设交通强国有何作用？

引例分析： 在"十四五"期间，加快构建便捷顺畅、经济高效、开放共享、绿色智能、安全可靠的现代综合运输服务体系，重点打造清洁低碳的绿色运输服务体系、数字智能的智慧运输服务体系、保障有力的安全应急服务体系、统一开放的运输服务市场体系、精良专业的从业人员保障体系，推进综合运输服务发展和提质增效。以此案例引导学生树立开放共享、绿色低碳、数字智能的智慧物流运输服务思想。

一、物流运输概述

（一）物流运输的定义和作用

运输（Transport）（GB/T 18354—2021）是指利用载运工具、设施设备及人力等运力资源，使货物在较大空间上产生位置移动的活动。

具体来讲，物流运输是指用特定的设备和工具，将一定形状、质量、体积的物体，从一个地点向另一个地点安全按时运达的物流活动，它是在不同地域范围内，以改变物的空间位置为目的对物进行的空间位移。通过这种位移创造商品的空间效益，实现其使用价值，满足社会的不同需要。运输是物流的中心环节之一，也是物流活动最重要的功能之一。运输是物流系统功能的核心，运输费用在物流费用中占得比重大，运输合理化是物流系统合理化的关键。

（二）运输方式的选择

各种运输方式和运输工具都有各自的特点，不同类物品对运输的要求也不尽相同，合理选择运输方式，是合理组织运输、保证运输质量、提高运输效益的一项重要内容。

运输方式的选择就是从铁路、公路、航空、水路、管道运输等方式或联合运输中做出选择，通过对不同方式的运价和服务水平进行评价而做出决定。五种运输方式如图7-2所示。由于运输成本在总物流成本中占有重要的比例，而且，不同运输方式的运价相差很大，因此，运价是选择运输方式的重要因素之一。但是运输成本最低的运输方式通常会导致物流系统中其他部分成本的上升，因此难以保证整个物流系统的成本最低。所以，尽管运价是影响决策的一个因素，但它绝不是唯一的因素，企业必须考虑运输服务的质量以及这种服务带来的对整个物流系统成本的影响。

图7-2 五种运输方式

由此可见，要根据物流系统的总体要求、结合不同方式的成本与服务特点，选择适合的运输方式。运输方式的选择是在综合考虑运输价格、运输时间、运输服务可靠性、安全性和容易性等因素的基础上做出的决定。

实用案例

钟南山院士的一封信

2020年1月31日,广州医科大学附属第一医院钟南山院士团队工作人员打电话给京东物流客服,咨询京东物流驰援武汉特别通道,想捐赠100台制氧机给武汉汉口医院,但苦于无法运输,希望京东物流能帮忙运送。

疫情之下,制氧机是急需物资,对于保障病区病人的生命安全至关重要。接到电话之后,京东物流毫不犹豫在第一时间协调铁路运力,采用铁路公路联合运输的方式,将该批物资以最快速度义务运往武汉。2020年2月2日上午,这批制氧机顺利送到武汉汉口医院,交由院方工作人员。

钟南山院士知道物资顺利送达的消息之后,非常高兴,亲笔写下感谢信:"感谢京东心系医疗援助一线,以最快的速度将急需医疗物资送达武汉"(见图7-3)。

图7-3 钟南山院士的一封信

(资料来源:腾讯网)

案例启示:物流行业,作为经济运行的"大动脉",与群众生活紧密相连。千千万万个物流企业、物流人,在困难时刻体现了家国情怀、责任担当、爱岗敬业与奉献精神。

二、智慧物流运输概述

(一)智慧物流运输的概念

随着智慧物流技术的发展和智能运输的应用,物流运输的自动化、网络化和智能化水平大大提升,产生了智慧物流运输。智慧物流运输发展源于智能交通运输。

视频 智慧运输系统案例

智能运输系统(Intelligent Transportation System,ITS)(GB/T 37373—2019)是指在较完善的交通基础设施上,将先进的科学技术(信息技术、计算机技术、数据通信技术、传感器技术、电子控制技术、自动控制理论、运筹学、人工智能等)有效地综合运用于交通运输、服务控制和车辆制造,加强车辆、道路、使用者三者之间的联系,从而形成的一种保障安全、提高效率、改善环境、节约能源的综合运输系统。智能运输系统如图7-4所示。

图7-4 智能运输系统

智慧物流运输系统充分利用了物联网、云计算、移动互联网、大数据、空间感知等新一代信息技术,综合运用交通科学、系统方法、人工智能、知识挖掘、运筹技术算法等理论和工具,以全面感知、深度融合、主动服务、科学决策为目标,通过建设实时的动态信息服务体系,深度挖掘物流运输相关数据,形成问题分析模型,实现资源配置优化能力、公共决策能力、行业管理能力、公众服务能力的显著提升,推动物流运输更安全、更高效、更便捷、更经济、更环保,带动物流运输业转型升级。

（二）智慧物流运输与智慧交通的区别和联系

1. 两者之间的联系

智慧物流运输和智能交通均是传感、信息和通信等多种先进技术在道路交通方面运用的产物，两者在关键技术、建设内容和应用目标等方面包含较多共同部分。

2. 两者之间的区别

智慧物流运输系统以国家智能交通系统体系框架为指导，重点针对物流运输领域，建成"高效、安全、环保、舒适、文明"的智慧运输体系。

智慧交通是指依靠互联网、大数据、物联网及人工智能等多种信息技术汇集交通信息，经实时的信息分析与处理后，最终形成高效、安全的交通运输服务体系。智慧交通主要涵盖智慧出行、智慧装备、智慧物流、智慧管理和智慧路网五大方面。

（三）智慧物流运输的作用

与传统物流运输不同，智慧物流运输系统会"动脑筋"计算出最科学合理的方法帮助企业解决货放哪儿、货从哪儿配、车走哪儿等问题，使货物在需要移动的时候能够更有效、更安全地移动，货物在不需要移动的时候可以不移动或者少移动，进而大幅降低制造业、物流业等各行业的成本，实打实地提高企业的利润等。

智慧物流运输的主要作用：一是实现降本增效，降低物流运输成本；二是推动新型智能运输系统的开发，加速物流运输业的转型发展；三是从供应链层面助推企业生产、采购、销售等系统的智能融合；四是以数据为支撑进行全面控制，助推智慧交通的发展，提升综合竞争力，为交通强国助力。

三、智慧物流运输系统体系架构和服务内容

（一）体系架构

智慧物流运输系统体系架构参照国家ITS体系框架（见图7-5），包括感知层、网络传输层、存储层和应用层。感知层包括各种感知手段对感知对象进行数据采集，比如车载GPS、RFID、视频监控、智能手机、传感器、北斗、雷达。网络传输层包括各种有线/无线通信集成应用。存储层包括数据存储、数据分析、数据挖掘、数据共享、数据安全、数据管理和数据可视化等。应用层提供各种服务，包括基础应用和高级应用。基础应用包括信号控制系统、交通诱导系统、共享发布系统、数据集成融合系统、交通视频监控系统、设备运行维护系统等，高级应用如交通规划系统、智慧调度系统、辅助驾驶系统、执法监督系统、应用管理系统、公众服务系统等。

（二）服务内容

智慧物流运输系统服务内容包括智慧运输运营管理平台、车货供需匹配、智能驾驶、交通管理、电子收费、交通信息服务和交通运输信息安全。

1. 智慧运输运营管理平台

平台建立标准化的数据通道，将所有与业务有关的信息连接，实现货主、收货方、发货方、中小型第三方物流企业、车主、司机信息互联互通，确保供应链全线物流资源高效协同。

智慧物流运输运营管理平台主要包括订单管理、配载作业、调度分配、行车管理、GPS车辆定位系统、车辆管理、人员管理、数据报表、基本信息维护和系统管理等功能模块。

图 7-5　智慧物流运输系统体系架构

2. 车货供需匹配

车货供需匹配是指基于信息平台将车源方信息库与货源方信息库进行对比分析，按照"供需呼应"的原则为车主或货主从数据库中选出与需求方条件最匹配的信息并输出给用户，从而实现车与货的良好匹配。

3. 智能驾驶

以道路智能化为基础，遵循交通基础设施与车（船）载系统协调配合的理念，实现车辆辅助驾驶及特定条件下的自动驾驶，从根源上减少由于人的误操作而引发的交通问题，提高交通运输的安全性和运行效率。智能驾驶发展方向包括基于视觉的环境感知、多传感器融合技术和驾驶自动化。

（1）基于视觉的环境感知。

基于视觉的环境感知主要用于对驾驶员状态进行检测，如可以判断驾驶员是否疲劳驾驶，并给出相应的报警提示。

（2）多传感器融合技术。

多传感器融合技术主要用于汽车安全辅助驾驶系统，如安全制动系统，通过监控和传感器数据，对车辆安全进行最优的主动控制。

（3）驾驶自动化。

驾驶自动化是指车辆以自动的方式持续地执行部分或全部动态驾驶任务的汽车。国家标准《汽车驾驶自动化分级》基于驾驶自动化系统能够执行动态驾驶任务的程度，根据在执行动态驾驶任务中的角色分配以及有无设计运行范围限制，将驾驶自动化分为 0~5 级，从应急辅助到完全自动驾驶共 6 级（见表 7-1）。其中 0~2 级为驾驶辅助类，3~5 级为自动驾驶类，分别规定了 6 个级别的定义和技术要求框架，并提示相应级别下汽车用户应承担的驾驶任务。

表 7-1　驾驶自动化级别（0~5 级）

等级	叫法	转向、加减速控制	对环境的观察	激烈驾驶的应对	应对工况
L0	人工驾驶	驾驶员	驾驶员	驾驶员	—
L1	辅助驾驶	驾驶员 + 系统	驾驶员	驾驶员	部分
L2	半自动驾驶	系统	驾驶员	驾驶员	部分
L3	高度自动驾驶	系统	系统	驾驶员	部分
L4	超高度自动驾驶	系统	系统	系统	部分
L5	全自动驾驶	系统	系统	系统	全部

4. 交通管理

交通管理主要服务于交通管理者，包括交通动态信息监测、需求管理、交通控制、交通事件管理、勤务管理、交通执法和停车管理等方面。

5. 电子收费

电子收费系统主要应用于高速公路不停车收费，即 ETC 系统。

6. 交通信息服务

交通信息服务主要是指向驾驶员传递有用的交通服务信息，包含出行前信息服务、行驶中驾驶员信息服务、途中公共交通信息服务、途中其他信息服务、路径诱导与导航以及个性化信息服务等。

7. 交通运输信息安全

交通运输信息安全主要是指各种道路安全管理和紧急救援。道路安全管理包括道路安全工程和道路安全审查等。

四、车联网系统

近年来，我国智慧物流运输基础设施智能化和生产组织自动化水平显著提升，运输服务新业态也在不断涌现。智慧物流运输离不开技术系统的支撑。

视频　什么是车联网？

（一）车联网的定义

根据车联网产业技术创新战略联盟的定义，车联网（Internet of Vehicle, IOV）是以车内网、车际网和车载移动互联网为基础，按照约定的通信协议和数据交互标准，在车与车、路、行人及互联网之间，进行无线通信和信息交换的大系统网络，是能够实现智能化交通管理、智能动态信息服务和车辆智能化控制的一体化网络，是物联网技术在交通系统领域的典型应用。

车联网与智能汽车的有机联合，出现了智能网联汽车（Intelligent Connected Vehicle，ICV）。智能网联汽车是指搭载先进的车载传感器、控制器、执行器等装置，并融合现代通信与网络技术，实现车与 X（人、车、路、云等）智能信息交换共享，实现安全、舒适、节能、高效行驶，并最终可替代人来操作的新一代汽车。车联网技术架构如图 7-6 所示。

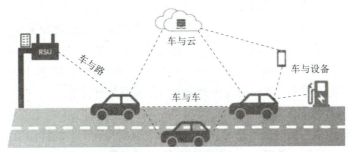

图 7-6　车联网技术架构

小思考：车联网与智能网联车有何区别？

（二）车联网的体系结构

车联网的体系结构包括端系统、管系统和云系统三部分。

第一层（端系统）：端系统是汽车的智能传感器，负责采集与获取车辆的智能信息，感知行车状态与环境。端系统具有车内通信、车间通信、车网通信的泛在通信终端，同时还是让汽车具备车联网寻址和网络可信标识等能力的设备。

第二层（管系统）：解决车与车（V2V）、车与路（V2R）、车与互联网（V2I）、车与人（V2H）等的互联互通，实现车辆自组网及多种异构网络之间的通信与漫游，在功能和性能上保障实时性、可服务性与网络泛在性，同时它是公网与专网的统一体。

第三层（云系统）：车联网是一个云架构的车辆运行信息平台，它的生态链包含了智能交通系统（ITS）、物流、客货运、危特车辆、汽修汽配、汽车租赁、企事业车辆管理、汽车制造商、4S 店、车管、保险、紧急救援、移动互联网等内容，是多源海量信息的汇聚，因此需要虚拟化、安全认证、实时交互、海量存储等云计算功能，其应用系统也是围绕车辆的数据进行汇聚、计算、调度、监控、管理与应用的复合体系。

（三）车联网的关键技术及功能应用

车联网的关键技术及功能应用具体体现在以下几个方面。

1. 传感器技术及传感信息整合

"车联网是车、路、人之间的网络"，车联网中的传感技术应用主要是车的传感器网络和路的传感器网络。车的传感器网络又可分为车内传感器网络和车外传感器网络。路的传感器网络是指那些铺设在路上和路边的传感器构成的网络，如车流量、车速、路口拥堵情况等。整合车和路的传感器网络，即整合传感网络信息，将是"车联网"重要的技术发展内容，也是极具特色的技术发展内容。

2. 开放的、智能的车载终端系统平台

就像互联网络中的电脑、移动互联网中的手机，车载终端是车主获取车联网最终价值的媒介，可以说是网络中最为重要的节点。

3. 语音识别技术

成熟的语音技术能够让司机通过语音来对车联网发号施令索取服务，车载语音技术的发展本身就得依赖于网络，因为车载终端的存储能力和运算能力都无法解决好非固定命令的语音识别技术，而必须要采用基于服务端技术的"云识别"技术。

4. 服务端计算与服务整合技术

除上述语音识别要用到云计算技术外，很多应用和服务的提供都要采用服务端计算、云计算的技术。车联网和互联网、移动互联网一样都得采用服务整合来实现服务创新、提供增值服务。通过服务整合，可以使车载终端获得更合适更有价值的服务，如呼叫中心服务与车险业务整合、远程诊断与现场服务预约整合、位置服务与商家服务整合等。

5. 通信及其应用技术

车联网主要依赖两方面的通信技术：短距离无线通信和远距离的移动通信技术及其应用，包括高速公路及停车场自动缴费、无线设备互联等短距离无线通信应用、监控调度数据包传输、视频监控等移动通信技术应用。

五、智慧物流运输的典型应用模式

（一）"互联网+"车货匹配

1. 车货匹配问题的定义

车货匹配问题是解决车货匹配平台中运力池如何分配的问题，具体描述如下：某时刻，车货匹配平台上共有 m 个货主发布了 m' 条货源信息（每一票货对应一条货源信息）；同时，平台上共有 n 个司机正在找货，每一辆车对应一条货源信息，共有 n' 条车源信息；每一个货源只能由一辆车运输，而每一辆车可以运一个或多个货源。车货匹配的最终目标是，在满足双方需求的情况下，为每一个货源找到最合适的车源，为每一辆车找到最合适的货源。车货匹配问题示意如图 7-7 所示。

图 7-7　车货匹配问题示意

2. "互联网+车"货匹配平台的匹配流程

车货匹配问题主要应用于车货匹配平台中，如图 7-8 所示。一般来说，车货匹配平台解决车货匹配问题的具体流程如下：第一，司机和货主通过车货匹配 App 提交车源信息和货源信息；第二，车货匹配平台对车源与货源数据进行筛选，并匹配车源信息和货源信息；第三，车货匹配平台将每一个货源信息对应的最优车源信息集合推荐给货主，将每一个车源信息对应的最优货源信息集合推荐给司机；第四，货主从推荐的车源信息中查找到满意的车源信息后与

该司机对接，司机从推荐的货源信息中查找到满意的货源信息后与该货主对接。

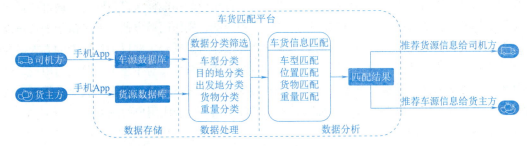

图 7-8　车货匹配平台匹配流程

3. 车货匹配的应用模式

我国的货运物流平台总体呈现出一派欣欣向荣的景象，功能模块众多，目前市场上具有一定规模的物流平台已达一百多家。通过对我国常见货运物流平台的车货匹配功能进行对比分析，将车货匹配模式主要归纳为"简单搜索模式""自主抢单模式""系统派单模式"三种类型，如表 7-2 所示。下面以中国物通网、货拉拉、云鸟配送和易货嘀四种不同的车货匹配平台为例进行具体分析。

表 7-2　车货匹配的模式分类及其代表平台

车货匹配模式		主要代表平台
简单搜索模式		中国物通网
自主抢单模式	平台定价抢单模式	货拉拉
	司机竞价抢单模式	云鸟配送
系统派单模式		易货嘀

（1）简单搜索模式——中国物通网。

简单搜索的匹配模式并未涉及平台的智能化匹配，物流平台仍是以数据交换和信息共享为主，平台根据用户选择的筛选条件，显示符合条件的物流信息。车主和货主通过线下电话沟通，形成点对点的对接。

以中国物通网为例进行分析，如图 7-9 所示。对于寻找车源的货主，其可通过车源信息、物流专线、整车运输等模块进入，通过在检索框中输入货物运输的起点和终点，平台就会显示符合条件的车源信息。通过单击【车源查看】按钮，货主即可查看车主的车牌号、运价、发布时效、联系方式、评分、车辆资质等详细信息，最终货主选取合适的车主进行线下电话联系，进行物流对接；对于寻找货源的车主，其可通过货源信息等模块进入，同样地，通过路线的起止点、货物类型、车长、车型等要求进行筛选，即可查看货物的种类、体积、重量、报价、当前距离、联系方式等信息，最终车主选取合适的货主进行线下电话联系，进行物流对接。

图 7-9　中国物通网车货匹配运作模式

中国物通网发布的车源和货源信息可靠、市场细分全面，极大程度上消除了车源方和货源方信息不对称的障碍。用户可以根据需求快速进入平台相应的功能模块进行筛选，通过"货比三家"选择有合作意向的车主或货主，且无须信息中介费，操作简单方便。但是由于平台是以信息展示和交换为主，所以其在车货匹配功能方面并未深入。平台主要以信息检索的方式撮合交易，面对大量物流信息，用户在挑选合作对象时十分耗费精力。对于想节约时间的用户，这显然不是明智的做法。其次，车主和货主在获取信息后进行线下对接，并未形成交易闭环。后续双方若再有合作可脱离平台进行，难以形成规模效应，容易造成用户的流失。

（2）自主抢单模式。

自主抢单模式根据定价方式的不同，又细分为平台定价抢单和司机竞价抢单两种模式。

①平台定价抢单模式——货拉拉。

平台定价抢单模式是平台基于货物的材料、距离等属性制定了完善的价目表，货主输入相应的信息便能知道运输费用，平台经过一定规则筛选后将订单推送给附近的司机，由司机进行抢单。

以货拉拉为例进行分析，如图7-10所示。货主从货主端进入平台，按照货物运送的需求选择最为经济的车型，并输入发货地和收货地。平台根据货主输入的信息，即可计算出相应的价格。若货主接受以该价格进行交易，则单击【现在用车】或者【预约】按钮，平台会将订单推送给附近的车辆，同时货主也能看见附近车辆的分布信息，等待接单。在司机端，平台通过GPS、GIS等定位技术为运力池中的司机实时推送附近的订单需求。司机在平台上浏览订单的价格、起止地、当前距离等信息后，可以根据当前的行程安排选择抢单或放弃。若抢单成功，平台则会为双方推送对方的联系方式、车牌号等详细信息，以便后续线下对接。

图7-10 货拉拉车货匹配运作模式

平台以车型、运距进行计价，价格公开透明，无须车主和货主讨价还价，简化交易流程。平台对交易全程的资金流、信息流都形成了闭环，为双方提供了保障，能有效降低跳单率。但是司机可以选择订单进行交易，而货主对于司机却没有自主选择权，不利于提升货主的用户体验。平台对于订单的推送，更多是基于当前车货距离以及司机的会员等级，缺乏智能优化思想下的订单推荐。

②司机竞价抢单模式——云鸟配送。

竞价抢单模式是司机根据货物的信息进行一次或多次、公开或匿名的报价，具体情况因平台而异。货主根据报价的情况选择合适的司机进行合作。

以云鸟配送为例进行分析，如图7-11所示。货主从货主端进入App，发布用车需求。云鸟司机根据货主的需求车型、用车时间、货物规模等情况对订单进行报价，等待竞价结果。随后，平台将参与竞价的司机名片推送给货主，货主可以看见司机的报价、评分、用户评论、车型、是否认证、之前是否有过交易等信息。货主结合自身的偏好以及司机的整体评价选择性价比较高的司机进行合作，同时可通过车辆监控、到仓签到、离仓等全面监控配送和交付全程。

针对单仓取货多点送货等配送场景，平台结合路况、时效、成本为司机进行实时智能线路规划，有效提高配送效率。司机在约定时间内完成所有配送任务后，货主进行在线支付和司机评价，随即交易结束。

图 7-11　云鸟配送车货匹配运作模式

云鸟配送平台通过招投标的方式进行交易撮合，出价较低的司机中标概率较高，能有效为企业节省物流费用支出。平台将运力池中所有参与报价的司机都反馈给货主，价格透明公开，信息一目了然，扩大货主可选择的范围。但是，平台将所有参与竞价的司机推送给货主，由货主进行自行挑选，缺乏基于车主和货主双方特性的智能化推荐。司机在等待竞价结果的过程中无法参与其他订单的报价，若未中标，则要参与下一轮的竞价，时间成本较高。对于此类竞价模式，报价低者具有一定的竞争优势，故容易出现恶性竞争的情况，若低价者中标，则平台对于线下的运输服务质量难以把控，容易出现纠纷。

（3）系统派单模式——易货嘀。

系统派单模式是基于物流大数据，从多个维度为车主和货主构建用户画像，分析用户双方的需求，从而为货源精准指派运力。

以易货嘀为例进行分析，如图 7-12 所示。在货主端，货主输入货物的材料、体积、重量、用车时间等信息发布需求。平台通过算法进行智能定价，在货主同意该价格并下单后进行智能派单。平台基于 LBS 定位、位置纠错、动态拼单、胶囊算法等一系列技术，整合运力池中待接单的车辆信息，为货主进行精准匹配。此时，接单成功的车主就能在平台看见相应的订单信息，并及时联系货主进行交易。此外，平台还具有在途跟踪、运输轨迹可视化等功能，实现运输全程透明化，方便用户随时了解运输进展。

图 7-12　易货嘀车货匹配运作模式

易货嘀通过一系列算法为货主匹配合适的车源，能够根据用户特性进行个性化方案制定，有利于提升用户体验。同时，平台会在司机接单后为其推荐最优路线，有利于提高物流的配送效率，节约等待时间。但是，在进行智能派单过程中，若用户的画像数据部分缺失或不准确，容易导致匹配的效果不尽如人意。在司机接单后，若由于突发情况导致订单取消，则平台需再次进行智能派单，延长了用户的等待时间，影响用户体验。

（二）无人车系统

无人车系统包括无人驾驶汽车和无人驾驶系统。

无人驾驶汽车（见图7-13）是智能汽车的一种，也称为轮式移动机器人，通过车载传感系统感知道路环境，自动规划行车路线并控制车辆到达预定目标的智能汽车。它集自动控制、体系结构、人工智能、视觉计算等众多技术于一体，是计算机科学、模式识别和智能控制技术高度发展的产物。无人驾驶汽车已经开始延伸至物流运输领域，如无人驾驶集装箱运输车（见图7-14）、无人运输卡车（见图7-15）等。

图7-13　无人驾驶汽车

图7-14　无人驾驶集装箱运输车

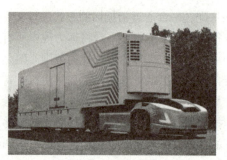

图7-15　无人运输卡车

小思考：智能网联车与无人驾驶、自动驾驶有何区别？

无人驾驶系统包括环境感知系统、定位导航系统、数据传输单元、辅助驾驶系统、中央处理单元、速度控制系统、运动控制系统和路径规划系统等。环境感知就是感知周围的信息，而汽车使用激光雷达、视觉相机、GPS等传感器，来感受周围的状况；利用汽车的视觉系统、定位导航系统和路径规划系统来识别路边的标志标牌、车辆行人状况，进而优化路线；将认知层传来的信息和路线规划，用算法进行处理，向速度控制系统输出调整车速、方向的指令；接收中央处理单元的指令，控制车辆的刹车、油门、挡位等，来实现汽车的降速、加速等。

行业动态

"十四五"期间我国绿色交通运输体系正逐步形成

"十四五"期间，我国交通重点行业、重点领域绿色低碳化步伐不断加快，绿色交通运输体系正逐步形成。

深圳市交通运输局的数据显示，截至2021年，深圳新能源物流车保有量达9.1万辆，不只是物流车全面转型，截至目前，深圳新能源出租车超过2万辆，新能源网约车超过6万辆。据深圳巴士集团统计，公交车100%实现电动化后，年平均减排二氧化碳44万吨、油类废水21.79万升，节约标准煤15万吨、燃油1.6亿升。在交通基础设施方面，青岛港通过全力构建"风光储氢"一体多能互补的现代化能源体系，实现了自动化码头的零碳运行。

在能耗和排放方面做"减法"，在科技和效率方面做"加法"，逐步形成智慧绿色交通运输体系。

（资料来源：央视网）

案例分析

"双碳"背景下区域物流绿色创新水平评价

绿色创新水平关系到现代物流业的高质量和可持续发展，也是实现"碳达峰与碳中和"目标的关键。"双碳"背景下区域物流绿色创新水平评价分析从绿色创新投入、绿色创新产出和绿色创新环境三个维度，采用VIF—变异系数法构建区域物流绿色创新水平评价指标体系，并以2013—2017年全国30省的数据为样本，基于博弈论的组合赋权，运用GRA-TOPSIS法对区域物流绿色创新水平进行评价。在此基础上，利用自然间断点分类法和全局与局域Moran's I指数分析了省际间绿色创新水平的空间分布差异及时空演化特征。结果表明：30省物流绿色创新水平存在不均衡性，东西部地区差异明显；广东、江苏和浙江具有较强的物流绿色创新水平，其他大多数省份都未达到均值；30省物流绿色创新水平存在高度的空间正相关性和空间集聚效应，空间分布格局总体呈现出"北低南高、东高西低"的特征，各省物流绿色创新水平差异性显著，但总体呈现平稳发展的趋势。

（案例来源：江苏省"六大人才高峰"高层次人才项目"低碳经济背景下物流企业绿色创新行为引导策略研究（JNHB115）"阶段成果）

思考题：

1. "双碳"背景指的是什么？
2. 你认为物流绿色创新水平评价应从哪几个方面考虑？其评价指标有哪些？

任务二　智慧物流运输业务管理

引　例

"北斗"开启智慧物流运输新篇章

2019年9月，交通运输部、国家税务总局发布的《网络平台道路货物运输经营管理暂行办法》指出，网络平台应自行或者使用第三方平台对运输地点、轨迹、状态进行动态监控。

对于货车司机来说，安装、使用北斗卫星定位装置可使运输更加安全。对比其他定位系统，"北斗"系统不仅提供位置、导航等基本功能，还提供通信功能和全球独家的短报文服务，北斗三号每次可发送1 000个汉字，还可以传图像、打语音电话。

车联网设备是对"北斗"定位的一种技术补充，可用于车辆道路偏离预警、道路安全预警，以及在遭遇突发情况时作为辅助定位手段对车辆安全进行保障。

网络货运平台可以实现高效率的车货匹配。利用定位数据通过智能配对技术，将货源以"一对多"的形式精准推荐给最为切合的承运人，充分利用承运人的返程运力资源，提升车辆运行效率，减少承运人配载找货等货时间及成本。当车辆进出收、发货地区时，可以对收、发货人进行提醒，以便合理安排装卸计划，同时提醒司机及时操作确认收、发货。真实、实时、有效的"货物轨迹流"监控是网络货运平台专业化的体现。对于车辆途中定位异常情况，包括无轨迹、异常停留、偏离路线等，自动触发前台提醒，同步后台预警。同时，中储智运实行24小时全运程可视化监控，可实时获取定位数据、停留点信息，并智能预测剩余运程和行驶时间，相关信息均同步分享至客户端，让客户随时随地掌握货物位置。

（资料来源：光明经济报）

思考题：
1. 物流运输业务流程是什么？如何进行车货匹配和车辆在途监控？
2. 北斗系统和车联网对智慧物流运输有何促进作用？

一、运输管理业务流程

运输管理系统（Transportation Management System，TMS）是指对运输工具、运输人员、货物及运输过程中各个环节活动进行管理的信息系统。

运输管理系统要做到及时传输信息，使运输企业和货主之间的信息能够及时进行交换，使客户的要求能够及时得到满足，将运输过程中的状况及时与客户交流，从而保证了服务的及时化。运输管理系统还要使物流企业内部的车辆、司机、线路等得到及时调度和统筹安排，保证了服务成本的适当化。

运输管理的主要业务包括托运受理、调度配载、装车发运、在途监控、货物到达、单证处理、财务结算及绩效考核等环节。运输业务流程如图7-16所示。

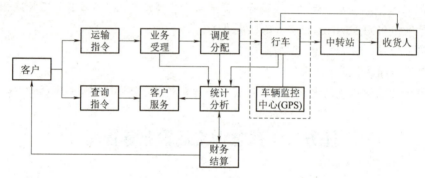

图7-16　运输业务流程

二、托运业务的受理

（一）托运业务受理的步骤

托运业务受理步骤如下：

步骤一：订单接收和处理。筛选单据，处理订单接收方式。

步骤二：将订单录入系统，生成作业计划。对于目的地不符、时间不符以及不可受理货品不予受理，比如易燃易爆危险品、有毒货品以及违禁品等。

（二）运输订单的审核要点

运输订单审核的内容包括客户性质、货物属性、货物数量或体积、货物始发地以及目的地等。审核托运单的要求包括检查核对托运单的各栏有无涂改、审核到站与收货人地址是否相符，对货物品名和属性进行鉴别，注意区别普通和笨重零担货物、普通物品与危险品办理。

三、运输调度作业管理

运输调度是指物流运输企业的调度中心在接到业务部门的运输单后，根据客户要求提出运输计划，调派人员和车辆，确定货物运输线路、运输工具和运输方案，并为具体的车辆配载合适的货物。

（一）运输调度作业控制程序

接受并分析运输任务，选择运输方式、运输路线，安排调度运输车辆、运输人员，下达运输指令，最后到货确认。

（二）运输车辆调度考虑的因素

运输车辆调度考虑的因素包括车辆质量、车辆吨位、车辆货箱形式、车辆容积、车况以及综合因素等。除了考虑上述几个方面的因素，对于车辆的选择还要综合其他各方面因素，比如当天的运输任务情况、车辆归队情况、天气情况以及道路情况等。

实用案例

运输异常

物流运输的异常主要由主观和客观两方面的原因导致货物未能按时送达收货方。客观原因包括：运输途中发生交通事故，气候恶劣导致交通封闭或堵塞。主观原因包括：配货线路资源不足未能整合成整车发运，货物出现短缺、破损脏污（或变形），货物批次不符。

道路运输突发事件是指由自然灾害、道路运输生产事故等引发，造成或者可能造成重要枢纽运行中断、严重人员伤亡、大量人员需要疏散、生态环境破坏和严重社会危害，以及由于社会经济异常波动造成重要物资、旅客运输紧张，需要交通运输部门提供应急运输保障的紧急事件。道路运输突发事件按照性质类型、严重程度、可控性和影响范围等因素，分为四级：Ⅰ级（特别重大）、Ⅱ级（重大）、Ⅲ级（较大）、Ⅳ级（一般）。道路运输突发事件处理程序：分级响应—响应程序—信息报告与处理—分类处置—响应终止—后期处置。国家级、省市县级部门应急响应启动程序有专门文件规定。

四、货物装车作业管理

（一）货物装车环节注意事项

1. 装车前检查

货运员按照任务，装车前应认真做好待装货物、货物票据和货车的检查工作。具体包括货运单检查、货物检查和车辆检查。

2. 货物的装车要求

装车要求和注意事项主要有：货物均衡、稳固、合理地分布在货车底板上，不超载、偏载、偏重；充分利用货车容积进行巧装满载；危险、鲜活、易腐等使用特种车辆装载的货物，因其性质特殊，务必严格按照规定要求作业；货物装载的宽度、高度，除超限货物外不得超过机车车辆限界和特定区段的装载限制，货物重量不得超过货车的容许载重量。

3. 装车后的工作

装车后"三检"，主要指检查重车、运单和货位。除了再度检查货物装载情况是否符合要求或进行必要的整理、加固外，还应做好检查货位，正确施封，完好无误地填写和使用货运票据封套、货车装载清单、回送清单和货车标记牌等工作。最后，应妥善整理运送票据并移交运转部门。货物运送票据随重车传递到站。

4. 货车和集装箱施封

货车施封是为保证货物安全与完整，便于交接和划分运输责任而使用施封锁、施封环等对装车后的棚车和冷藏车的车门及罐车的注油口、排油口采取的加封措施。集装箱运输货物时也应施封。货车和集装箱施封是货物交接、划分运输责任的一项手段,在货物运输过程中,通过观察、检查施封状态可以判明货物是否完整,从而达到划分责任的目的。

(二)装载作业的步骤

步骤一:分析货物性质。根据送货单信息分析货物的基本性质,判别货物是否属于泡货、重货或勿压货物等。

步骤二:考虑装载原则。根据运输装载中的大不压小、重不压轻,车厢体积与货物体积、数量,货车重心,两边重量是否平衡这几个原则来进行装载工具的选择以及货物的堆码方式和排列顺序。

步骤三:运输装载计划实施。包括确定装载顺序(按照先送后装的原则),根据具体货物的装载要求进行货物装载、车厢内货物安全加固措施。

实用案例

冷链货物运输注意事项

冷链货物运输,每次运输完成之后,都要进行车厢内部的清洁,清除车厢异味,减少下次装货时的安全隐患。同时,检查车厢内部制冷系统。在卸车时,一定要仔细认真地清点货物的数量,避免因清点不正确而造成损失。

在车辆运输途中,要实时掌握车厢内的温度,防止车厢内部温度下降或者升高,严格按照货物的温度要求来控制温度。在温度异常时,要及时做出调整。

五、货物干线发运内容和要点

(一)干线发运主要内容

干线发运的主要流程是:信息员在系统中下达发运指令,打印"货物运输交接单",签字交接;操作人员将笼车搬到月台、发运扫描确认、装车;关闭厢门、上铅封锁;填写"货物运输交接单"并进行交接。

干线发运货物的处理:①对于干线发运:对于需要发运的货物,使用托盘搬运至干线发运区。②对于干线暂存:对于不需要发运的货物,使用托盘搬运至干线发运暂存区。干线暂存的货一般是因为当天该路线的车辆发车时间超过了仓库的运营时间。

(二)装车发运交接要点

(1)货物装车检查,必须按照装车规范以及配载原则进行装车,货物检查完毕后,根据实际情况可拍照留据。

(2)双方要进行单据签收,以便后续操作有据可循。

(3)车辆施封前,确保车辆封志完好可用。车辆施封完毕之后,要进行车辆封志检查,保证无误,并进行拍照。

六、运输在途监控管理

(一)运输在途监控管理方法

运输车辆在途监控管理方法主要包括两种:一是通过车辆监控系统监控;二是致电驾驶员询问。

运输在途监控技术手段常用的有 BDS 车辆监控系统和手机定位车辆监控系统(见图 7-17)。

车辆监控系统是基于 GIS 平台、BDS 和 GSM 的动态车辆管理监控软件，它由三部分组成，即车载主机、服务器和客户端。车载主机主要通过全球卫星定位系统来确定移动目标的位置，并通过移动通信网络和全球互联网将数据上传，服务器接收定位数据并存储，客户端通过全球互联网访问服务器提取地图和车辆定位信息，为用户提供完善的服务。

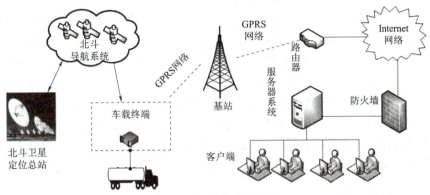

图 7-17　车辆监控系统

车辆监控系统功能模块包括车载终端模块、移动通信系统和监控中心。车载终端通过 GPS/BDS 接收机接收的卫星信号运算出定位数据（经度、纬度、时间、速度、方向）和状态数据等，经过计算打包处理，将数据信息通过无线通信网络（GSM/GPRS）发回中心信息网关，中心信息网关接收到来自车载单元回传中心的定位及状态数据，判断数据类型，将其中的定位数据、状态数据、服务请求等根据中心服务系统的车辆所属单位派发给相应的监控终端，监控客户端软件根据上传的各种定位信号中的经纬度坐标，在地理信息系统的支持下，经过电子地图匹配技术，在地图上实时显示车辆的位置、状态等信息，从而实现了车辆的实时监控管理。

手机定位车辆监控系统是利用驾驶员的随车手机，基于移动运营网的基站定位来实现车辆监控。基站定位主要是利用基站对手机的距离测算来确定手机位置的，也称为 LBS（Location Based Service，位基服务）基站定位法。它广泛地应用于物流行业的货运车辆管理。

（二）车辆在途管理内容

车辆在途管理的内容主要包括行驶要求、行驶路线、途中追踪查询和途中停靠作业。

行驶要求：要求司机在行驶过程中遵守交通规则、合理控制车速、不随意停靠、及时汇报行驶状况等。

行驶路线：要求司机严格按照既定的行驶路线行驶，不得私自更改行驶路线。对于有特殊情况需要绕道行驶的，应征得主管领导同意。

途中追踪查询：定时监控车辆行驶轨迹并了解行驶的状况和道路交通情况，随时查看车辆的在途状态、位置信息、轨迹记录等，对出现异常情况的运单，如晚点、线路偏移、长时停滞、在途超时等，及时、快速地了解异常情况，进行判断分析并采取有效解决措施，确保货物最终准时、安全到达。

途中停靠作业：对于需途中停靠的，司机应及时与停靠点联系，预报到达时间。

🔄 实用案例

运输在途异常情况处理

车辆超速处理：首先调度员查看北斗车辆监控系统，对超速提示信息超过三条的驾驶员致电询问，提示其减速慢行，调度员做好记录。

车辆行驶路线偏移处理：调度员查看北斗车辆监控系统，发现车辆行驶路线严重偏移，调度员致电驾驶员，询问情况，如果是道路施工、维修、高速封闭等原因，调度员核实情况后，提示驾驶员绕过相关路段，尽快回归既定路线，同时，调度员做好相关记录。如果出现故意绕路、私自动用车辆外出拉货的情况，责令其回归既定路线，待驾驶员归队后，对其进行批评教育，重新进行考核，考核不过者，给予辞退处理，调度员做好记录。

车辆长时间滞留处理：调度员查看北斗车辆监控系统，发现车辆长时间滞留，调度员致电驾驶员，询问情况，参照恶劣天气或自然灾害、车辆故障、交通事故、政府部门扣车检查四种情况滞留处理办法来进行处理。

七、干线到达业务管理

（一）干线到达认知

干线到达是指干线运输班车抵达干线到达区后，场站操作员根据到货通知单信息，核对到站货品信息，若货品出现数量短缺、货物污损、串货等情况，则将其搬至异常货物暂存区，并在到货通知单上注明，同时通知信息员。

（二）干线到达货物的流向

场站操作员将干线到达的正常货物分拣、堆码至托盘，根据到货通知单上的送货要求，分别进行入库、即时派送、派送暂存、异常暂存操作。

入库操作：将不需要派送的货物进行入库操作。

即时派送：将派送的货物使用托盘搬运至发货区进行派送操作。

派送暂存：非当日派送的货物则执行派送暂存，将货物放置干线暂存区。

异常暂存：针对有异常的货物，整理货物并使用托盘搬运至异常货物存放区。

（三）到货业务流程

1. 接收到货预报

货运中心调度员接收到始发站发送的到货预报，并与班车司机确认具体到达时间。

2. 核实到站信息

班车司机驾驶车辆到达货运中心后，工作人员指挥司机将车辆停靠在指定的交接场地，同时注意车辆和人身安全。班车司机到调度处将货物运输交接单提交给调度员检查，调度员检查单据，并核对单据与到货预报信息是否一致。核对无误后，调度员将货物运输交接单交给现场操作员执行到货任务。

3. 交接验收到站

现场操作员凭借货物运输交接单核对车辆的施封数、字号，并检查施封的具体情况。经检查没有异常情况后，现场操作人员将到站货物按照操作规范卸车。现场操作员凭借货物运输交接单核对运单、货运标签，清点货物件数、检查货物包装状态。经检查没有任何异常情况后，现场操作员在货物运输交接单上填写到站时间并签字确认，交调度员留存。如果有异常情况，需另行处理。

（四）入站扫描

交接验收完成后，现场操作员对到站货物进行入站扫描，并搬运到指定区域内进行暂存。

（五）到达作业有关货物票据交付的内容

1. 货物运输交接单核验

基本操作：首先货物到达网点之后，现场操作员与班车司机共同核对货物运输交接单，核对交接单上的信息与系统货物信息是否一致。

2. 货物交付

核对完货物运输交接单之后，现场操作人员共同完成货物的卸车、验收工作，主要核对交付货物的数量、规格、包装等内容。

3. 完成运输交接单交付

完成货物交付之后，班车司机以及现场操作管理人员确定无异常出现，分别在货物运输交接单上签字，并转交负责人留存，至此，完成单据及货物的交付。

案例分析

到货异常及处理方法

异常货物主要包括货物破损、货物丢失和货物信息异常。

货物破损包括外包装轻微破损和外包装严重破损两种情况。对于外包装轻微破损的货物，运输主管对货物重量进行复核，复核实际重量与运单标注重量是否相符，登记并拍照后对外包装进行加固，录入异常信息，同时将破损件单号、破损情况等信息报本单位投诉理赔人员备案；对于外包装严重破损的，运输主管对货物进行拍照、重量复核、清点内物（需运输主管在场或二人以上在监视器下进行）并滞留货物，在系统中录入异常信息并上报本单位投诉理赔人员备案。

货物丢失包括在站丢失和运输途中丢失两种情况。在站丢失指有入库信息，但出库时发现货物不在的情况。针对在站丢失情况，运输主管需立即联系相关操作人员及客服人员做备案处理，同时录入异常信息。在运输途中丢失的情况，指到站时无货或少件，此种情况需协调运输部门出具证明（物流班车丢失需物流司机签字确认），并反馈本单位操作科，操作科需立即上报本单位安保及投诉理赔人员备案处理并录入异常信息。

货物信息异常主要存在货物无信息、信息不符、包装违规、违禁物品及超范围五种情况。①无信息：包括无基础信息、无配载信息。发现此类异常的单位负责录入异常，并联系初始受理单位开单员或上一环节信息处理员补录、补发信息，同时报质控备案。②信息不符：包括箱单与系统不符、标签与箱单不符。发现此类异常的单位负责录入异常，并联系收货部门确认，信息正确后进行下一环节的操作，同时报质控备案。③包装违规：包装不符合运输要求。发现此异常的单位负责重新包装，录入异常并报质控人员备案。④违禁物品：发现违禁物品，滞留货物，暂停下一环节操作，报质控人员备案并录入异常，及时联系客户进行沟通，运输主管必须24小时内给予明确处理意见。⑤超范围：货物收货地址超出可操作区域，联系客户征求一致解决方案，标记此单为超范围配送，并将解决方案录入系统。

思考题：

1. 异常货物包括哪几种情况？
2. 货物运输途中丢失应如何处理？

任务三　智慧物流运输作业系统实施

引　例

华源集团上海物流中心是一家集仓储托管、仓储外包、仓库出租、物流运输、快递配送于一体的综合性仓储物流企业，致力于打造为企业打通线上线下销售过程中的仓配运输一体化的运作模式。2021年7月1日，主管张斌向订单员下达任务，具体任务见运输通知单（见表7-3）。

表7-3　运输通知单

客户指令号	YSTZD001	托运客户	上海晨光文具股份有限公司		
始发站	上海	目的站	广州		
托运人	王晶	取货地址	上海市奉贤区金钱公路3469号		
联系方式	13182819643	取货时间	2021.7.1　8：00—12：00		
收货人	晨光文具（程建华）	收货地址	广州市教育东路12号		
联系方式	15917355060	收货时间	2021.7.4　15：00—17：00		
货品条码	货品名称	单位	包装规格/毫米	总体积/立方米	总重量/千克	数量	备注
6925303721399	便签本	箱	285×380×270	1.46	36	50	

思考题：

1. 审核收到的运输通知单，判断是否符合托运要求。
2. 利用物流数字化运作系统完成运输通知单的业务受理操作。

引例分析： 完成此次任务需要了解业务受理的流程、业务受理的途径、运输通知单审核要点、禁运品认知等。

视频　运输业务受理系统

一、运输业务受理

以"引例"为例，在络捷斯特物流业务数字化管理系统中进行任务实施。物流业务数字化管理系统如图7-18所示。

图7-18　物流业务数字化管理系统

项目七 智慧物流运输作业系统

（一）运输通知单审核

核对运输通知单的货品均无异常，可以正常接收。

（二）订单录入

以需要进行干线运输的运输通知单为例，进行运输订单信息录入操作。在运输管理任务下"任务训练系统操作"中，单击【数据初始化】按钮进入系统主页面，单击【业务受理】按钮，录入运输业务信息。选择【运输订单】选项，进入订单管理界面，单击【新增】按钮，进入订单录入页面。根据运输通知单中的具体作业要求录入运输信息（注：若目的站与始发站一致，则在选择目的站时，选择与当前使用账号所对应的站点名称），确认无误后，单击【保存订单】按钮。运输订单录入界面如图7-19所示。

图7-19 运输订单录入界面

录入运输订单相关信息。包括：①填写客户指令号"YSTZD001"以及相关信息；②选择目的站为"广州"，并填写完整相关信息；③选择取货时间为"2021-07-01 08：00：00"选择到货时间为"2021-07-04"，单击【确定】按钮，并单击【取货】和【送货】按钮；④选择客户单位为"上海晨光文具股份有限公司"，并单击【提取客户信息为取货信息】按钮；⑤选择收货人姓名、单位为"程建华、晨光文具（教育路店）"；⑥单击【添加商品】按钮，选择商品信息，为"便签本、总体积为1.46立方米、总重量为36千克、数量为50"；⑦单击【保存订单】按钮，完成订单录入操作。

（三）发送审核

进入运输订单信息核对的界面，核查订单信息，确认无误后，单击【确认审核】按钮，按照同样的步骤完成其他订单的审核。

二、运输调度作业实施

利用络捷斯特数字化物流系统完成调度操作，具体步骤如下：

步骤一：汇总运输订单。

利用系统汇总所有的订单。调度员利用数据透视表，汇总发货到不同目的地的货物总重量和总体积。

步骤二：车辆及驾驶员调度安排。

调度员明确可调度的干线运输车辆情况，进行不同线路的车辆及驾驶员安排。要根据载重选择车型。例如，9.6 米厢式车载重为 25 吨，其装载率为 80% 时可载重 20 吨货物，假若上海到重庆的货物为 19.336 吨，接近 20 吨，所以，可以选择 9.6 米车型。

三、干线调度实施

进入系统，单击【数据初始化】按钮，进入运输管理界面，单击【干线调度】按钮，进入调度操作界面，如图 7-20 所示。

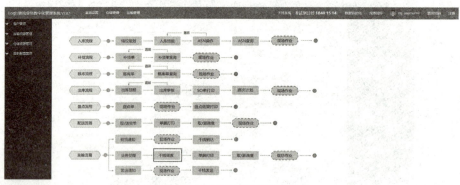

图 7-20　干线调度系统主界面

干线调度系统操作以上海—重庆的货物干线调度为例：①选择运输路由为“上海—重庆”，单击【确定】按钮；②选择预计发车时间为“2021-07-01　18：00：00”，单击【确定】按钮；③选择车辆为“沪 A30738”，驾驶员为“张春亮”，单击【确定】按钮；④操作界面中出现未分配订单列表，选中全部订单，单击向右的箭头，完成分配订单列表（见图 7-21），单击【完成调度】按钮。

已分配运单列表：体积装载率：51.30% 重量装载率：76944.00%

☐	订单号	取货地址	目的站	要求取货时间	要求到货时间
☐	OR-0000002501107	上海市奉贤区金钱公路3469号	重庆市		2021-07-04 17:00:00
☐	OR-0000002401107	上海市奉贤区金钱公路3469号	重庆市		2021-07-04 17:00:00
☐	OR-0000002301107	箪嘉浜路159友谊时代大厦8层A、C	重庆市		2021-07-04 17:00:00
☐	OR-0000002201107	上海市奉贤区金钱公路3469号	重庆市		2021-07-04 17:00:00

图 7-21　分配订单列表

返回运输管理操作主界面，单击【单据打印】按钮，选中具体运单号，单击【单据打印】按钮，系统界面出现上海—重庆干线运输中的其中一个运单信息，如图 7-22 所示。按照同样的操作，完成上海—重庆干线调度的所有运单的打印，此时，上海—重庆路线的干线调度操作完成。

项目七 智慧物流运输作业系统

图 7-22　打印运单信息界面

四、装车发运作业实施

调度员接到场站的发运通知后，确认信息并打印公路运输交接单，交予场站操作员用于装车发运。场站操作员接到发运通知后，根据发运通知单的指示，将待发运的所有区域的货物运至发车区，利用手持终端核对代发运货物的信息，信息确认无误后，进行装车作业。场站操作员在进行装车作业时，要遵循装车作业规范：大不压小、重不压轻、先卸后装、集中堆码。待货物装车完毕，关闭厢门，拿出铅封锁进行厢门铅封，并将铅封信息填写到公路运输交接单的指定位置，将公路运输交接单中一联交由干线班车司机，随车发运。

装车发运作业实施过程具体包括查看干线发运通知、进行干线发运操作、发运扫描、干线装车、车辆施封。

步骤一：查看干线发运通知。

调度员接到发运信息，可确认信息并下达装车发运指令。在"运输管理"—"任务训练系统操作"中完成数据初始化后，在系统主页面选择【发运通知】选项，进入业务处理页面，选择一条集货单单击【装车】按钮，生成货物运输交接单。装车界面如图 7-23 所示。

图 7-23　装车界面

步骤二：干线发运。

返回上一界面，选中一条集货单单击【发运】按钮，返回主页面，单击【干线运输】按钮，运力显示在发运列表中。按照同样的操作，完成所有发运单据的发运操作。干线发运如图 7-24 所示。

图 7-24　干线发运

步骤三：发运扫描。

场站操作员接到调度发送过来的运输交接单，根据交接的发运信息，确定运单号及需要发运的班线车辆，将该车辆上所需装载的所有货物从笼车内提取出来，搬运至发货月台。场站操作员使用运输 RF 手持进行"干线出站"操作。进入系统，单击【手持系统】按钮进入作业选择页面，单击【运输作业】按钮→【干线出站】按钮，界面如图 7-25 所示。选择待发运的班线信息，单击【扫描】按钮，进入干线扫描操作界面，在"检测件数"下会显示具体的数量信息。

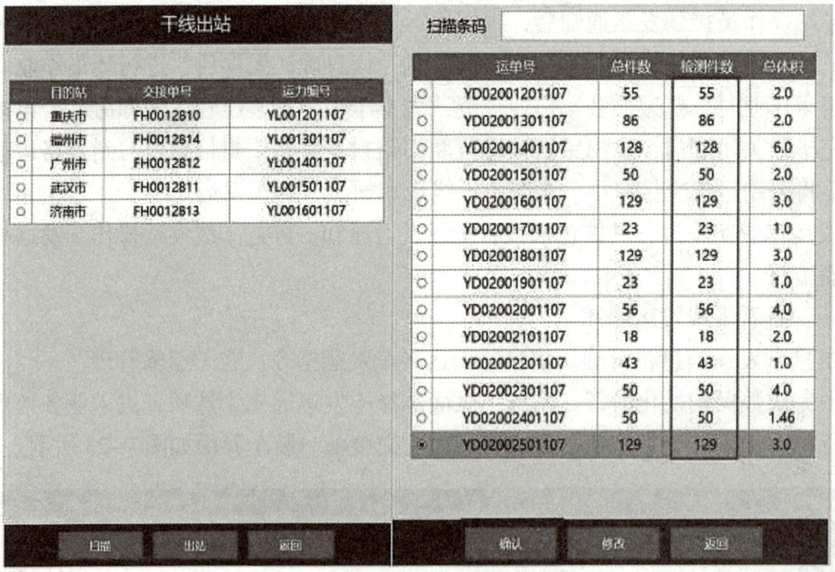

图 7-25　干线出站、扫描

步骤四：干线装车。

扫描确认完毕的货物将进行装车操作，在进行装车时要遵循具体的装车作业要求，需要注意以下事项：大不压小，重不压轻，先卸后装；按包装标志不可倒置；不超过堆叠层高限制；

按流向、客户集中堆码；堆码整齐不可倾斜；轻重货物配比，最优装箱策略。

步骤五：车辆施封。

待货物装车完毕后，场站操作员需要在干线司机的监督下关闭厢门；关闭厢门后，取出铅封锁，置于车厢门上，并在交接单上填写上具体的铅封情况。填写好铅封信息后，场站操作员将交接单中的粉色联交给干线司机，随车发运。货物运输交接单如图7-26所示。

货物运输交接单　　NO:GC0501107

始发站	上海	车牌号	沪A32094	核载/吨	30	发车时间	17:30		
目的站	重庆市	司机	贺礼	车容/立方米	0	预达时间	11:20		
序号	运单号	客户名称				件数/件	体积/立方米	重量/千克	备注
0	YD02001201107	贝发集团股份有限公司				55	2.0	1500.0	
1	YD02001301107	贝发集团股份有限公司				86	2.0	1200.0	
2	YD02001401107	贝发集团股份有限公司				128	6.0	3000.0	
3	YD02001501107	上海晨光文具股份有限公司				50	2.0	1500.0	
4	YD02001601107	得力集团有限公司				129	3.0	1800.0	
5	YD02001701107	得力集团有限公司				23	1.0	500.0	
6	YD02001801107	上海晨光文具股份有限公司				129	3.0	1800.0	
7	YD02001901107	得力集团有限公司				23	1.0	500.0	
8	YD02002001107	上海晨光文具股份有限公司				56	4.0	2000.0	
9	YD02002101107	得力集团有限公司				18	2.0	1000.0	
10	YD02002201107	上海晨光文具股份有限公司				43	1.0	600.0	
11	YD02002301107	贝发集团股份有限公司				50	4.0	2000.0	
12	YD02002401107	上海晨光文具股份有限公司				50	1.46	36.0	
13	YD02002501107	上海晨光文具股份有限公司				129	3.0	1800.0	
合计						969.0	35.46	19236.0	
发站记事	施封：封锁		随车设备			发货方		司机	
	施封：封时间		到达时间	年 月 日 时					
到站记事	收货及货损描述								
			制单人：			制单时间：			
第一联（白联）：发运场站留存　　第二联（红联）：司机留存　　第三联（黄联）：目的场站留存									

图7-26　货物运输交接单

五、到货卸货作业数字化运作

步骤一：查看到货通知。

在系统主页面，选择【到货通知】选项，进行到货处理。到货通知主界面如图7-27所示。

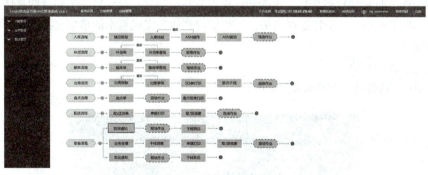

图7-27　到货通知主界面

进入处理界面后，"待到达运力列表"中有一条到货信息，单击【查看】按钮，检查到货情况，查看完成后，单击【关闭】按钮，结束当前操作。到货明细查看如图7-28所示。

确认信息无误后，单击【到货】按钮进行到货确认，系统会将到货信息发送到场站操作员的手持终端，便于其后续作业。同时，为了更高效地作业，可与场站操作员进行沟通，告知到货情况，让场站操作员做好准备工作。确认到货如图7-29所示。

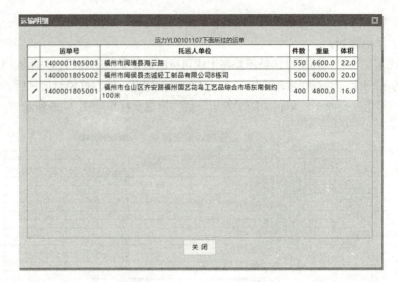

图 7-28 到货明细查看

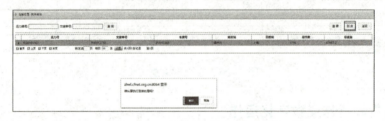

图 7-29 确认到货

步骤二：到货准备。

场站操作员收到到货信息后，根据到达货物的具体情况，确认每一笔到货的具体目的地，将暂存笼车提取出来，运至输送线两旁，等待货物到达，完成基本的单据交接后，即可进行进站扫描操作。

步骤三：进站扫描。

运输 RF 手持操作主界面如图 7-30 所示。

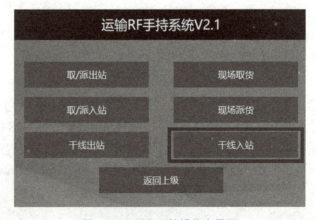

图 7-30 到货手持操作主界面

单击【干线入站】按钮，进入如图7-31（a）所示页面，选择一条待入站记录，单击【扫描】按钮，进入运单货品扫描页面，如图7-31（b）所示，将运单号输入至扫描条码处，按下回车键，就会显示出检测件数（注：输入完成后需按回车键，在实际操作中，本模块需实际扫描），完成条码扫描后，在检测件数处会显示相应的数量，如图7-31（c）所示，并单击【确认】按钮。

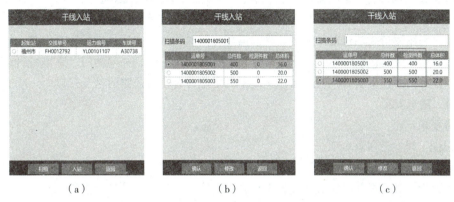

图7-31　到货手持条码扫描

扫描完成后，如果发现实际数量与运单数量不符，可以选中该条信息，单击【修改】按钮，按照实际到站数量进行修改。修改完成后，单击【保存】按钮，保存信息。场站操作员利用手持终端对到达货品逐个进行检测扫描，确定数量。重复操作直到所有到站货品扫描完毕，单击【确认】按钮，将信息反馈到运输管理信息系统中。当所有运单中的到站货品都扫描完成之后，返回上一页面，单击【入站】按钮，完成干线到达操作，如图7-32所示。

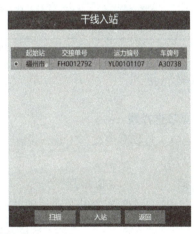

图7-32　干线入站

步骤四：入站分拣。

场站操作员将扫描完毕的货物搬运至输送线，由场站分拣人员进行货物的入站分拣作业。场站分拣人员，站在分拣线旁的笼车前，根据货物粘贴的货物标签信息进行分拣作业。

场站分拣人员重点查看标签上方的目的站信息，确认待分拣货物的配送方向。如"货物标签图示"中货物为派送到上海的货物，需要将货物从输送线上搬下，分拣至标有"上海"的笼车内暂存。待输送线上所有货物分拣完毕后，关闭输送线，将笼车推回暂存区即可。至此，干线到达的全部作业操作完毕。

实践任务七　数字化运输作业系统业务处理

（综合性实验2学时）

调度员接到场站的发运通知后，确认信息并打印公路运输交接单，交予场站操作员用于装车发运。场站操作员接到发运通知后，根据发运通知单的指示，将待发运的所有区域的货物运至发车区，利用手持终端核对待发运货物的信息，信息确认无误后，进行装车作业。场站操作员在进行装车作业时，要遵循装车作业规范。待货物装车完毕，关闭厢门，拿出铅封锁进行厢门铅封，并将铅封信息填写到公路运输交接单的指定位置，将公路运输交接单中一联交由干线班车司机，随车发运。

任务要求：
1. 说说干线发运注意事项。
2. 模拟调度员及场站操作员进行干线发运任务系统操作。

考核评价：教师对任务完成情况做出综合评价。考核评价标准参考表7-4。

表7-4　考核评价标准

专　业		班　级		学　号		姓　名	
考核内容	数字化运输作业系统业务处理						
考核标准	评　价　内　容					分值/分	评分/分
	掌握相关理论知识、方法和技能					25	
	根据系统任务生成货物运输交接单					25	
	能够对货物进行发运、手持系统正确扫描出站					30	
	掌握装车注意事项					20	

思考与练习

一、单项选择题

1. (　　) 是指利用载运工具、设施设备及人力等运力资源，使货物在较大空间上产生位置移动的活动。
   A. 仓储　　　　B. 配送　　　　C. 运输　　　　D. 运输管理

2. (　　) 是指在较完善的交通基础设施上，将先进的科学技术有效地综合运用于交通运输、服务控制和车辆制造，加强车辆、道路、使用者三者之间的联系，从而形成的一种保障安全、提高效率、改善环境、节约能源的综合运输系统。
   A. 智能运输系统　　　　B. 数字化运输系统
   C. 运输管理系统　　　　D. 智慧运输系统

3. 车联网的体系结构包括端系统、管系统和 (　　)。
   A. 数据系统　　　　B. 云系统
   C. 感知系统　　　　D. 存储系统

文档　项目七
习题参考答案

4. 运输调度是指物流运输企业的调度中心在接到业务部门的运输单后，工作步骤是(　　)。
①调派人员和车辆；②确定货物运输线路、运输工具和运输方案，并为具体的车辆配载合

适的货物；③根据客户提出运输计划。

A. ③①②　　　B. ①②③　　　C. ③②①　　　D. ①③②

5. 智能运输系统的简称是（　　）。

A. CRM　　　B. ERP　　　C. SCM　　　D. ITS

二、多项选择题

1. 运输管理的主要业务包括（　　）、货物到达、单证处理、财务结算及绩效考核等环节。

A. 托运受理　　B. 调度配载　　C. 装车发运　　D. 在途监控

2. 运输订单审核的内容包括（　　）。

A. 客户性质　　　　　　　B. 货物属性
C. 货物数量或体积　　　　D. 货物始发地以及目的地

3. 车辆在途管理的内容主要包括（　　）。

A. 行驶要求　　　　　　　B. 行驶路线
C. 途中追踪查询　　　　　D. 行驶目的地

4. 装车前检查具体包括（　　）。

A. 货运单检查　　　　　　B. 货物检查
C. 运输线路确定　　　　　D. 车辆检查

5. 运输车辆调度考虑的因素包括（　　）、车况以及综合因素等。

A. 车辆质量　　　　　　　B. 车辆吨位
C. 车辆货箱形式　　　　　D. 车辆容积

三、判断题（正确用"T"表示，错误用"F"表示）

1. 运输方式的选择要根据物流系统的总体要求、结合不同方式的成本与服务特点，选择适合的运输方式。（　　）

2. 运输成本最低的运输方式一定是最佳的运输方式。（　　）

3. 智慧物流运输和智能交通均是传感、信息和通信等多种先进技术在道路交通方面进行运用的产物，两者在关键技术、建设内容和应用目标等方面包含较多共同部分。（　　）

4. 智慧物流运输系统包括感知层、网络传输层、存储层和应用层。（　　）

5. 驾驶自动化是指完全自动驾驶，系统在任何可行驶条件下持续地执行全部动态驾驶任务并自动执行最小风险策略。（　　）

6. 对于目的地不符、时间不符以及不可受理货品不予受理，比如易燃易爆危险品、有毒货品以及违禁品等。（　　）

四、简答题

1. 什么是智慧物流运输？
2. 智能运输系统和车联网、无人驾驶有何联系？
3. 物流运输的主要业务有哪些？
4. 危险品在途突发事件应如何处理？

项目八

智慧物流配送作业系统

🔄 学习目标

【素质目标】
- ◆ 具有物流服务意识，坚持用户需求至上原则；
- ◆ 培养严谨、规范的工匠精神和爱岗敬业精神，具有家国情怀和奉献精神；
- ◆ 具有绿色物流意识、科技创新精神及社会责任感。

【知识目标】
- ◆ 理解智慧物流配送的概念和背景；
- ◆ 掌握几种典型的智慧物流配送的模式和应用场景；
- ◆ 了解智慧物流配送系统的组成；
- ◆ 掌握配送计划编制的依据和步骤；
- ◆ 理解配送路径优化方法；
- ◆ 掌握数字配送作业系统作业处理流程。

【技能目标】
- ◆ 能够理解配送和运输、配送和物流的区别；
- ◆ 知晓几种典型的智慧物流配送的模式和应用场景；
- ◆ 能够进行配送计划的编制和配送路径的优化；
- ◆ 能够利用数字化配送系统完成配送业务的处理。

🔄 案例导入

无人车配送

2022年3月，京东物流紧急调运的无人车抵达上海浦东新区，为区域内封控小区提供物资运送服务。在进入浦东新区后，京东物流无人智能快递车就以最快速度投入抗疫物资运送工作中，实现无接触配送（见图8-1）。

科技的进步给疫情防控带来了更多可能性。作为传统人工配送运力的补充，无人配送车能够提升配送效率，降低人员感染风险，在此次抗疫过程中发挥了关键作用。

（资料来源：搜狐网）

图 8-1　无人车配送驰援"抗疫"一线

思考题：
1. 什么是智慧物流配送？
2. 无人车配送和无人机配送有何区别？
3. 无人车配送有何优势？

案例启示： 在整个物流体系中，配送是直接面向用户的末端关键环节，末端配送成本所占比重最大，且存在效率低、成本高、劳动力不足以及监管难等问题。无人配送的出现，可以帮助物流企业降本增效，同时也会释放更多的经济价值和社会价值，推动智慧物流的发展。

在物联网、云平台、大数据等新信息技术的推广应用背景下，智慧物流配送体系的构建已引起政府、行业、企业等的高度重视，如何在多样化、个性化的物流需求中提高用户的满意度，对智慧物流配送模式的创新发展提出了更高更迫切的要求。通过此案例，引导学生进一步树立物流强国使命感。

任务一　智慧物流配送概述

一、智慧物流配送的概念

（一）配送概述

1. 配送的概念

配送是物流活动中一种非单一的业务形式，它与商流、物流、资金流紧密结合。从物流来讲，配送几乎包括了所有的物流功能要素，是物流的一个缩影或在某小范围中物流全部活动的体现。一般的配送集装卸、包装、保管和运输于一身，通过这一系列活动完成。

我国国家标准《物流术语》（GB/T 18354—2021）中，将配送定义为：根据客户要求，对物品进行分类、拣选、集货、包装、组配等作业，并按时送达指定地点的物流活动。

2. 配送的特点和作用

配送提供的是物流服务，满足顾客对物流服务的需求是其前提。配送是"配"与"送"的有机结合，是在经济合理区域范围内的送货。配送不仅能够促进物流资源的合理配置，还能够有效促进流通的组织化和系列化。

小思考： 配送与运输有何区别？配送与物流有何区别？

（二）智慧物流配送的概念和特点

智慧物流配送是指一种以互联网、物联网、云计算、大数据等先进信息技术为支撑，能够在物流配送各个作业环节实现系统感知、自动运行、全面分析、及时处理和自我调整等功能的，具备自动化、智能化、可视化、网络化、柔性化等特征的现代化配送系统。智慧物流配送具有敏捷性、协同性、开放性、安全性、经济性及生态性特点。

二、智慧物流配送模式与场景

智慧物流配送模式主要包括即时配送、无人车配送、无人机配送以及智能快递柜等。

（一）即时配送

1. 即时配送概述

《物流术语》（GB/T 18354—2021）中定义即时配送为：立即响应用户提出的即刻服务要求并且短时间内送达的配送方式。

即时配送无须中转仓储，直接门到门地提供即时性送达服务，它砍掉了所有的中间环节，点对点，即取即送，收派一体。即时配送服务需求具有即时性与非计划性，对时效要求高，通常在 2 小时，甚至 30 分钟内。即时配送有一定的服务半径，通常为 3 千米。

即时配送起源于餐饮外卖。2018 年以来各大巨头纷纷加入即时配送市场。2020 年，即时配送行业用户规模已达 5.06 亿人。随着近场电商的快速发展，即时配送在一定时期内将继续保持快速增长势头。随着订单量的不断增加以及技术的发展，依靠大数据、AI 等技术的智能配送体系将越来越成熟，即时配送将从劳动密集型向技术密集型发展。

即时配送产业链图谱如图 8-2 所示，包括需求侧、供给侧以及生态圈。需求侧包括外卖平台、B2C 零售、电商仓储与快递、C 端用户等；供给侧包括商业平台运力、专业即时配送运力、快递物流等；即时配送生态圈包括配送装备与基础技术等。

图 8-2 即时配送产业链图谱

2. "前置仓/店＋即时配送"的末端服务网络布局

当前社区零售模式因主要销售品类、服务方式等不同而不同，有以到店消费为主的生鲜门店，到店和到家相结合的便利店，小型商超，以即时配送到家为主的前置仓，以及依托于社交网络发展的社区团购等模式，不同类型的模式有各自不同的发展特点。

前置仓模式伴随近场电商的发展而兴起，通过在距离用户最近的地方布置小型仓储空间，快速响应用户需求，提升用户体验，是当下1小时、30分钟到家服务的核心支撑。每日优鲜、叮咚买菜、美团买菜等是前置仓模式的典型代表。近场电商兴起，推动即时配送行业发展，逐步解构广域电商，推动"前置仓/店＋即时配送"末端服务网络布局形成（见图8-3）。

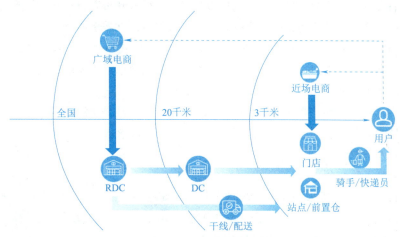

图8-3 "前置仓/店＋即时配送"末端服务网络布局

3. 即时配送需求场景及代表平台

（1）餐饮外卖：主要从餐饮外卖商户配送到消费者手中。代表性平台有美团外卖、饿了么等。

（2）生鲜宅配：从前置仓、前店后仓、店仓一体等多种类型的商业形态仓库配送到消费者手中。代表性平台有每日优鲜、叮咚买菜、盒马鲜生、永辉生活、美团买菜等。

（3）商超零售：传统零售门店进行线上销售并配送到家。代表性平台有京东到家、多点、美团闪购、盒马鲜生、永辉超市等。

（4）医药配送：医药门店、前置仓到消费者手中的配送。代表性平台有阿里健康、叮当快药、快方送药等。

（5）跑腿服务：包括文件、个人用品、电子产品、食品、鲜花等各种类型的跑腿服务。代表性平台有闪送、顺丰同城急送、UU跑腿、美团跑腿、蜂鸟跑腿等。

行业动态

"新国标"正式实施，进一步规范电动自行车产业

2019年4月15日，《电动自行车安全技术规范》（GB 17761—2018）强制性国家标准正式实施，对于规范电动自行车生产、销售和使用具有重要意义，对于我国巨大的电动自行车市场具有重大影响。

《电动自行车安全技术规范》规定了电动自行车的整车安全、机械安全、电气安全、防火性能、阻燃性能、无线电骚扰特性和使用说明书的主要技术要求及相应的试验方法。该标准适用于电动自行车。

4. 即时配送的运营模式

从运营模式上来看，即时配送行业的企业整体可以分为B2C和C2C两大类。其中B2C中

又包含专送模式和众包模式两种,而 C2C 只有众包模式。

众包模式是除快递企业外,几乎各即时配送平台都会采用的一种运力构建模式。与自建配送运力相比,众包模式有非常多的优点,可以极大地吸纳社会闲散运力,建立灵活、全面、庞大的运力储备池,同时在一定程度上可增加获取订单的能力。众包模式的配送员自由度相对较高,由平台直接管理。运力调配方式有抢单模式、派单模式和推荐订单模式。智能调度流程:①接单、分单;②时间预估和路径优化;③订单需求预测,供需平衡调节。

专送模式是存在于 B2C 中的一种配送方式,与众包模式相比其要求更高;同时,运力的组建方式也不同。专送运力一般是由平台的运力加盟商构建的运力团队,与众包运力相比会享有更多标准的接单权利。

无论是专送还是众包,都是由智能调度系统自动分单和规划路线。专送是为了保障运力梳理和服务质量的一种构建方式,与众包模式一起构成运力需求。

(二)无人车配送

1. 无人车配送的概念

无人车配送模式是指采用无人车配送(见图 8-4)来进行配送的模式。无人车配送又称为配送机器人,是指基于移动平台技术、全球定位系统、智能感知技术、智能语音技术、网络通信技术和智能算法等技术支撑,具备感知、定位、移动、交互能力,能够根据用户需求,收取、运送和投递物品,完成配送活动的机器人。

2. 无人车配送场景分析

无人车配送应用场景包括:快递物流配送、生鲜配送、外卖送餐、医院物流等。

图 8-4 无人车配送

无人车配送具有如下场景特征:一方面,配送机器人是智慧物流体系生态链中的终端,面对的配送场景非常复杂,需要应对各类订单配送的现场环境、路面、行人、其他交通工具以及用户的各类场景,进行及时有效的决策并迅速执行,这需要配送机器人具备高度的智能化和自主学习能力。另一方面,无人配送场景具有"小、轻、慢、物"的特点,因此对无人驾驶技术的可靠性要求相对较低,无人配送可以更早地落地应用,帮助研发人员进行无人驾驶技术的测试和迭代。

3. 无人车配送关键技术

(1)智能导航系统。

高精度地图数据主要由激光点云数据的采集以及其他高精度感应装置获取的数据加工而来。高精度导航行动指引针对无人配送车的导航,主要原理是通过服务端向无人车下发导航关键地点的信息,并通过高精度传感器来判断车辆当前位置是否偏离预定航向,来对无人车的行动进行实时引导。

(2)智能路径规划。

以配送任务为核心的智能路径规划技术主要包括地址解析、到达点分析和多点配送三部分。地址解析提供地理编码服务,能够将地址转化为经纬度信息。订单地址需要转化为配送的地址。到达点分析能够对目标地址进行进一步解析,通常精细到可停靠或可进入的精准位置信息。多点配送可以针对某个区域进行沿途多点配送。

（3）大数据技术。

借助无人车车身的各种传感器，无人车能够对于实际道路情况有实时的感知。随着无人车运营数量的规模化，数据感知的范围能够覆盖更多的区域和场景，从而实现数据的实时感知更新。

（4）无人配送技术的安全措施。

大规模人机协同配送的智能调度系统，可对所有车辆的行动进行统一调配，完美地指派配送员、无人车经过的路径和时间，从而高效地完成订单的交接。监控系统能够对所有运行中的车辆进行状态查询，对于在行进中遇到的情况，能够实时感知到紧急情况并上报，提示监控人员对紧急情况进行处理。

行业动态

交通运输部联合有关部门开展了无车承运人试点工作，共筛选确定了283个无车承运试点企业。2020年1月，无车承运人试点结束，《网络平台道路货物运输经营管理暂行办法》正式实施。截至2021年年底，全国共有1 968家网络货运企业，整合社会运力360万辆，完成运单量近7 000万单，车货匹配逐步向承运经营转变，平台经济新模式新业态激发新动力。

（三）无人机配送模式

1. 无人机配送的概念

无人机配送即无人机快递（UAV Express），又称物流无人机，《物流无人机操作与运维职业技能等级标准》（标准代码：530018）中定义为：通过利用无线电遥控设备和自备的程序控制装置操纵的无人驾驶的低空飞行器运载包裹，自动送达目的地，如图8-5所示。

无人机配送适合场景：①偏远地区（如山区、农村、沙漠、海岛等）的配送；②应急物资配送；③即时配送，例如，周边5千米生鲜配送等。使用无人机配送可以提高配送效率，减少人力成本，但在恶劣天气下无人机会送货无力，在飞行过程中，也无法避免人为破坏。

图8-5　无人机配送

2. 无人机配送系统的组成

无人机配送系统包括无人机、快递柜、快递集散分点、快递集散基地、区域调度中心等，如图8-6所示。

（1）无人机。

无人机（Unmanned Aircraft，UA）是指由控制站管理（包括远程操纵或自主飞行）的航空器。其采用八旋翼飞行器，配有GPS自控导航系统、iGPS接收器、各种传感器以及无线信号发收装置。无人机具有GPS自控导航、定点悬浮、人工控制等多种飞行模式，集成了三轴加速度计、三轴陀螺仪、磁力计、气压高度计等多种高精度传感器和先进的控制算法。

视频　无人机配送

图 8-6　无人机配送系统

无人机配有黑匣子,以记录状态信息。无人机通过 4G/5G 网络和无线电通信遥感技术与调度中心和自助快递柜等进行数据传输,实时地向调度中心发送自己的地理坐标和状态信息。无人机按照调度中心发来的指令,采用 GPS 自控导航模式飞行,在进入目标区域后向目的快递柜发出着陆请求、本机任务报告和本机运行状态报告,在收到着陆请求应答之后,由快递柜指引无人机在快递柜顶端停机平台着陆、装卸快递以及进行快速充电。

(2)快递柜。

快递柜配备有一台计算机、无人机排队决策系统、快递管理系统、iGPS 定位系统、无人机着陆引导系统、一个装卸快递停机台、八个临时停机台、一套机械传送系统、四部自助快递终端和多个快递箱等。

无人机向快递柜发送着陆请求以及本机任务报告和本机运行状态报告后,快递柜将无人机编号、该机任务以及任务优先权等信息输入系统,由排队决策系统分配停机平台,再由无人机着陆引导系统引导无人机降落,或者向无人机发出悬停等待指令。无人机收到快递柜着陆指令后,将持续地将本机上 iGPS 接收器收到的红外激光定位信号和本机编号回传给快递柜,快递柜将精确掌握无人机坐标信息,并引导无人机精准着陆。

(3)快递集散分点。

快递集散分点负责不同区域间快递的集散功能。无人机接收调度中心指令,将异地快递运往分点。根据需求,可以按区域设立卸货通道。分点发出指令引导无人机降落卸货,卸下的快递将传送、聚集、封装,然后运往机场。同时调度中心将快递信息发往各目的区域的调度中心。

(4)快递集散基地。

异地快递在抵达本区域后先运往集散基地,基地根据快递盒的记忆模块中的快件信息将快递按片区分类,并运往该片区的分点,同时基地将所有到达的快递信息入库,并将信息发送到调度中心。

（5）区域调度中心。

区域调度中心统一管理本区域所有快递的接收与投放，同时对无人机进行调度。调度中心同时监测无人机运行状态和自助快递柜运行状态，对其出现的异常或拥塞及时地发送相应调整指令。

3. 无人机配送的优势

利用无人机替代人工投送快递，实现快递投送的自动化、无人化和信息化，提升快递的投递效率和服务质量，以便缓解快递需求与快递服务能力之间的矛盾，有效应对订单量的巨额增长，消除快递"爆仓"的危险，提升配送行业的服务质量，降低配送的延误率、损毁率、丢失率，以及包裹投诉率，同时还能降低运营成本、仓库成本、人力成本等，提升行业竞争力，使快递的投送更加安全、可靠、快捷。

小思考：无人机配送模式可能存在哪些缺点或风险问题？

（四）智能快递柜

智能快递柜（见图8-7）是云计算技术在物联网领域的进一步落地，以末端智慧物流为细分领域开拓创新并整体融入智慧城市、智慧社区、智慧家居等一系列智能信息化的战略布局。

智能快递柜是物流末端与智能设备相结合，取件方式是短信和取件码，大幅度提升了物流末端的配送效率。智能快递柜的主要功能包括寄件、取件、暂存、广告、监控、语音提示等。

智能快递柜是适用于投放小区、办公大厦、校园等便于快件存取寄的智能箱柜。智能快递柜的出现能很好地解决快递行业物流配送环节的难题，同时，能够灵活地安排取件时间，为现代生活带来更多便利，助力智慧城市智能化升级。

图 8-7　智能快递柜

行业动态

2012年，中邮速递易率先在国内开启智能快递柜业务。2018年前三季度，主要企业设立智能快件箱25万组，箱递率达到8.4%。另有报告指出，到2020年，中国快递柜市场规模将近300亿元。2019年，主要城市智能快件箱已达40.6万组，城市快递末端公共服务站达到8.2万个。

三、智慧物流配送系统的组成

智慧物流配送系统包括智慧物流配送信息平台、智慧物流配送节点、智慧物流配送设备。

（一）智慧物流配送信息平台

智慧物流配送信息平台是智慧物流配送系统的核心，平台结合了仓储管理系统（WMS）、运输管理系统（TMS）、地理信息系统（GIS）和全球卫星定位（GPS）四大系统，实行动态线路配送模式，具备高效整合区域优化、线路优化、车辆管理、车辆跟踪、绩效管理等一系列功能，大幅提高配送效率，降低配送成本，实现全方位物流配送信息的互联互通、信息共享。

平台实现底层数据集成（包括基础地理库、导航路网库、地名地址数据、车辆/货物数据、业务数据等），GIS 基础服务组件、系统基础服务组件与业务服务集成，实现业务区划管理、物流分单服务、物流测距服务、路线规划管理、智能匹配服务、车辆监控管理及智能数据分析等应用。

（二）智慧物流配送节点

1. 物流节点的概念

物流节点是指物流网络中连接物流线路的结节之处。

广义的物流节点是指所有进行物资中转、集散和储运的节点，包括港口、空港、火车货运站、公路枢纽、大型公共仓储及物流（配送）中心、物流园区等。

狭义的物流节点仅指现代物流意义的物流（配送）中心、物流园区和配送网点。

根据物流节点主要业务功能划分为存储型物流节点、流通型物流节点、综合型物流节点等。存储型物流节点是以存放货物为主要职能的节点，货物在这种节点上停滞时间较长。在物流系统中，储备仓库、营业仓库、中转仓库、货栈等都是属于此种类型的节点。流通型物流节点是以组织物资在系统中运动为主要职能的节点，在社会系统中则是组织物资流通为主要职能的节点。现代物流中常提到的流通仓库、流通中心、配送中心就属于这类节点。综合型物流节点是物流系统中的集中节点，是将若干功能有机结合于一体，有完善设施、有效衔接和协调工艺的集约型节点。

2. 智慧物流节点的分类

在智慧物流配送体系中，最重要的配送节点是智慧配送园区、智慧配送中心和智慧末端配送站点。

智慧配送园区提供货物集聚和仓储、快递分拣、电商平台营建、配送功能孵化、配送技术研发等功能，是城市智慧配送体系的重要节点。园区是集中建设的物流配送设施群与众多物流配送从业者在地域上的物理集结地，具有智慧配送物流设施集约化、智慧配送物流设施空间布局合理化、智慧配送物流运作共同化的特点。

智慧配送中心是基于"互联网+"理念，建立在先进的物流技术和信息技术基础之上的，从事配送业务的物流场所或组织，是城市智慧配送体系的重要节点。它同时满足一般配送中心的基本要件：主要为特定的客户服务；中心配送功能健全；拥有完善的信息网络；以配送为主，储存为辅；多品种、小批量；辐射范围小。

智慧末端配送站点是智慧配送体系中最接近最终用户的末端配送服务场所。它是配送企业独立设置的，与社区服务机构、具有一定规模的住宅小区、连锁商业网点、大型写字楼、企业营销机构、机关事业单位和大学校园等单位开展广泛合作设立的物流末端配送服务节点，有时还体现为自助电子快递箱、智能快递站等形式。三种配送节点的区别如表 8-1 所示。

表 8-1 三种配送节点的区别

配送节点	在选址条件上	在服务功能上
智慧配送园区	智慧配送园区的规划选址主要基于城市道路网的布局，有利于供应商、生产商和经销商等商家的集货运输	智慧配送园区侧重于发挥集货调配功能
智慧配送中心	智慧配送中心的选址规划则是基于城市道路管网、配送区域、用户分布的综合考量	智慧配送中心侧重于专业配送功能
智慧末端配送站点	智慧末端配送（存取）站点选址布局则侧重于用户集聚的密度	智慧配送站点侧重于对最终用户提供存取服务功能

（三）智慧物流配送设备

智慧物流配送设备是智慧物流配送体系的重要支撑，如无人机、无人车、智能快递柜等，此处不再赘述。

直通职场

冷链物流国家标准发布实施

《冷链物流分类与基本要求》（GB/T 28577—2021）与《食品冷链物流交接规范》（GB/T 40956—2021）这两项标准于 2021 年 11 月 26 日发布，并在 2022 年 6 月 1 日正式实施。

《冷链物流分类与基本要求》(GB/T 28577—2021)规定了冷链物流的分类，以及设施设备、信息系统、温度控制、物品保护、质量管理、人员要求、安全管理、环境保护等方面的基本要求，适用于冷链物流及相关领域的管理与运作。《食品冷链物流交接规范》（GB/T 40956—2021）则规定了食品冷链物流交接作业的总体要求和入库、出库、配送交接要求，适用于食品冷链物流过程中的交接管理。这两项标准进一步明确要求、细化责任，其研制与实施对规范冷链物流企业管理和运营，促进行业健康发展具有重要指导作用，为相关产业链企业提供了新的发力方向。

（资料来源：全国标准信息公共服务平台）

思考题：

1. 什么是冷链物流？
2. 冷链物流分为哪几类？不同类别交接有什么要求？
3. 进一步查阅资料，明确农产品安全标准、冷链行业标准，并说说冷链农产品配送要求。

任务二　配送路径优化

引　例

某配送中心的配送网络如图 8-8 所示，由配送中心 A 向 B、C、D、E、F、G 用户配送物品。图中连线上的数字表示里程（千米），括号内的数字表示对货物的需求量（吨），配送中心有 3 吨和 4 吨载重的汽车。

（资料来源：智慧物流作业方案设计与实施大赛）

思考题：

如何制定最优配送方案？

引例分析： 配送计划编制和配送路径的优化是配送管理的核心工作。配送计划的主要内容应包括配送的时间、车辆选择、货物装载以及配送路线、配送顺序等的具体选择。配送线路优化常用的方法是节约里程法，这也是智慧物流作业方案设计与实施大赛的赛程内容。

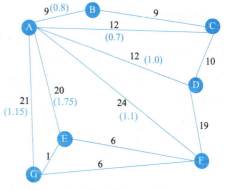

图 8-8　某配送中心配送网络

一、配送计划编制

(一)配送计划的定义

所谓配送计划,是指配送企业(配送中心)在一定时间内编制的生产计划,是配送中心生产经营的首要职能和中心环节。

配送计划的主要内容应包括配送的时间、车辆选择、货物装载以及配送路线、配送顺序等的具体选择。

(二)配送计划的种类

配送中心的配送计划一般包括配送主计划、日配送计划和特殊配送计划。

配送主计划是指针对未来一定时期内,对已知客户需求进行前期的配送规划,便于对车辆、人员、支出等做统筹安排,以满足客户的需要。例如,为迎接家电行业每年3—7月空调销售旺季的到来,配送中心可以提前根据各个客户前一年的销售情况及今年的预测情况,预测今年空调销售旺季的配送需求量,并据此制订空调销售旺季的配送主计划,提前安排车辆、人员等,以保证销售任务完成。

日配送计划是配送中心逐日进行实际配送作业的调度计划。例如,订单增减、取消、配送任务细分、时间安排、车辆调度等。制订每日配送计划的目的是使配送作业有章可循。与配送主计划相比,配送中心的日配送计划更具体、频繁。

特殊配送计划是指配送中心针对突发事件或者不在主计划规划范围内的配送业务,或者不影响正常性每日配送业务所做的计划。它是配送主计划和每日配送计划的必要补充,如空调在特定商场进行促销活动,可能会导致短期内配送需求量突然增加,这都需要制订特殊的配送计划,增强配送业务的柔性,提高服务水平。

(三)配送计划的内容

配送计划主要包括如下内容:

(1)按日期排定用户所需商品品种、规格、数量、送达时间、送达地点、送货车辆与人员等。

(2)优化车辆行走路线与运送车辆趟次,并将送货地址和车辆行走路线在地图上标明或在表格中列出。如何选择配送距离短、配送时间短、配送成本低的线路,需要根据用户的具体位置、沿途的交通情况等做出优先选择和判断。除此之外,还必须考虑有些客户或其所在地点环境对送货时间、车型等方面的特殊要求,如有些客户一般不在上午或晚上收货,有些道路在某高峰期实行特别的交通管制等。因此,确定配送批次顺序应与配送线路优化综合起来考虑。

(3)按用户需要的时间并结合运输距离确定起送提前期。

(4)按用户要求选择送达服务方式。配送计划确定之后,向各配送点下达配送任务。依据计划调度运输车辆、装卸机械及相关作业班组与人员,并指派专人将商品送达时间、品种、规格、数量通知客户,使客户按计划准备好接货工作。

(四)编制配送计划的主要依据

配送计划制订主要依据客户订单情况、客户分布与路线情况、配送货物的情况、运输装卸条件等。

(1)客户订单。一般客户订单对配送商品的品种、规格、数量、送货时间、送达地点、收货方式等都有要求。因此,客户订单是拟订运送计划的最基本的依据。

（2）客户分布、运输路线、距离。客户分布是指客户的地理位置分布。客户位置离配送据点的距离长短、配送据点到达客户收货地点的路径选择，直接影响输送成本。

（3）配送货物的体积、形状、重量、性能、运输要求。配送货物的体积、形状、重量、性能、运输要求是决定运输方式、车辆种类、载重、容积、装卸设备的制约因素。

（4）运输装卸条件。运输道路交通状况、运达地点及其作业地理环境、装卸货时间、天气等对输送作业的效率也起着较大的约束作用。

（五）配送计划的制订

在充分掌握以上依据所列的必需的信息资料后，由电子计算机编制，最后形成配送计划表，或由计算机直接向具体执行部门下达指令。

在不具备上述手段而由人工编制计划时，其主要步骤如下：

（1）按日汇总各用户需求资料，用地图表明，也可用表格列出。

（2）计算各用户送货所需时间，以确定起送提前期。

（3）确定每日各配送点的配送计划，可用图上或表上作业法完成，也可计算。

（4）按计划的要求选择配送手段。

（5）以表格形式拟订详细配送计划。

（六）配送计划实施步骤

配送计划的实施过程，通常分为五个步骤。

（1）下达配送计划。即通知用户和配送点，以便用户按计划准备接货，使配送点按计划组织送货。

（2）配送点配货。各配送点按配送计划落实货物和运力，对数量、种类不符合要求的货物，组织进货。

（3）下达配送任务。即配送点向运输部门、仓库、分货包装及财务部门下达配送任务，各部门组织落实任务。

（4）发送。理货部门按要求将各用户所需的各种货物，进行分货、配货、配装，并将送货交接单交驾驶员或随车送货人。

（5）配达。车辆按规定路线将货物送达用户，用户接收后在回执上签章。配送任务完成后，财务部门进行结算。

二、配送线路优化

配送线路优化常用的方法是节约里程法，下面以节约里程法为例谈谈车辆配送线路优化问题。

（一）节约里程法的定义

节约里程法（Saving Algorithm）也称 C-W 算法，是 Clarke 和 Wright 在 1964 年提出的，是解决车辆路径问题（Vehicle Routing Problem，VRP）的一种启发式算法。

（二）节约里程法的基本思想

节约里程法基本思想是依次将运输问题中的两个回路合并为一个回路，每次使合并后的总运输距离减小的幅度最大，直到达到一辆车的装载限制时，再进行下一辆车的优化。优化过程分为并行方式和串行方式两种。其基本思想是为使配送的时间最小、距离最短、成本最低，而寻找最佳配送路线。

基本规定：利用节约里程法确定配送路线的主要出发点是，根据配送中心

视频 节约里程法

的运输能力和配送中心到各个用户以及各个用户之间的距离来制定使总的车辆运输的吨公里数最小的配送方案。

另还需满足以下条件：①所有用户的要求；②不使任何一辆车超载；③每辆车每天的总运行时间或行驶里程不超过规定的上限；④用户到货时间要求。

假设 O 点为配送中心，它分别向地点 A 和 B 送货。设 O 点到地点 A 和地点 B 的距离分别为 a 和 b。地点 A 和地点 B 之间的距离为 c，现有两种运输方案，如图 8-9 和图 8-10 所示。

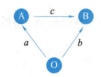

图 8-9　两个地点单独运输

图 8-10　两个地点合成一个回路进行运输

容易得到：在图 8-9 中运输距离为 $a+b+c$；图 8-10 中运输距离为 $2(a+b)$；合并后的总运输距离之差为：$2(a+b)-(a+b+c)=(2a+2b)-a-b-c=a+b-c$。即得到计算公式是两点到中心的距离和减去两点间距离。

（三）节约里程法的操作步骤

第一步，制作运输里程表（见表 8-2），列出配送中心 A 到各用户及各用户之间的最短距离。

表 8-2　运输里程表　　　　千米

	A	B	C	D	E	F	G
A	0	9	12	12	20	24	21
B		0	9	19	29	33	30
C			0	10	32	29	33
D				0	25	19	25
E					0	6	1
F						0	6
G							0

第二步，计算各配送点之间节约的里程数，节约里程数 = 通过配送中心的距离 - 最短距离，例如，B—C 的节约里程数 =AB+AC-BC=9+12-9=12（千米），B—D 的节约里程数 =BA+AD-BD=9+12-19=2（千米），各配送点之间节约的里程数如表 8-3 所示。

表 8-3　各配送点之间节约的里程数　　　　千米

	B	C	D	E	F	G
B	—	12	2	0	0	0
C		—	14	0	7	0
D			—	7	17	8
E				—	38	40
F					—	39
G						—

第三步，将节约里程数按从大到小的顺序排列，如表 8-4 所示。

表 8-4　节约里程排序表

序号	路程	节约额度 / 千米
1	EG	40
2	FG	39
3	EF	38
4	DF	17
5	CD	14
6	BC	12
7	DG	8
8	CF	7

第四步，规划线路。根据载重量约束与节约里程数大小，顺序连接各客户节点，形成两个配送线路。

配送线路 1：A—E—G—F—A，全程载重 =1.75+1.15+1.1=4（吨），可使用 4 吨的车辆进行配送。全程长度 =20+1+6+24=51（千米），此路径节约的里程为：40+39=79（千米），配送线路如图 8-11 所示。

配送线路 2：A—D—C—B—A，全程载重 =1.0+0.7+0.8=2.5（吨），可使用 3 吨的车辆进行配送，全程长度 =9+9+10+12=40（千米），此路径节约的里程为：14+12=26（千米）。配送线路如图 8-12 所示。

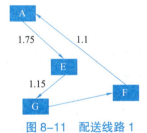

图 8-11　配送线路 1　　　　图 8-12　配送线路 2

（四）案例思考题

某配送中心 P 将于 2023 年 4 月 14 日向德家（A）、德兰（B）、德鄢（C）、德福（D）、德麟（E）、德乐（F）、德程（G）、德来（H）、德凯（I）、德翔（J）10 家公司配送货物。图 8-13 中连线上的数字表示公路里程（千米），靠近各公司括号内的数字表示各公司对货物的需求量（吨）。配送中心备有 3 吨和 4 吨载重量的汽车可供使用，且配送车辆一次巡回里程不超过 40 公里。设送到时间均符合用户要求，试用节约里程法制订最优的配送方案。

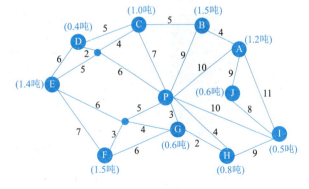

图 8-13　配送网络

（资料来源：智慧物流作业方案设计与实施技能大赛）

任务三　智慧物流配送作业系统实施

引　例

2021年9月1日，华源集团上海物流中心运输部调度基于客户的运输通知单及配送订单信息，完成了配送作业计划的编制，如表8-5所示，请利用物流数字化系统完成货物取派调度操作。

表8-5　配送作业计划

车辆	驾驶员	派货地址	货物总重/千克
AWKJ01	赵新朝	上海市宝山区韶山路348弄18号	2 000
AWKJ02	李月平	上海市徐汇区天钥桥路380弄60号 上海市徐汇区天钥桥路325号 上海市徐汇区华山路2038号百联徐汇商业广场F1 上海市徐汇区天钥桥路567号1层103-1室	1 940
车辆	驾驶员	取货地址	货物总重/千克
AWKJ01	赵新朝	上海市黄浦区光启路194号	1 970

思考题：
1. 利用数字化配送系统完成送货单的录入。
2. 利用数字化运作系统完成配送业务的取派操作。

完成此任务，需要复习前面学习过的配送车辆调度管理和货物取派注意事项。下面以络捷斯特数字化物流系统为例，进行相应配送业务的数字化处理。

任务实施过程：录入取/送货单—单据打印—取/派调度—取/派出站。

步骤一：录入取/送货单。

在"配送流程"任务下，选择【取/送货单】选项，进入页面，如图8-14所示。

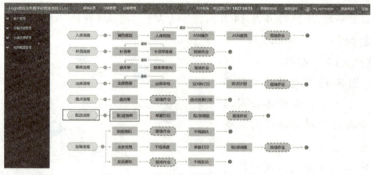

图8-14　数字化配送系统主界面

进入界面之后，单击【新增】按钮，将运输通知单以及配送订单信息全部录入系统，需要注意的是"取货""送货"要选择正确，录入界面如图8-15所示。依次录入通知单上的其他配送订单并发送审核。核对信息无误后，单击【确认审核】按钮。

项目八 ● 智慧物流配送作业系统

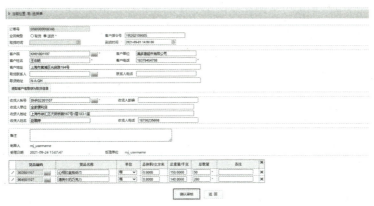

图 8-15　送货单录入界面

步骤二：单据打印。

返回主界面，选择【单据打印】选项，进入界面后，选中要打印的记录，单击【单据打印】按钮，如图 8-16 所示。按照同样的操作，完成所有单据打印。

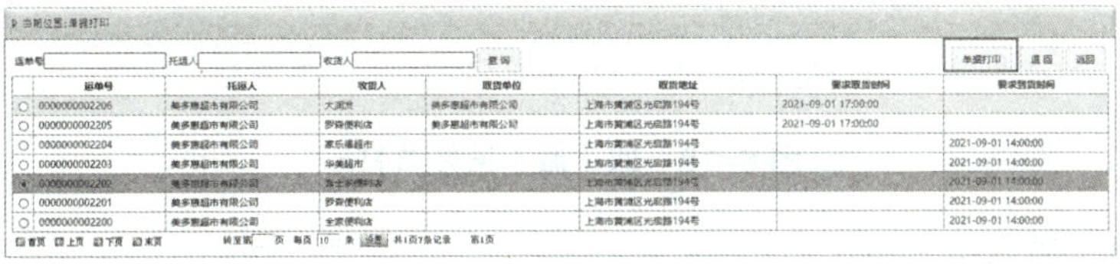

图 8-16　单据打印界面

步骤三：取/派调度。

返回主界面，选择【取派调度】选项，进入界面之后，单击【新增】按钮。

（1）进入新增界面之后，根据配送作业计划，进行取派调度。

填写预计发车时间、车牌号，选择司机和货运人信息。待装车界面显示待装车任务，勾选后单击向右箭头，显示在已装车任务栏，合理规划取派作业任务，确定作业顺序，进行相应装车顺序的调整。

选中取派调度单，单击待取和待派列表中运单后方的绿色箭头，将派货任务运单加入所选的取派调度单，取派司机将按照运单加入的顺序进行作业。调度完成后单击【提交】按钮，完成调度作业，如图 8-17 所示。

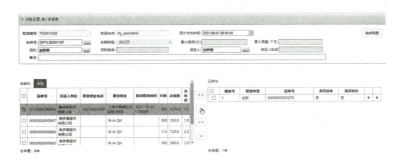

图 8-17　取派操作

（2）返回主界面，根据以上操作完成未完成的送货任务单调度后，单击【完成调度】按钮，进入图 8-18 界面，单击【打印】按钮，完成打印。

单号		TD0011193		操作站		上海	
资源	车辆	QPYL00401107		车型			
	司机	李月平		预计发车时间		2021-09-01 08:00:00	

客户信息

订单/运单号	顺序号	客户	地址	电话	姓名	类型
0000000000756	1	罗森便利店	上海市徐汇区华山路2038号百联徐汇高楠广场5F		李佳思	在派
0000000000757	2	喜士多便利店	上海市徐汇区天钥桥路325号	18239484923	邹梁凯	在派
0000000000755	3	全家便利店	上海市徐汇区天钥桥路567号1层103-1室	18756235698	赵鹊婷	在派
0000000000758	4	华美超市	上海市徐汇区天钥桥路380弄60号	18239484923	李可可	在派

货品信息

订单/运单号	货品名称	件数/件	总重量/千克	体积/立方米	备注
0000000000756	康师傅冰红茶	60	480.0	1.1	
0000000000756	奥利奥夹心饼干	100	100.0	1.9	
0000000000757	康师傅冰红茶	68	540.0	1.3	
0000000000757	心相印盒抽纸巾	45	180.0	0.9	
0000000000755	心相印盒抽纸巾	50	150.0	0.9	
0000000000755	德芙牛奶巧克力	280	140.0	0.8	
0000000000758	德芙牛奶巧克力	300	150.0	0.9	
0000000000758	心相印盒抽纸巾	50	200.0	0.9	

制单人：	制单时间： 年 月 日	司机签字：
第一联（白联）：制单人留存	第二联（红联）：物流公司留存	第三联（黄联）：司机留存

图 8-18 取（派）通知单打印

步骤四：取/派出站。

完成取派调度操作后，需要在手持上进行取/派出站操作。单击【手持系统】—【取/派出站】任务，选中记录，进入界面，单击【扫描】任务，输入扫描条码，单击【确认】按钮。选中记录，单击【出站】按钮，派货出站任务完成。

单击【手持系统】—【现场取货】任务，进行取货调度，取货确认。

案例分析

"逆行"奔跑的配送小哥

穿上绿夹克，骑上小电驴，化身"绿巨人"，描述的就是叮咚配送小哥，每天穿梭于大街小巷，成为疫情下孤寂街道上的一道亮丽风景线。自 2022 年 4 月 1 日上海全域封控以来，广大快递骑手、送菜小哥勇担社会责任，加入保供战队，在疫情中逆行奔跑，每天迎着朝阳开始，伴着星辰结束，奔赴各个小区，用心守护居民的"菜篮子"和"米袋子"。

在各方共同努力下，宝山区内叮咚配送小哥由封控之初的 100 多人增加至 500 人左右，每个站点每天的配送量也从封控之初的 1 500~2 000 单，增加至 5 000~6 000 单，量最大的一个站点破纪录，达 12 000 单。从 4 月 1 日封控至今，宝山区内的日均配送总量达 9 万单，覆盖超过 700 个小区，极大地提升了配送运力，满足了更多用户的需求。

疫情之下，一个个"逆行"奔跑的身影，架起了生活物资保障的"连心桥"，为人们的生活配送"温暖与希望"。

（资料来源：人民网）

思考题：

1. 查阅资料，说说疫情下配送员的操作要求和标准。
2. 谈谈配送的重要性和配送员应具有的职业精神。

实践任务八　配送路径优化案例

（综合性实验 2 学时）

某配送中心（P）于 2022 年 4 月 13 日向启明星（A）、新时代（B）、新梦想（C）、新偶像（D）、好时代（E）、新世纪（F）、新商情（G）7 家公司配送货物。图 8-19 中连线上的数字表示公路里程（千米）。靠近各公司括号内的数字，表示各公司对货物的需求量（吨）。配送中心备有 4 吨和 6 吨载重量的汽车可供使用，设送到时间均符合用户要求。

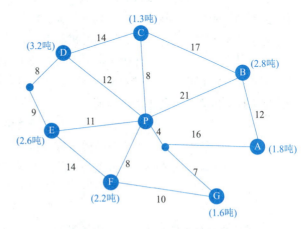

图 8-19　配送网络

任务要求：

1. 试用节约里程法制订最优的配送方案。
2. 配送中心在向客户配送货物过程中每小时平均支出成本为 180 元，假定卡车行驶的平均速度为 50 千米/小时，试比较优化后的方案比往返向各客户分送可节约多少费用。

考核评价：教师对任务完成情况做出综合评价。考核评价标准参考表 8-6。

表 8-6　考核评价标准

专　业		班　级		学　号		姓　名	
考核内容	配送路径优化案例						
考核标准	评　价　内　容					分值/分	评分/分
	掌握相关理论知识、方法和技能					20	
	能正确制作运输里程表					25	
	能正确计算各配送点之间节约里程数，按节约数从大到小排序					25	
	规划线路，能正确得出优化配送线路及节约里程数					30	

思考与练习

一、单项选择题

1.（　　）是指根据客户要求，对物品进行分类、拣选、集货、包装、组配等作业，并按时送达指定地点的物流活动。

　　A. 配送　　　　　B. 运输　　　　　C. 仓储　　　　　D. 物流

文档　项目八
习题参考答案

2.（　　）是指一种以互联网、物联网、云计算、大数据等先进信息技术为支撑，能够在物流配送各个作业环节实现系统感知、自动运行、全面分析、及时处理和自我调整等功能，具备自动化、智能化、可视化、网络化、柔性化等特征的现代化配送系统。

A.智慧仓储　　　　B.智能运输　　　　C.智慧物流配送　　　D.智慧包装

3.（　　）是指立即响应用户提出的即刻服务要求并且短时间内送达的配送方式。

A.即时配送　　　　B.共同配送　　　　C.众包配送　　　　　D.多式联运

4.（　　）是指通过在距离用户最近的地方布置小型仓储空间，快速响应用户需求。

A.前店后仓　　　　B.前置仓　　　　　C.店仓一体　　　　　D.仓储中心

5.（　　）是指基于移动平台技术、全球定位系统、智能感知技术、智能语音技术、网络通信技术和智能算法等技术支撑，具备感知、定位、移动、交互能力，能够根据用户需求，收取、运送和投递物品，完成配送活动的机器人。

A.无人机　　　　　B.自动驾驶　　　　C.智能网联车　　　　D.无人配送车

6.（　　）是指通过利用无线电遥控设备和自备的程序控制装置操纵的无人驾驶的低空飞行器运载配送包裹，自动送达目的地。

A.无人机配送　　　B.自动驾驶　　　　C.智能网联车　　　　D.无人配送车

7.（　　）是指根据配送中心的运输能力和配送中心到各个用户以及各个用户之间的距离来制定使总的车辆运输的吨公里数最小的配送方案。

A.经验判断法　　　B.综合评价法　　　C.节约里程法　　　　D.ABC分析法

二、多项选择题

1.以下属于无人车配送模式应用场景的有（　　）。

A.快递配送　　　　B.生鲜配送　　　　C.外卖送餐　　　　　D.医院物流

2.无人机配送系统包括（　　）、快递集散基地、区域调度中心等。

A.无人机　　　　　B.自助快递柜　　　C.快递盒　　　　　　D.快递集散点

3.在智慧物流配送体系中，最重要的配送节点有（　　）。

A.物流配送园区　　B.配送中心　　　　C.配送中转场　　　　D.末端配送站点

4.配送计划的主要内容包括（　　）。

A.明确配送时间　　　　　　　　　　　B.配送车辆选择
C.货物装载　　　　　　　　　　　　　D.确定配送路线、配送顺序

三、简答题

1.什么是智慧物流配送？

2.智慧物流配送模式和场景有哪些？

3.无人车配送和无人机配送有何区别？

4.配送计划制订的依据是什么？

5.简述配送路径优化的主要方法、思想和步骤。

项目九

智慧物流包装、装卸搬运系统

⟳ 学习目标

【素质目标】
◆ 树立绿色、低碳、循环、共享的包装发展理念；
◆ 培养严谨、规范的工作意识，爱岗敬业，具有家国情怀和奉献精神；
◆ 具有物流法律法规意识、科技创新精神、物流成本意识及社会责任感。

【知识目标】
◆ 掌握智慧物流包装的概念及其功能，了解智慧物流包装的类型；
◆ 掌握智慧物流包装作业设备的特点及应用；
◆ 掌握装卸搬运的定义和特点，理解智慧装卸搬运的概念、设备及其应用。

【技能目标】
◆ 能够运用智慧物流包装作业设备；
◆ 能够运用智慧装卸搬运作业设备。

⟳ 案例导入

让快递包装"绿"起来

近日，在圆通海南省海口市灵桂分公司，许多客户都使用上了圆通为分公司专门设计定制的可降解快递包装袋。这款被称为"全生物降解"的塑料包装袋在外形和使用上和普通的塑料包装袋没有太大区别，最关键在于它使用的完全是环保可降解材料，不会造成污染。

为了积极响应邮政管理部门关于快递绿色包装的相关政策要求，圆通总部特别定制了20万个全生物降解塑料包装袋，从2021年12月起在海南投入使用。该包装袋由圆通牵头承建的物流信息互通共享技术及应用国家工程实验室推进应用。

根据《全生物降解塑料制品通用技术要求》，所谓的全生物降解塑料，指在自然界中如土壤或沙土等条件下，堆肥条件下或厌氧消化条件下或水性培养基中，由自然界存在的微生物作用引起降解，并最终降解变成二氧化碳、甲烷、水以及其他矿化无机盐或新的生物质的一种塑料。

相比之前使用的包装袋的材料，这种包装袋在使用过后作为垃圾处理时，可实现生物降解，防止污染，在环保方面的作用是很明显的。对比主要成分为聚乙烯的普通包装袋，这种全生物降解的包装袋具有明显优势——安全环保、无毒无害；这种环保袋在堆肥条件下，90~180天之内会被微生物和酶完全分解成水和二氧化碳；降解过程无有害物质残留，可有效防止白色污染产生，对生态环境友好。在行业转型升级、追求高质量发展的当下，绿色正在成为快递行业的主色调。

（资料来源：电商报）

思考题：
1. 案例中的新型包装利用了什么绿色技术？
2. 为了让快递包装"瘦身""变绿"，你认为还有哪些策略？

案例启示： 为了解决快递包装过度问题，2021年，国家邮政局实行《邮件快件包装管理办法》，强化了邮件快件包装源头治理，明确了包装选用要求和原则：不得过多缠绕胶带，尽量减少包装层数、空隙率和填充物。国家市场监管总局发布了新修订的《限制商品过度包装要求 食品和化妆品》强制性国家标准，明确31类食品、16类化妆品包装行为"过度"界线。国务院印发的《2030年前碳达峰行动方案》也要求，加强塑料污染全链条治理，整治过度包装，推动生活垃圾源头减量，让快递包装"绿"起来。

绿色创新为新时代经济社会高质量发展提供了新的动力。让快递包装"绿"起来，不仅要"瘦身"，还要"循环"，这些都离不开技术手段的创新。同时，也需要各有关方面共同努力。作为消费者，要践行绿色消费理念，自觉抵制过度包装行为，建立起快递物流良性循环体系。

任务一　智慧物流包装作业系统

引　例

一种"温度监测"包装技术

德国Faller公司将温度监测传感器TT Sensor Plus2应用于药品监控：提供智能标签，并将其集成到单个包装折叠纸盒或客户的运输箱上，确保药物可以检测3年以上；它可存储超过150 000个温度测量值。全面的IT服务包装包括在线App、TTapp及Ttnet，激活和读取TT传感器Plus2标签以及将所有数据储存在云端（Ttnet），使用App可以轻松提供需要在低温或整个冷链期间维持的药物的完整温度监测。"温度监测"包装如图9-1所示。

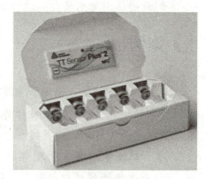

图9-1　"温度监测"包装

思考题：
1. 什么是智慧包装？它与传统包装有什么区别？
2. 案例中智慧包装运用了什么技术？请举例说说智慧包装的应用案例。

引例分析： 现在各大商家越来越重视标签、包装与消费者的沟通功能。通过标签和包装，商家可以让消费者在店内、家里，甚至在线获得某种特殊体验。由于智能标签、包装能够加强数字世界与物理世界的联系，因此创新且智能的标签、包装在未来商品世界中显得尤为重要。

创新品牌及其包装合作伙伴总能不断推陈出新，想出好的点子，利用智能标签或互联式包装引爆市场。

一、智慧物流包装概述

我国国家标准《物流术语》（GB/T 18354—2021）中包装的定义为：在流通过程中保护产品、方便储运、促进销售，按一定技术方法而采用的容器、材料及辅助物等的总体名称，也指在为了达到上述目的而采用容器、材料和辅助物的过程中施加一定技术方法等的操作活动。

包装是物流系统的构成要素之一，与运输、保管、搬运、流通加工均有十分密切的关系。良好的包装不仅可以保护货物，而且能宣传和美化货物，提高货物身价，吸引顾客，扩大销路，增加售价，并在一定程度上显示出口国家的科技、文化和艺术水平。

物联网、大数据、人工智能与信息技术等开始应用于物流包装领域，逐渐产生了智慧物流包装。对智慧物流包装的认识最早从智能包装开始，智能包装在现代物流中发挥着重要作用，其对包装商品的质量、状态及对物流信息的收集和反应，很大程度上促进了现代物流的发展，是实现智慧物流的重要支撑。

（一）智慧物流包装的概念

智慧物流包装是指在现代物流运作中，为保护产品、感知信息和优化服务，以包装为载体，通过数字化与智能化技术手段，使之具有感知、监控、记录、智能处理和信息传递的现代化功能。实现包装的可视化与智慧化，是满足物流与供应链管理高效运行的需要。

智慧物流包装通过对包装材料的更新换代、改造包装结构、整合被包装物信息管理等方法，实现被包装物的人性化及智能化的要求、目的或效能。可以从两个方面来理解：一是利用新型的包装材料、结构与形式对商品的质量和流通安全性进行积极的干预和保障；二是利用信息收集、管理、控制与处理技术完成对包装系统的优化管理。

智慧物流包装除了产品之外，还提供"额外附加"组件。生产商可以通过添加组件，获得一些其所需的营销效果，比如呈现产品产地信息、体现企业文化特色等。

智慧物流包装在保有基础包装功能的同时，又能感知、监控、记录和调整产品所处环境的相关信息，并将信息便捷、高效地传递给使用者。

（二）智慧物流包装的功能

1. 保护商品

保护产品、防止产品损坏是包装的基本功能，也是流通过程对防护包装的基本要求。商品周围的环境是造成商品质量变化的外部因素，主要有气候因素、生物因素、化学因素和机械物理因素等。包装防护主要是为了防止商品在流通领域发生数量损失和质量变化，防止食物腐烂，增加食品的口感和香味，等等。

2. 方便运输和存储

智慧物流包装在以往包装的基础上增加了条码，一物一码，产品的具体信息，如物名、产地、生产时间以及流通过程的各环节，都可以通过所属管理层级人员扫码记录，这样可以确保商品流通信息的透明、可视。

视频 未来的包装

3. 商品跟踪、安全追溯

智慧物流包装赋予每个产品唯一性的二维码加密数字身份信息。消费者在收到货物后扫描包装上的二维码，就可以知悉产品生产的过程、产品采用的原料、生产日期、物流轨迹等，完全实现溯源的可视化、数据化，真正做到企业产品品牌形象的保障和监管部门对产品的市场监管。

4. 检测质量安全

产品在生产包装过程中难免会出现不良包装或者渗漏破损，以及填充不正确的包装，通过一物一码也能在一定程度上方便企业的检查部门快速找到问题产品，节省质检时间，提高效率。

5. 增加广告营销

利用互联网+物联网防伪技术，为产品打造新型的数字化营销整体解决方案，通过技术将商品信息或广告信息进行投放，以视频或者动画的形式展现出来使消费者更好地了解商品信息。

实用案例

智慧包装案例

盒知智慧包装能提供品牌诠释、创意设计、商品查询、极速鉴真、产品溯源、源头直播（直播卖货）、追溯管理、互动营销、消费确认、数据采集十大服务，并配备各类型营销工具，如 AR 互动、抽奖、视频定制等，丰富的样式只为满足更多客户的需求。

视频 荷花酒智慧包装

在荷花酒整体智慧包装解决方案中，提供了 NFC 信息查询/产品鉴真、AR 互动、产品溯源、数据采集、云商店等，实现一物一码专用，场景互动营销，为荷花酒的市场推广打下了扎实基础。

（资料来源：百度百科）

（三）智慧物流包装的类型

智慧物流包装通过先进材料、新型结构及信息系统对内装物的质量和包装安全性进行干预与保障。从工作原理上来看，可将智慧物流包装分为三种类型：功能材料型、功能结构型和功能信息型。智慧物流包装的分类如表 9-1 所示。

表 9-1 智慧物流包装的分类

分类	内涵	例子
功能材料型	功能材料型智能包装是为了实现改善和增加包装的功能，而应用新型智能包装材料，以达到和完成特定包装的目的	防泄漏气体指示包装 时间—温度指示剂
功能结构型	功能结构型智能包装是为了使包装具有某些特殊功能和智能型特点，而增加或改进部分包装结构	自动加热食品包装 自动冷却罐
功能信息型	功能信息型智能包装主要是指能反映包装内容物及其内在品质和储存、运输、销售过程信息的新型包装	牛奶可溯源 RFID 包装

1. 功能材料型智能包装

功能材料型智能包装是指通过应用新型智能包装材料，改善和增加包装的功能，以达到完成特定包装的目的。目前，研制的材料型智能包装，通常采用光电、温敏、湿敏和气敏等功能材料复合制成。功能材料型智能包装可以识别和显示包装微空间的温度、湿度、压力以及密封的程度、时间等一些重要参数，从而记录包装内环境的变化。该功能包装有较大的发展前途，对于需长期储存的包装产品尤为重要。

2. 功能结构型智能包装

功能结构型智能包装是指通过增加或改进部分包装结构，而使包装具有某些特殊功能和智能型特点。功能结构的改进往往从包装的安全性、可靠性和部分自动功能来入手，这种结构上的变化使包装的商品使用更加安全和方便简洁。

3. 功能信息型智能包装

功能信息型智能包装技术主要是指以反映包装内容物及其内在品质和运输、销售过程信息为主的新型技术。这项技术包括两方面：其一，商品在仓储、运输、销售期间，周围环境对其内在质量影响的信息记录与表现；其二，商品生产信息和销售分布信息的记录。记录和反映这些信息的技术涉及化学、微生物、动力学和电子技术。这种功能信息型智能包装技术将商品名称、成分、功能、产地、保质期、重量、价格以及使用指南、警告等信息以数码的形式存储在包装微芯片中，消费者可以很方便地读取这些信息。信息型智能包装技术是最有发展活力和前景的包装技术之一。

政策文件

工信部、商务部关于加快我国包装产业转型发展的指导意见（工信部联消费〔2016〕397号）和《中国包装工业发展规划（2016—2020年）》（中国包联综字〔2016〕61号）等文件明确指出"提升智能包装的发展水平，提高产业的信息化、自动化和智能化水平"的产业发展目标。

二、智慧物流包装作业系统

（一）智慧物流包装作业系统的特点

1. 控制的精确性

智能包装机械的机器人手臂被固定安装在坚固的机座之上，多轴机器人的轴均经过伺服马达和齿轮控制来转动，这就确保了机器人可以在工作半径范围内灵活自由地确定工位。在包装作业中，只需要确定抓取点以及摆放点，然后由计算机控制两点之间的运动轨迹，就可以做到精准定位。伺服系统在保证实现高重复精度的动作要求下，也能最大限度地降低工作时产生的噪声。

2. 操作的简便性

系统通过PLC完成对机器人、机械手以及传送带的控制；系统配备了专门的触摸屏用来显示生产过程中的信息；系统采用先进的人机界面，操作人员可以很容易地在界面上进行参数修改以及程序选用的工作。

3. 作业的灵活性

机械手可以设计成一个固定的工具，也可以通过自动换手装置来更换不同的专业手，用于适应不同的任务。多功能手可以适用于组合工作。机械手还可以配合激光视觉检测系统，识别工件种类，完成定位工件。

（二）智慧物流包装作业设备

1. 自动包装流水线

自动包装流水线（见图9-2）又称为自动化包装线，主要包括自动开箱机、自动装箱机、自动封箱机和自动打包机四部分。流水线可以完成自动开箱、产品自动整列、产品自动装箱、产品装箱检测、纸箱封箱设备、打包机、自动码垛系统及自动缠绕设备等作业。按照包装的工艺过程，将各自动包装机和有关辅助设备，用输送装置连接起来，并具有独立控制装置的工作系统。它能使被包装物品和包装材料按预定的包装要求和工艺顺序，经由各包装机完成包装的全过程。在自动包装线上，工人不需要直接参与操作，其主要任务是监视、调整和控制，保证自动包装线的正常运行。

图 9-2　自动包装流水线

（1）自动开箱机。

自动开箱机（见图 9-3）一般由两部分构成：一部分是电源组件，包括电源开关、控制面板、急停开关等，另一部分是作业组件，包括压板、取箱吸盘、纸箱推板、储存槽等。开箱机的动作是集取箱、成型、折盖和封底为一体。首先，将扁平的纸箱放在储料槽上（可储存 100 个纸箱），通过吸盘将纸箱从料槽中吸出，在吸取拉出的同时将纸箱成型，再折前后及左右盖，最后完成胶带封底。设备采用专业精密设计，全机采用凸轮连续系统，保证机器运转准确、稳定。同时突破传统，采用贴带器的设计，增强胶带抚平效果，封箱采用无级变速控制，可任意调整速度，节省工时。纸箱储存采用卧式设计，可随时补充。最重要的是设置了缺料提前报警、无料自动停机的安全装置。

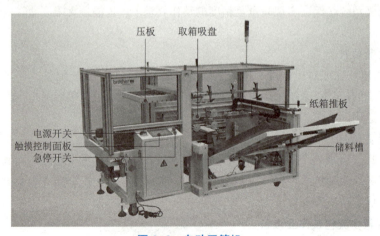

图 9-3　自动开箱机

（2）自动装箱机。

自动装箱机（见图 9-4）主要由电气控制系统、气动执行系统、机架以及输送机传动带四部分构成，控制方式采用 PLC+ 触摸屏 + 标准控制按钮 + 信号开关模式，分自动和手动控制模式。

自动装箱机采用高速柔性并联机器人做抓取运动,确保在高速抓取搬运过程中不掉落,广泛应用于对乳制品、肉制品等软袋及盒装产品进行自动识别、整理、分拣、搬运及装箱工作。由于整机结构设计非常简单,所以容易保养及维修,零配件少,维护成本费用较低。此装箱机占地空间小,可设在狭小的空间内,提高了场地使用效率;可以通过触摸屏找到故障点,轻松排除故障。

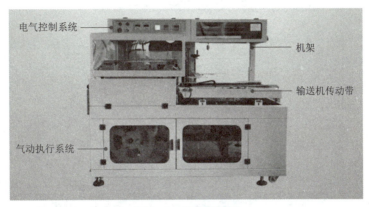

图 9-4 自动装箱机

(3)自动封箱机。

自动封箱机(见图 9-5)的上半部分作业部件包括自动折叠机构、高度调节手柄和封箱头,下半部分工作台包括输送带、过滤减压阀、电源控制按钮和宽度调节手柄,主要适用于纸箱的封口包装,既可以单机作业,也可与流水线配套使用。封箱机采用即贴胶带对纸箱封口,经济快速,容易调整,任何自黏性胶带均可使用,可一次完成封箱动作。此机适用于箱体较小、较轻的箱体封箱,广泛应用于纺织、食品、百货、医药、化工等行业。设备特点:性能稳定、封箱效率高、适用性好、使用寿命长;体积轻巧,滑轮相辅,位移甚为灵活,更加方便安装与调试;机件性能耐用,结构设计严密,运转过程无振动,运转稳定;采用即贴胶带封口,经济快速、容易调整;根据纸箱规格,手工调节宽度及高度,简单、快捷、方便;双驱动封箱,可一次完成上、下封箱动作。

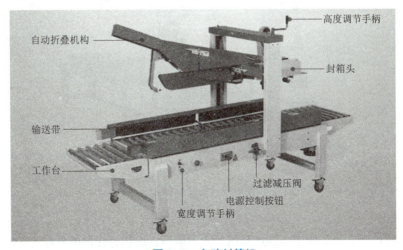

图 9-5 自动封箱机

（4）自动打包机。

自动打包机（见图9-6）结构主体由弓架单元、操作按钮、动力滚轮台面、电控箱和储带箱构成。弓架单元包括4套导线装置。动力滚轮台面上的转动滑轮能使物品沿主滑轨做水平运动。电路控制采用无触点开关，工作稳定，寿命长。自动打包机具有机械制造精度高、打包牢固、速度快、故障率低、寿命长等优点，能单机作业，也能配套流水线使用。

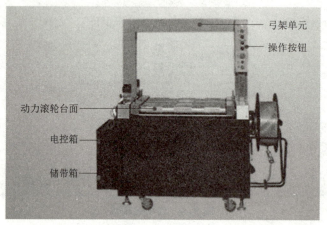

图9-6　自动打包机

2. 包装机器人

包装机器人（见图9-7）是指包装作业中结合先进的工控技术，融合机电一体化，为产品包装提供自动开箱—自动套膜—自动装箱—在线称重—自动贴标—自动封箱—自动打包捆扎等自动化作业的无人化、智能化包装设备。包装机器人能够进行开箱、装箱、封箱、捆扎、码垛、自动分半、托盘货物拉伸膜缠绕等工序流程作业，包括具有自动控制功能的缠绕机、打包机、码垛机、贴标机、托盘分配机、封箱机、真空机、收缩机和封口机等。包装机器人能够有效提高工作效率，提升包装品质，降低用人成本，优化工作环境。

图9-7　包装机器人

设备特点如下：

（1）适用性强：当企业生产的产品的尺寸、体积、形状及托盘的外形尺寸发生变化时，只需在触摸屏上稍作修改即可，不会影响企业的正常生产。而传统机械式的码垛机更改相当麻烦，甚至是无法实现的。

（2）高可靠性：包装机器人重复操作能够始终维持同一状态，不会出现类似人的主观性干扰，因此其操作的可靠性比较高。

（3）自动化程度高：包装机器人的操作依靠程序控制，无须人工参与，自动化程度高，节省了大量的劳动力。

（4）准确性好：包装机器人的操作控制精确，其位置误差基本处于毫米级以下，准确性非常好。

（5）能耗低：通常机械式码垛机的功率在26千瓦左右，而包装机器人的功率为5千瓦左右，大大降低了客户的运行成本。

（6）应用范围广：包装机器人的用途非常广泛，它可以完成抓取、搬运、装卸和堆垛等多项作业活动。

（7）高效率性：包装机器人的工作速度比较快，而且没有间断，因此其工作效率比较高。

（8）占地面积少：包装机器人可以设置在狭窄的空间，有利于客户厂房中生产线的布置，并可留出较大的库房面积。

三、智慧物流包装的发展趋势

数据显示，2021年中国包装行业市场规模回升至12 042亿元，2016—2021年，年均复合增长率达2.36%。中商产业研究院预测，2022年中国包装行业市场规模将达13 020亿元左右。随着物流业的转型发展，将进一步推动包装业的发展。

"十四五"包装行业始终坚持绿色发展，适度包装，构建覆盖生产、流通、消费、回收与资源循环再利用的包装全生命周期绿色化网络体系。反对过度包装，采用设计合理、用材节约、回收便利、经济实用的包装整体解决方案，引导全社会树立适度包装理念。同时，面对智慧包装的出现与发展，无论是新入局的企业，或是传统的印刷包装企业，都应具备一定的数字化基础和能力，这样才能够更好地适应这一趋势。推进转型升级已经成为企业生存发展的必然选择。企业需要考虑加大信息化、智能化的投入，借助智能制造发展趋势，打造"数字工厂"，实现技术、生产效率、精益生产、流程控制以及服务的全方位升级。

案例分析

食品包装安全检测

果蔬在储运和销售过程中，由于微生物侵袭和自身生理活动（如呼吸、发酵、腐败等）会导致新鲜度下降，降低其经济价值。pH值作为果蔬新鲜度指标的原因：一方面，果蔬易被细菌和真菌侵染，引起糖发酵产生有机酸、醛、酮和二氧化碳，导致pH值下降和腐败味的形成；另一方面，果蔬的正常成熟和呼吸等典型的生理变化，也会改变其pH值。pH气体传感器可以通过颜色变化对pH值进行定性或者定量监测，将其纳入包装材料或放置在包装中可用于果蔬的新鲜度监测。pH传感器可以方便直观地显示出果蔬的新鲜度，但也可能会存在pH敏感染料的迁移问题，将天然pH敏感染料如花青素纳入传感器和天然聚合物型传感器可以解决染料迁移的安全性问题。

思考题：

1. 特殊的货品（如蔬菜、水果、生鲜等）对运输及包装有何要求？

2. 除了案例中提到的pH传感器技术，你认为还可以从哪些方面实现智慧物流包装？

案例分析

对环境保护的要求提升导致纸制品印刷包装的需求增加

近年来，国家先后修订《中华人民共和国清洁生产促进法》《中华人民共和国环境保护法》等法律法规，目的是减少不可回收或降解慢的包装材料的使用。自2020年以来，国家发展改革委等部门陆续发布《关于进一步加强塑料污染治理的意见》及《关于加快推进快递包装绿色转型意见的通知》等文件，环保要求层层加码，中国在经济快速发展的同时越来越注重绿色发展和可持续性发展。在此背景下，纸包装产品从原料到包装的设计、制造再到产品的回收使用，每一个环节都能最大化地实现节源、高效、无害，纸包装产品市场前景广阔。

思考题：
1. 什么是绿色包装？
2. 实现绿色包装有哪些途径？

视频 菜鸟绿色环保微电影

任务二　智慧装卸搬运作业系统

引　例

智能搬运机器人的运用使装卸效率大大提高

目前，机器人技术越来越多地被应用于物流的装卸搬运作业中，如机器人叉车、码垛机器人（见图9-8）、搬运机器人（见图9-9）等，直接提高了物流系统的效率和效益。搬运机器人可安装不同的末端执行器来完成各种不同形状和状态的工件搬运工作，目前已被广泛应用于工厂内部工序间的搬运、制造系统和物流系统连续的运转以及国际化大型港口的集装箱自动搬运。

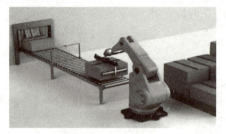

图9-8　码垛机器人

图9-9　搬运机器人

搬运机器人的出现，不仅充分利用了工作环境的空间，而且提高了物料的搬运能力，大大节约了装卸搬运过程的作业时间，提高了装卸效率，而且对保障人身安全、改善劳动环境、减轻劳动强度、提高劳动生产率、节约材料消耗以及降低生产成本都具有十分重要的意义。

思考题：
1. 什么是智能搬运机器人？智能搬运机器人有何特点和优势？
2. 在装卸搬运环节会用到哪些智能机器人？举例说说智慧装卸搬运设备及其应用。

一、装卸搬运作业概述

（一）装卸搬运的定义

我国国家标准《物流术语》（GB/T 18354—2021）中，将装卸定义为：在运输工具间或运输工具与存放场地（仓库）间，以人力或机械方式对物品进行载上载入或卸下卸出的作业过程。

我国国家标准《物流术语》（GB/T 18354—2021）中，将搬运定义为：在同一场所内，以人力或机械方式对物品进行空间移动的作业过程。

装卸搬运是随运输和仓储而产生的必要物流活动，是对运输、仓储、包装、流通加工等物流活动进行衔接的中间环节，也包括在仓储作业中为检验、维护、保养所进行的装卸活动，如货物的装上卸下、移送、拣选、分拣等。在物流活动的全过程中，装卸搬运是出现频率最高的一项活动，也是造成货物破损、散失、损耗的主要环节。

（二）装卸搬运作业活动的意义

装卸搬运活动的作业量大，方式复杂，作业不均衡，对安全性要求高。它是物流活动中不可缺少的环节，对物流发展和增加效益意义重大。

装卸搬运在物流活动中起着承上启下的作用。在物流的各环节中都必须进行装卸搬运作业，正是装卸活动把物流各个阶段连接起来，使之成为连续流动的过程。在生产企业物流中，装卸搬运成为各生产工序间连接的纽带，它是从原材料、设备等装卸搬运开始到产品装卸搬运为止的连续作业过程。

装卸搬运在物流成本中占有重要地位。在物流活动中，装卸活动是不断出现和反复进行的，出现的频率也高于其他物流活动。而且每次装卸活动都要花费很长时间，所以往往成为决定物流速度的关键。装卸活动所消耗的人力活动也很多，所以装卸费用在物流成本中所占的比重也较高。

（三）装卸搬运作业活动特点

1. 附属性、伴生性

装卸搬运是物流每一项活动开始及结束时必然发生的活动，因而有时常被人忽视。例如，一般而言的"汽车运输"，就实际包含了相随的装卸搬运，仓库中泛指的保管活动，也含有装卸搬运活动。

视频 全自动装卸系统

2. 支持、保障性

装卸搬运的附属性不能理解成被动的，实际上，装卸搬运对其他物流活动有一定决定性。装卸搬运会影响其他物流活动的质量和速度，例如，装车不当，会引起运输过程中的损失；卸放不当，会造成货物下一步运送的困难。

3. 衔接性

物流活动的过渡都是以装卸搬运来衔接，因而，装卸搬运往往成为整个物流的"瓶颈"，是物流各功能之间能否形成有机联系和紧密衔接的关键。

（四）装卸搬运作业分类

1. 按设备对象分类

按设备对象可分为仓库装卸、铁路装卸、港口装卸、汽车装卸等。

仓库装卸配合出库、入库、维护保养等活动进行，并且以堆垛、上架、取货等操作为主。

铁路装卸是对火车车皮的装进及卸出，特点是一次作业就实现一车皮的装进或卸出，很少有像仓库装卸时出现的整装零卸或零装整卸的情况。港口装卸包括码头前沿的装船，也包括后方的支持性装卸，有的港口装卸还采用小船在码头与大船之间"过驳"的办法，因而其装卸的流程较为复杂，往往经过几次的装卸及搬运作业才能最后实现船与陆地之间货物过渡的目的。汽车装卸一般一次装卸批量不大，由于汽车的灵活性，可以减少或减去搬运活动，而直接、单纯利用装卸作业达到车与物流设施之间货物过渡的目的。

2. 按机械分类

按机械方式分为：使用吊车的"吊上吊下"方式，使用叉车的"叉上叉下"方式，使用半挂车或叉车的"滚上滚下"方式，"移上移下"方式及散装方式等。

3. 按作业场所分

车间装卸搬运：指在车间内部工序间进行的各种装卸搬运活动。

站台装卸搬运：指在企业车间或仓库外的站台上进行的各种装卸搬运活动。

仓库装卸搬运：指在仓库、堆场、物流中心等处的装卸搬运活动。

4. 按作业方式分

吊装吊卸法（垂直装卸法）：主要是使用各种起重机械，以改变货物的铅垂方向的位置为主要特征的方法，这种方法应用面最广。

滚装滚卸法（水平装卸法）：是以改变货物水平方向的位置为主要特征的方法。

5. 按作业对象分

单件作业法：是指单件、逐件装卸搬运的方法，这是以人力作业为主的作业方法。

集装作业法：是指对煤炭、矿石、粮食、化肥等块、粒、粉状物资，采用重力法（通过筒仓、溜槽、隧洞等方法）、倾翻法（铁路的翻车机）、机械法（抓、吕等）、气力输送法（用风机在管道内形成气流，利用压差来输送）等方法进行装卸。

（五）装卸搬运作业原则

1. 减少装卸作业次数

装卸作业本身并不产生价值，但是，如果进行了不适当的装卸作业，就可能造成商品的破损，因此，需要尽量排除无意义的作业，尽量减少装卸次数，尽可能地缩短搬运距离。

2. 注意装卸作业的连续性

装卸作业的连续性是指两处以上的装卸作业要配合好。进行装卸作业时，为了使连续的各种作业能不停顿、协调地进行，需要优化其作业流程，考虑合理装卸或出库的方便，系统考虑一系列装卸作业动作的顺序、装卸作业动作的组合或装卸设备的选择及运用。

3. 提高装卸作业的灵活性

所谓装卸作业的灵活性，是指在装卸作业中的物料进行装卸作业的难易程度。在堆放货物时，事先要考虑到物料装卸作业的灵活性。衡量商品堆存形态的搬运灵活性，用灵活性指数表示。一般将灵活性指数分为五个等级：散堆于地面上为0级；装入箱内为1级；装在货盘或垫板上为2级；装在车台上为3级；装在输送带上为4级。

小思考：如何实现装卸搬运的合理化？

4. 增加装卸作业过程中的合理化措施

增加装卸作业过程中的合理化措施包括：避免没有物流效果的装卸作业，能有效地减少装卸次数；提高被装卸物料的纯度；包装要适宜；缩短搬运作业的距离，选择最短的路线完成这一活动,就可避免超越这一最短路线以上的无效劳动。

二、智慧装卸搬运作业系统

(一)智慧装卸搬运作业系统概述

智慧装卸搬运作业系统是指将装卸货物、存储上架、拆垛补货、单件分拣、集成化物品等任务信息收集并传递到智能决策系统,决策系统将任务分解,制订物品需求计划,合理选择与配置装卸搬运方式和装卸搬运机械设备,尽可能减少装卸搬运次数,以节约物流费用,并获得较好的经济效益。

智慧装卸搬运作业系统是自动化装卸搬运作业发展得更高级阶段,它不仅仅实现了作业过程的自动运行与自动控制,而且应用物联网、人工智能技术,实现作业环境的智能感知、作业方式的智能选择、作业状态的智能控制以及应急情况的智能处置,从而达到装卸搬运无人化运作要求。

(二)智慧装卸搬运作业设施设备

根据设备的类型和功能分类,智慧装卸搬运作业设备主要包括码垛机器人、龙门吊自动装卸系统、卡车自动装卸系统等。

1. 码垛机器人

码垛机器人是在工业生产过程中执行大批量工件和包装件的获取、搬运、码垛、拆垛等任务的一类工业机器人,是集机械、电子信息技术、智能技术等于一体的高新机电产品。它可以集成在任何生产线中,为生产现场提供智能化、机器人化、网络化的装卸作业,可以实现多种多样作业的码垛,广泛应用于纸箱、塑料箱、瓶类、袋类、桶装、膜包产品及罐装产品等的装卸作业。码垛机器人及其结构如图9-10所示。

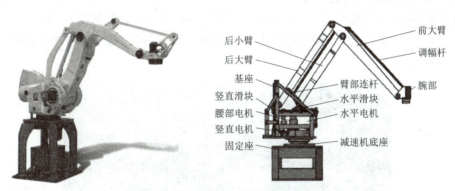

图9-10 码垛机器人及其结构

码垛机器人主要由机器人主体、伺服驱动系统、手臂结构组成。机器人主体包括固定座以及减速机底座;伺服驱动系统包含腰部电机、竖直电机和水平电机三大电机组成的电机组,中间通过竖直滑块和水平滑块连接主体;手臂结构包括前大臂、调幅杆、后小臂、后大臂。码垛机器人主要针对码垛应用设计,关节式手臂结构精巧,能便捷地集成于紧凑型后道包装环节。同时机器人通过手臂的摆动能实现物品搬运,从而使前道来料和后道码垛柔性衔接,大幅缩短了包装时间,提高了生产效率。码垛机器人可按不同的物料包装、堆垛顺序、层数等要求进行参数设置,实现不同类型包装物料的码垛作业。

2. 龙门吊自动装卸系统

龙门吊（见图9-11）是一种大型起重机。龙门吊的横梁和立柱结构呈现门字形状，属于轨道式集装箱起重机，具有节能环保、可靠性高、起重能力大、维修保养工作量小、易于实现自动化操作等优点。

图 9-11　龙门吊

3. 卡车自动装卸系统

（1）卡车自动装卸系统的组成。

自动装卸系统（ATLS）通常由两部分组成：卡车（拖车）上的系统和月台上的系统。

卡车（拖车）上的系统：根据客户需求和货物种类有不同类型，大多数类型的系统都可以安装在新的或改装过的标准卡车（拖车）上，具体可以改装为滑链、滑叉、链板、滑轮等多种形式。

月台上的系统：一般和卡车（拖车）上的系统配对，便于对接，分别有滑链系统、滑叉系统、链板系统、滑轮系统等。此外，月台还装有视觉扫描定位系统、过渡桥、信号灯及卡车控制系统、控制箱、卡车导向装置、安全防护栏等。

（2）自动装卸系统的作业流程。

自动装卸系统的作业流程基本如下：卡车到达月台后，沿着月台上安装的卡车导向装置到达指定位置；通过视觉系统使卡车上的系统和月台上的系统对齐，然后锁定卡车；驾驶员开启自动装卸系统，货物一次性从卡车自动输送到月台，或者从月台输送到卡车上。

（3）自动装卸系统的应用场景。

自动装卸系统（见图9-12）的应用场景主要有三种：进货（自动卸货）、出货（自动装货）和班车（自动装卸）。其中，用于生产设施和配送中心之间的班车服务是卡车装载和卸载系统的最常见应用。

图 9-12　自动装卸系统

根据卡车是否需要改装，自动装卸系统可以分为需要卡车改装和无须卡车改装两大类型。

需要卡车改装的自动装卸解决方案，尤其适用于需要大批量频繁装卸的班车应用场景。对于短途班车，适合的解决方案有滑链式、链板式、输送带式和包装式自动装卸系统；对于中途班车，适合的解决方案有滑叉式自动装卸系统。

无须卡车改装的自动装卸系统，包括：适用于发货（仅需装货）的解决方案，有滑动式自动装货系统；适用于进货和发货的解决方案，有加强版滑叉式自动装卸系统。

4. AGVS

智慧搬运作业系统是利用自动导引搬运工具系统（Automated Guided Vehicle System，AGVS）进行物流搬运的作业系统。AGV 是一种柔性化和智能化物流搬运机器人，它装备了电磁或光学等自动导引装置，能够沿规定的导引路径行驶，是具有安全保护以及各种移载功能的运输车。简单理解就是，小车可以通过人工设定的路径，自动去搬运货物存放。AGVS 作为工业自动化物流的主要实现方式，被广泛应用在重复性搬运、搬运工作强度大、工作环境恶劣、环境要求高的领域。与物料输送中常用的其他设备相比，AGV 的活动区域无须铺设轨道和支座架等固定装置，不受场地、道路和空间的限制。因此，在自动化物流系统中，最能充分地体现其自动性和柔性，实现高效、经济、灵活的无人化生产。

三、智慧装卸搬运作业系统的典型应用

（一）自动装卸系统的应用

汽车行业需要及时（JIT）物流，零部件必须在正确的时间以正确的顺序交付。卡车自动装卸系统可以将自动化仓储和运输连接，简化复杂的物流过程，提高交付速度，并保证产品的安全。目前宝马、奥迪、欧宝、沃尔沃等汽车厂商及汽车配件厂商都在全球多个生产基地实施了卡车自动装卸系统。

冷链物流的核心需求是保持产品新鲜，因此必须减少冷藏运输和储存的冷损失。卡车自动装卸系统可以缩短装卸环节的时间，同时减少人工接触货物的机会，以避免冷损失的风险。许多大的冷库运营商均已经使用自动装卸系统。例如，某冷链运营商采用滑链系统，包含 10 个月台系统和 12 个卡车系统，每个月台都安装了控制箱，驾驶员到达后可以通过控制箱实施装货和卸货过程。从卡车停放到驶离，整个过程仅需 10~15 分钟。该解决方案保证了冷链的完整性，同时最大限度地减少了人们接触冷冻货物的次数，降低了货物损坏、丢失或错误的可能性。

（二）自动搬运系统在智慧仓储领域的应用

仓储领域是智慧装卸搬运系统应用的主要领域，从具体应用案例来看，通过智慧装卸搬运系统的应用可以实现仓储货物的自动卸车、自动输送、自动分拣、自动取货、自动装车以及信息数据的自动更新等业务工作。

如京东昆山无人分拣中心主要分为自动卸车区、到件缓存区、空笼存放区、倾倒区、单件分离区、分拣区、空笼等候作业区、AGV 充电区、RFID 识别区、AGV 自发货区、装车区等多个功能区。主要作业流程：自动卸车—自动供包—自动分离—自动扫描—自动分拣及落包—自动取货—自动装车。昆山无人分拣中心 AGV 得到大规模应用，实现了全国首例分拣前后端 AGV 自动装车、卸车作业，实现了对包裹六面的精确扫描和面单信息的快速识别，为分拣系统实现快速准确的分拣提供了保障。采用 RFID 识别发货订单，进一步保障了发货准确性。带笼箱运输的方式尽管会损失部分装载空间，约减少 20% 的装载量，但是可以有效保护包裹不受损坏，而且装载效率也大幅提升，装满一辆车由之前的 30 分钟缩短至 5 分钟。

实践任务九　自动打包机的操作和使用

（综合性实验2学时）

1. 实践目的

掌握自动打包机打包技术，规范工作顺序。

2. 操作讲解

自动打包机（见图9-13）先使用打包带缠绕产品或包装件，然后收紧并将两端通过热效应熔融或使用包装扣等材料连接。

图9-13　自动打包机（半自动）

打包流程：

步骤一：打开自动打包机上的开关，按下绿色方形"电机"按钮，电机开始加热，整个预热过程大约需要1分钟。如果需要立即开始工作，则按下红色圆点"速热"按钮；预热过程大约需要30秒，如无必要，尽量不使用此功能，按正常程序预热。

步骤二：预热结束后进行捆扎。将计划包装的货品放于工作台上，与出带槽方向保持垂直；将计划捆扎位置正好压在出带槽上，计划包装货品的右端压到出带槽上标记有红色HOT DO NOT TOUCH（烫手勿摸）字样的铁片处；再将塑胶包装袋从计划包装货品的上方绕过，手扶住货品，另一手将端头插入铁片标记处右端的黑色夹口处；完成后务必立即放手，此时严禁用身体任何部分接触包装袋或伸入包装袋与货品之间的空隙，机器将自动收带，将货品扎紧，加热端头，粘紧包装袋并切断。

步骤三：取出要打包的货品（或纸盒），平放在自动打包机上，拉出打包带，使其长度可绕货品（或纸盒）一圈，将打包带头插入打包带小孔，用胶黏合。

步骤四：自动打包完成。

注意事项：

（1）在电机预热时，检查已出塑料包装袋长度是否足够，其长度应比计划包装货品捆扎处的周长长度加10厘米左右。如不够，按住红色圆形"手动出带"按钮，则机器往外送带，当长度足够时放开"手动出带"按钮，则机器停止送带；如出带长短合适，则估算此长度，旋转"送带长度"调节器，确定送带时间，刻度盘上每一大格表示送带持续1秒，可以按1秒出1米的比率估算需要的送带时间。当完成第一次捆扎后，根据实际情况对自动出带的长度进行微调。

（2）操作时如发现需要临时退带，则按下绿色圆形"手动退带、切带"按钮，将多出包装袋退回，待包装袋退到合适位置后松开按钮，则机器停止退带。

3. 实践考核

（1）考核自动打包机常识介绍和使用（维护、充电、使用、注意事项）。

（2）能掌握自动打包机打包技术，规范工作顺序，利用自动打包机完整地完成打包工作。

考核评价：教师对任务完成情况做出综合评价。考核评价标准参考表 9-2。

表 9-2　考核评价标准

专业		班级		学号		姓名	
考核内容	自动打包机的操作和使用						
考核标准	评 价 内 容					分值/分	评分/分
	掌握相关理论知识、方法和技能					20	
	掌握自动打包机技术，规范工作顺序					30	
	利用自动打包机设备正确完整地完成打包工作					30	
	能够对打包过程中的紧急情况进行处理					20	

本模块小结

　　本模块重点围绕智慧物流仓储作业系统、智慧物流运输作业系统、智慧物流配送作业系统以及智慧物流包装、装卸搬运作业系统四个方面来介绍智慧物流作业系统。智慧仓储作业系统重点介绍了智慧仓储概念、智慧仓储作业模式与场景、智慧仓储业务需求分析及智慧仓储作业系统实施。智慧物流运输作业系统重点介绍了智慧物流运输概念、物流运输业务管理以及智慧物流运输作业系统实施。智慧物流配送作业系统重点介绍了智慧物流配送概念、配送作业计划编制、智慧物流配送作业系统实施。智慧物流包装、装卸搬运作业系统重点介绍了智慧物流包装的概念、功能及类型、作业设备的特点及应用，智慧装卸搬运的概念、设备及其应用。项目中穿插实用案例、政策文件等，并分别以实践任务进行知识巩固和能力训练。项目内容融入智慧物流新技术、新业态、新模式以及新标准，教材内容与证赛融合，融入"1+X物流管理职业技能等级考证""全国物流服务师职业技能竞赛""智慧物流作业方案设计和实施职业技能大赛"等内容，并将最新的科研成果以案例的形式融入教材，做到"课证赛研"融合。

思考与练习

一、单项选择题

1.（　　）是指为在流通过程中保护产品、方便储运、促进销售，按一定技术方法而采用的容器、材料及辅助物等的总体名称。

　　A. 包装　　　　B. 装卸搬运　　　　C. 运输　　　　D. 仓储

2.（　　）是指在现代物流运作中，为保护产品、感知信息和优化服务，以包装为载体，通过数字化与智能化技术手段，使之具有感知、监控、记录、智能处理和信息传递的现代化功能，实现包装的可视化与智慧化，满足物流与供应链管理高效运行的需要。

　　A. 智慧仓储　　　　　　　　　B. 智慧配送

　　C. 智慧物流包装　　　　　　　D. 智慧物流运输

3. 以下不属于自动打包机结构的是（　　）。

　　A. 弓架单元　　B. 动力滚轮台面　　C. 储带箱　　D. 吸盘手臂

4. 以下不属于智慧物流包装的是（　　）。

文档　项目九
习题参考答案

A. 功能储备型　　B. 功能信息型　　C. 功能材料型　　D. 功能结构型

5. 以下不属于码垛机器人主要组成的有（　　）。

A. 机器人主体　　　　　　　　B. 伺服驱动系统

C. 输送带　　　　　　　　　　D. 手臂结构

6. （　　）是指包装作业中结合先进的工控技术，融合机电一体化，为产品包装提供自动开箱—自动套膜—自动装箱—在线称重—自动贴标—自动封箱—自动打包捆扎等自动化作业的无人化、智能化包装设备。

A. 包装机器人　　　　　　　　B. 无人机快递

C. 自动包装流水线　　　　　　D. 自动打包机

二、多项选择题

1. 以下属于智慧物流包装功能特点的有（　　）。

A. 保护商品　　B. 方便运输和存储　　C. 商品跟踪　　D. 安全源头追溯

2. 以下属于自动包装流水线设备的有（　　）。

A. 自动装箱机　　B. 自动封箱机　　C. 自动打包机　　D. 码垛机

3. 以下属于自动打包工作过程的有（　　）。

A. 送带　　B. 收紧　　C. 切烫　　D. 粘贴

4. 以下属于开箱机动作过程的有（　　）。

A. 取箱　　B. 成型　　C. 折盖　　D. 封底

5. 自动包装流水线包括（　　）部分。

A. 自动开箱机　　B. 吸盘手臂　　C. 自动封箱机　　D. 自动打包机

三、简答题

1. 智慧物流包装的发展和应用现状怎样？

2. 智慧装卸搬运系统由哪些部分组成？可实现哪些功能？

3. 智慧包装系统中流水线的作业设备有哪些？其分别有什么功能？

四、论述题

1. 如何理解"智慧物流包装"？

2. 简述国内外智慧装卸搬运的应用现状。

五、综合题

叉车 AGV 的发展和应用

传统叉车作为一种工业搬运车辆，常被应用于港口、车站、机场、货场、工厂车间、仓库、流通中心和配送中心等场所，在船舱、车厢和集装箱内进行托盘货物的装卸、搬运作业，是托盘运输、集装箱运输中必不可少的设备。

随着工业 4.0 时代的到来，在成本和效率的驱动下，智能化和自动化机械设备应运而生，比如叉车 AGV（见图 9-14）。新战略机器人产业研究所数据显示，2020 年中国叉车 AGV（含视觉导航）销量达 5 000 台，较之 2019 年的 2 700 台增长幅度为 85%，市场规模约为 17 亿元，较之 2019 年增长 31%。

图 9-14　叉车 AGV

资料显示，相较于传统叉车，叉车 AGV 不仅可以承担点对点物流搬运环节，还可以在多个生产环节完成对接，在生产线、仓库、车站、机场等多样的生产场景，根据进出口、生产线、上下线、装配线、传输线、货架、立体库、操作点等不同的需求，实现多种功能。

除此之外，在安全性能上，叉车 AGV 增加了环境感知功能，可减少现场突发事故，降低危险事件的发生率，且结合智能算法技术和软件系统功能，大大提高了作业的可预测性。

近年来，传统叉车企业开始纷纷转战叉车 AGV 领域。其中就包括了丰田、永恒力、合力、三菱、杭叉、柳工等全球顶尖的叉车厂商。

思考题：

1. 什么是叉车 AGV？它有何优势？
2. 叉车 AGV 和 AGV 搬运机器人应用场景有何区别？

模块四

智慧物流数据分析和应用

内容架构

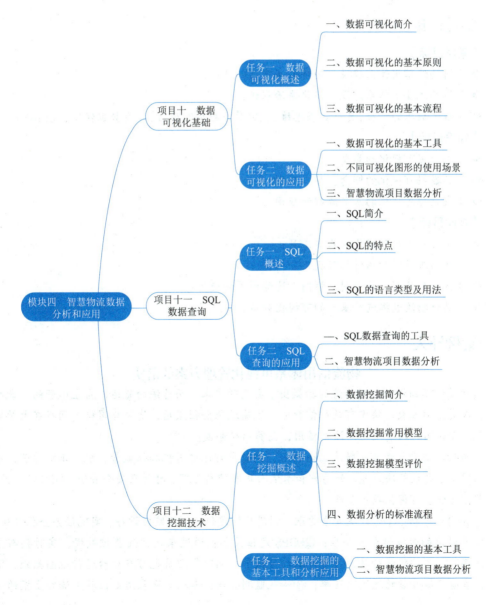

项目十

数据可视化基础

学习目标

【素质目标】
- 了解物流信用体系建设，锤炼诚实守信的品质；
- 了解物流法治体系建设，强化法治意识；
- 了解大数据的特征，具有数据思维，能够尊重数据客观性，具有数据保密、数据安全意识。

【知识目标】
- 了解数据可视化的类型；
- 理解数据可视化的概念、基本原则；
- 掌握数据可视化的基本流程和应用。

【技能目标】
- 知道几种数据可视化的基本工具；
- 会使用工具对数据进行可视化分析；
- 能区分柱状图、条形图、饼图、迷你图等的使用场景；
- 能够对物流数据进行基本的可视化分析。

案例导入

物流信用体系可视化管理方案的落实

货运量的不断增加，对物流运输提出了更高的要求。而传统的货运以自主运营的"散户"为主，人员流动性大、缺少有效征信数据，运输过程全程黑箱，货主与司机之间存在大量的中间环节，导致司机与货主之间缺乏信用，交易纠纷频发。

为帮助各类型货运车队解决上述问题，同时更好地对司机加强监管，规范车队管理，推出物流信用体系建设解决方案，如用户和承运人基本信息管理、时效及安全管理、GPS 定位设备、油耗监测管理、可视化数据管理。

具体内容包括：①时效及安全管理：利用车辆定位、视频监控设备，实现任务全程可视化，大幅提升运输的时效性和安全性；②GPS 定位设备：通过车辆位置监控数据，实时判断车辆的作业环节，不按路线行驶、异常停驻均可报警，同时管理员也可在后台进行地图测距、路径规划，多途径提升货物送达准点率；③油耗监测管理：车队管家采用定位器＋油费上报的油耗监测方案,通过硬件设备实现油耗的监测,可以把油耗管理落到实处,让油耗不再是一笔糊涂账;④可视化数据管理:实时可视化的数据看板可以提升单车效益,避免传统物流行业数据统计费时费力、易错易漏、数据获取滞后的问题,通过电脑与手机多终端、多人协同管理,有权限的管理员均可通过实时数据看板了解车队运营情况;通过调度报表、财务报表、定位报表,可实现多维度报表分析,赋能车队高效决策。

最终,平台通过查看交易服务质量、投诉纠纷产生情况、增值履约守信度等维度为每个平台用户生成精准的信用画像,以及基于信用画像对平台客户诚信分值划分等级,保证等级高的客户优先享受平台推荐优质车辆和货源服务,等级低的客户限制享受平台部分基础功能应用,如无法及时找货或者发货。此外,平台基于司机的基本属性、车辆使用、交易偏好、信用历史等大数据构建对司机群体的全新信用体系,保证信用等级好的司机不用支付保证金就可以接单,享受运费预付审核流程的减免。

思考题:
1. 物流信息体系可视化解决方案的核心功能有哪些?
2. 你认为物流信用体系建设的重要意义是什么?

案例启示: 通过案例,让学生认识到物流信用体系建设正在加速物流行业从基础服务向品质服务方向升级,未来的物流市场将会变得越来越公开透明、合法合规。诚实守信的从业人员不仅享有基本保障,还会拥有合理的放大价值。诚实守信是物流从业人员应具备的基本职业素养。

任务一 数据可视化概述

引 例

大卫·麦克德里斯:数据可视化之美

大卫·麦克德里斯(David McCandless)曾为《英国卫报》《连线》《独立报》等刊物撰稿,擅长以简洁精美的图像展现复杂、抽象或分散的资讯,并将不同的数据组合,展现其中的联系和模式。大卫认为,数据可视化不仅是在信息丛林中找到方向的最好方法,还能帮助人们发现全新的视角。

这是一个信息过剩和数据泛滥的时代,导致我们无法在数据丛林中看清真相。一个简单的解决方案就是可视化的方法。通过简单的图表,可以看到各种信息中内在因素的模式和关联,使信息更有意义。

大卫举了一个例子,一张显示各国支出的图表,在没有上下文的情况下,数据显得毫无意义。理解这些数据的唯一方法是通过数据可视化和对比。大卫用颜色来区分动机、用面积来表现支出的多寡,这样的图表让你对各种支出及其间的关系一目了然。比如说石油输出国组织每年有7 800亿元的收益,但每年用于改善气候变化的费用却只有可怜的30亿元,仅仅在图中占据了一个很小的角落。

通过图表表现这些信息,就可以看见整个图像。不仅是财政数据,各种数据包括物流数据等都可以进行可视化处理。

(资料来源:TED大会)

思考题：
1. 什么是数据可视化？数据可视化有什么作用？
2. 如何进行数据可视化？

引例分析： 可视化信息其实是对知识的一种压缩，通过透彻的理解来更简洁地表达海量的信息。数据是新的石油，对其进行挖掘，发掘新视角，催生创新。数据也是一块肥沃且富有创造力的新土壤，通过网络连接各种数据就相当于灌溉的过程，最终可以收获隐藏在数据背后的模式和数据之间的联系。

一、数据可视化简介

（一）数据可视化的概念

数据可视化（Data Visualization）是关于数据视觉表现形式的科学技术研究。这种数据的视觉表现形式被定义为，一种以某种概要形式抽提出来的信息，包括相应信息单位的各种属性和变量。

视频　什么是数据可视化？

它是一个处于不断演变之中的概念，其边界在不断扩大，允许利用图形、图像处理、计算机视觉以及用户界面，通过表达、建模等对数据加以可视化解释。

它将结构或非结构数据转换成适当的可视化图表，然后将隐藏在数据中的信息直接展现于人们面前。换而言之，数据可视化帮助读者用肉眼更简单直观地看到数据，否则读者只能看到一堆数字。数据可视化综合运用计算机图形学、图像、人机交互等技术，将采集或模拟的数据映射为可识别的图形、图像、视频或动画，并允许用户对数据进行交互分析。

在进行数据可视化分析时，需要注意两点：一是数据可视化是为了更好地促进行动，所以要让行动的决策人看懂；二是当需要在已知的图表类型中进行选择时，先想想自己想要解决的到底是什么问题。数据可视化分析的本质是借助于图形等各种手段，清晰有效地传达与沟通信息。

（二）数据可视化的类型

数据可视化包括科学可视化、信息可视化和可视化分析学。

科学可视化侧重于利用计算机图形学来创建视觉图像，从而帮助人们理解那些错综复杂而又规模庞大的数字。对于科学可视化来说，三维是必要的，因为典型问题涉及连续的变量、体积和表面积。

信息可视化处理的对象是抽象的、非结构化数据集（如文本、图表、层次结构、地图、软件、复杂系统等）。与科学可视化相比，信息可视化更关注抽象、高维数据。此类数据通常不具有空间中位置的属性，因此要根据特定数据分析的需求，决定数据元素在空间的布局。

可视化分析学被定义为一门以可视交互界面为基础的分析推理科学。它综合了图形学、数据挖掘和人机交互等技术，以可视交互界面为通道，将人的感知和认知能力以可视的方式融入数据处理过程，形成人脑智能和机器智能优势互补和相互提升，建立螺旋式信息交流与知识提炼途径，完成有效的分析推理和决策。

可视化分析是科学可视化、信息可视化、人机交互、认知科学、数据挖掘、信息论、决策理论等研究领域交叉融合所产生的新领域。可视化分析是一种通过交互式可视化界面来辅助用户对大规模复杂数据集进行分析推理的科学与技术，即可视化分析的重点是通过交互式视觉界面进行分析推理。

(三)数据可视化的作用

数据可视化借助图形化手段,清晰有效地传达与沟通信息,使用户能够快速识别。交互式可视化能够让决策者对细节有更深层的了解。

1. 知识传输速度快

使用图表来总结复杂的数据,可以确保对数据间关系的理解要比那些混乱的报告或电子表格更快。

2. 多维度、多层次的数据展现

将数据每一维的值分类、排序、组合和显示,这样就可以看到表示对象或事件的数据的多个属性或变量。

3. 更直观的数据信息展示

数据可视化报告使我们用一些简短的图形就能体现那些复杂信息,甚至单个图形也能做到。决策者可以轻松地解释各种不同的数据源。

4. 更易于信息传达的展现方式

在学习时,数据图文能够帮助学习者更好地了解所要学习的信息内容,也更容易让人们记住。

目前,数据可视化被大范围应用在智慧城市、智慧景区、网络态势等领域。随着科技的不断发展和成熟,数据可视化会逐渐成为主流的数据分析方式。

政策文件

《中华人民共和国数据安全法》正式施行

2021年9月1日,《中华人民共和国数据安全法》正式施行。该部法律体现了总体国家安全观的立法目标,聚焦数据安全领域的突出问题,确立了数据分类分级管理,建立了数据安全风险评估、监测预警、应急处置、数据安全审查等基本制度,并明确了相关主体的数据安全保护义务,这是我国首部数据安全领域的基础性立法。

二、数据可视化的基本原则

(一)格式塔原则

"格式塔"(Gestalt)这个词在设计中经常出现,来源于德语,意思是"形式"或"形状",它通常指的是某事物的整体外观,大于其各部分的总和。在心理学中,格式塔是指允许视觉感知秩序的基本原则。"格式塔"原则比 CRAP 四大原则更加全面和深入。CRAP 四大原则即对比(Contrast)、重复(Repetition)、对齐(Alignment)、亲密性(Proximity)原则。格式塔原则主要包括主体/背景原则、相似性原则、接近性原则、闭合性原则、连续性原则、对称性原则和共同命运原则。

主体/背景原则是指人们在感知事物的时候,总是自动地将视觉区域分为主体和背景。图形与背景的对比越大,图形的轮廓越明显,则图形越容易被发掘。如当一个较小的形状被一个较大的均匀区域包围时,就会感觉到较小的物体在前面,并且有边界。

相似性原则指的是在某一方面相似的各部分趋于组成整体,即人们通常把那些明显具有共同特性(如形状、大小、颜色等)的事物组合在一起。

接近性原则强调对象之间位置,是指距离相近的各部分趋于组成整体。接近性原则就是指

人们在视觉上会自动将靠得近的物象归为一组或一类。

闭合性原则（又称封闭性原则）是指彼此相属、构成封闭实体的各部分趋于组成整体。简单而言，闭合性原则是指人们在视觉上会把不完全封闭的物象当成一个统一的整体。

连续性原则是指凡具有连续性或共同运动方向的部分容易被看成一个整体。也就是说，连续性原则指的是人们在视觉上会把非连续的物象完整化，成为连续的形式。

对称性原则是指对称的元素被视为同一组的一部分。也就是说，人们往往更加倾向于接受那些围绕其中心形成的对称形状。

共同命运原则是指具有共同运动形式的物体被感知为彼此相关的一组，即一组物体具有沿着相似的光滑路径运动的趋势或者具有相似的排列模式时，被识别为同一类物体。

（二）爱德华·图夫特原则

"图表垃圾"是由爱德华·图夫特开发的。1983年，他出版了自己最为知名的书《定量信息的视觉展示》。其提到的主要原则如下。

1. 图形完整性

它指的是视觉元素表示数据的准确程度。信息可能差异很大，即使是相关数据，因此人们希望并倾向于不成比例地扩展数据，以使其适合允许的空间。

2. 最大化数据墨水比

数据墨水比（Data-Ink Ratio）是指图表中用于数据的墨水量与总墨水量的比值。

最大化数据墨水比是指在墨水数量一定的情况下最大化数据墨水所占的比例。那么什么是数据墨水？什么是非数据墨水？

数据墨水是指为了呈现数据所用的墨水，在图表中主要是指柱状图的那些柱子，折线图的那根线之类的。而非数据墨水就是除了这些数据以外的元素所用的墨水，在图表中主要指网格线、坐标轴、填充背景等元素。

$$数据墨水比 = 图表中用于数据的墨水量 / 总墨水量$$
$$= 图表中用于数据信息显示的必要墨水比例$$
$$= 1.0 - 可被去除而不损失数据信息的墨水比例$$

这个原则就是指在设计的时候尽可能多地重点突出数据元素而淡化非数据元素。数据墨水比的比值越高，说明图表中越多的视觉编码被用于传递真正的信息，而不是出现冗余，或者用于描述一些其他的东西。

3. 避免图表垃圾

图表中过度和不必要的图形效果使用被称为图表垃圾。根据图夫特的说法，所有信息都应该尽可能简洁有效，重点是构建上下文、删除文本标签和添加更多视觉效果。

4. 数据密度

数据密度，即图形单位面积内展示的观察变量数据量，即用于显示数据的总尺寸的比例。在合理范围内最大化数据密度和数据矩阵，其实现方法之一是收缩，即保证大多数图形可以在不丢失可读性的情况下缩小。

$$数据密度 = 数据阵列 / 数据图形区域中的条目数量$$

图表的数据密度越高越好，特别是当处理和解释额外信息的边际成本降低时。富数据设计为统计证据提供了场景信息，提升了可信度，避免了低信息图表带来的怀疑。

(三)美学原则

美学原则需符合构图美、布局美。

构图美需达到稳定的构图,简单,平衡,聚焦。

简单则要求避免在可视化项目中包含过多的造成混乱的图形元素,也要尽可能不使用过于复杂的视觉效果。

平衡则要求可视化的设计空间必须被有效利用,尽量使重要元素置于可视化设计空间的中心或中心附近,同时确保元素在可视化设计空间中的平衡分布。

聚焦则通过适当的技术手段将用户的注意力集中到可视化结果中的最重要区域。

布局美需达到合理的信息布局,同时色彩方面也应协调,不同的色彩给人不同的心理感受。

三、数据可视化的基本流程

可视化不是一个算法,而是一个流程,有点像流水线,但这些流水线之间是可以相互作用的、双向的。可视化流程主要分成三个部分——前端、处理及后端,这和软件的开发流程不是一个概念。数据可视化基本流程如图 10-1 所示。

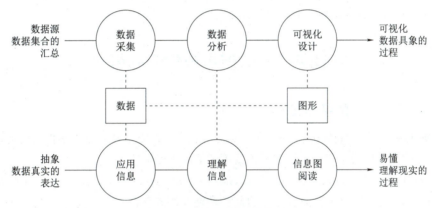

图 10-1 数据可视化基本流程

(1)数据采集:数据采集是数据可视化的第一步,也是基础。数据采集的分类方法有很多,从数据的来源来看主要有两种,即内部数据采集和外部数据采集。内部数据采集,通常数据来源于企业内部的业务数据。外部数据采集,指的是通过一些方法获取来自企业外部的数据。获取外部数据主要是为了获取竞品的数据和官方机构官网公布的一些行业数据。数据的采集直接决定了数据的格式、维度、尺寸、分辨率、精确度等重要性质,在很大程度上决定了可视化结果的质量。

(2)数据分析:数据分析是进行数据可视化的前提条件,主要包括数据预处理和数据挖掘两个过程。进行数据预处理的原因是,前期采集到的数据往往包含了噪声和误差,数据的质量较低,这个过程包括去除数据噪声、数据清洗、提取特征。数据挖掘则是因为数据的特征、模式往往隐藏在海量的数据中,需要进行更深一步的挖掘才能获取到。

(3)可视化设计:可视化设计是整个可视化流程的核心,它将数据的数值、空间位置、不同位置数据间的联系等,映射到不同的视觉通道(指把经过处理的数据信息映射为视觉元素的过程)。

(4)用户感知:数据可视化和其他数据分析处理办法的最大不同是用户。用户借助数据可视化结果感受数据的不同，从中获取信息、知识和灵感。

上面的可视化流程虽然简单，但也要注意：上述过程都是基于数据背后的自然现象或者社会现象，而不是数据本身；各个模块之间的联系更多是非线性的，任意两个模块之间都可能存在联系。

直通职场

物流数据分析相关岗、证要求

物流数据分析员岗位职责要求：能使用表格独立进行物流数据分析，控制物流节点，制作分析报表。例如：建立每月库存分析报表；对部门各项数据的分析及管理；对路线、成本与利润等进行分析；及时跟踪到货入库信息，做好项目占库分解表，跟踪月动销率的库存消化情况；配合业务部做好 ERP 系统调拨单的调拨出库；做好相关数据资料的保密工作；做好单据的归档等。

文档 数据可视化的其他流程

1+X 物流管理职业技能等级标准（标准代码：530001）中级考证对物流数据统计与分析模块内容的要求：能举例说明供应商评价指标体系的构成和应用；能应用工具与方法对物流数据进行统计与分析；能编制物流数据分析报告。

任务二 数据可视化的应用

一、数据可视化的基本工具

入门级工具主要有 Microsoft Excel 和 PowerPoint 等。高级工具有无须编程语言的工具、基于 JavaScript 的工具以及基于其他语言的工具等。下面重点阐述入门级工具。

Microsoft Excel 是 Microsoft 为使用 Windows 和 Apple Macintosh 操作系统的电脑编写的一款电子表格软件。其直观的界面、出色的计算功能和图表工具，再加上成功的市场营销，使 Excel 成为最流行的个人计算机数据处理软件。Excel 的数据可视化，除了最为常见的标准图表之外，还可以通过 REPT 函数、条件格式、迷你图、动态透视图、Power Map 三维地图等方式实现。

（一）REPT 函数

REPT 函数可以根据指定次数重复文本（数字、字母、字符串、图形等）。

1. 成绩星级评定

REPT 函数实现星级评价，操作方法：单元格 C2 用实心五角星"★"显示等级，在 C2 中输入公式"=REPT（"★"，B2）"；单元格 D2 用实心五角星"★"和空心五角星"☆"显示等级，在 D2 中输入公式"=REPT（"★"，B2）&REPT（"☆"，5-B2）"（表 10-1）。

2. 制作条形图

如表 10-2 所示，在 C2 输入公式"=REPT（"|"，B2）&B2"，完成后在字体选项中将字体更改为"Playbill"，可以再将字体填充一个颜色，这样横向条形图就生成了。

表 10-1　REPT 函数实现星级评价　　　表 10-2　REPT 函数实现条状图

（二）条件格式

条件格式，就是让符合条件的单元格显示为预设的格式，即根据条件使用数据条、色阶和图标集，以突出显示相关单元格，强调异常值，以及实现数据的可视化效果。在 Excel 菜单中，一个完整的条件格式称为一条规则（即条件＋格式＝规则）。Excel 条件格式，预设了五种类型的规则，即"突出显示单元格规则""项目选择规则""数据条""色阶""图标集"。除了预设的五种类型，还可以通过"新建规则"创建新规则。这几种规则可以分为三类：第一类，实现单元格内可视化（即基于各自值设置所有单元格的格式）；第二类，实现数值的突出显示；第三类，使用公式控制格式。

条件格式实现目标可视化的步骤如图 10-2 所示。通过条件格式的【管理规则】—【编辑规则】，重新设置规则，将默认的最大值类型"自动"更改为"数字"，值设置为销售目标所在的单元格即可，还能够根据目标的变化而动态调整。

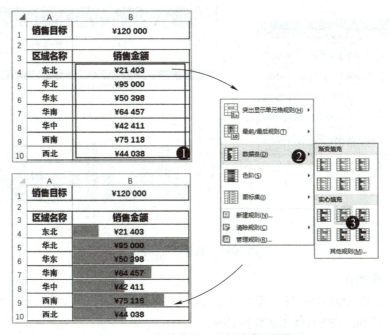

图 10-2　条件格式—目标达成可视化

（三）迷你图

迷你图就是放置在单个单元格中的小图表，可以在单元格中用图表的方式来呈现数据的变化情况。当有多组数据需要分别查看数据趋势，但分别作图又很麻烦，且将多个数据图放在同一个表格又显得杂乱时，就可以考虑使用 Excel 的迷你图可视化功能。迷你图的趋势效果如表 10-3 所示。

表 10-3 迷你图的趋势效果

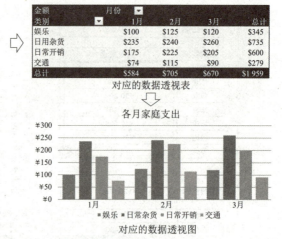

（四）动态透视图

动态透视图，就是通过 Excel 的数据透视表和数据透视图，实现多维数据的汇总与可视化。数据透视表从 Excel 2010 开始增加了切片器功能，从 Excel 2013 开始增加了日程表功能。切片器和日程表都可以更快速直观地实现对数据的筛选操作。数据筛选步骤如图 10-3 所示。

图 10-3 数据筛选步骤

（五）三维地图

Power Map 三维地图是一种三维（3D）数据可视化工具，可以更立体直观地看到在传统的二维（2D）表格和图表中可能无法看到的内容。

（六）箱形图

箱形图，又称为盒须图、盒式图、盒状图或箱线图，是一种用于显示一组数据分散情况资料的统计图（见图 10-4）。它因形状如箱子而得名，常见于品质管理。

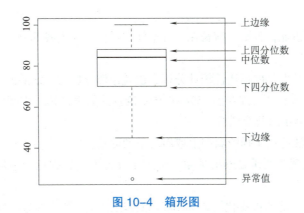

图 10-4 箱形图

箱形图于 1977 年由美国著名统计学家约翰·图基（John Tukey）发明。它能显示出一组数据的最大值、最小值、中位数、上四分位数及下四分位数（排在 1/4 和 3/4 位置上的数）。

小思考：

已知 15 位拣货员同一天内拣货件数如下：

75，64，57，68，62，62，59，64，67，64，57，69，67，53，72，绘制拣货量分布的箱形图。

（七）PowerPoint 简介

Microsoft Office PowerPoint 是指微软公司的演示文稿软件。无论是工作总结汇报、企业介绍，还是招商策划等场景，都少不了它的身影。通过使用 PPT，可以更直观地对相关成果进行量化展示，相较文字而言，更容易吸引观看者的目光和注意力。例如，PPT 图表就是数据可视化的一个重要手段，不仅直观，并且能体现各种各样的关系类型，如对比、趋势、比例等。除了基础的图表应用，还可以在普通图表的基础上，进行创意设计，充分实现 PPT 的数据可视化。

二、不同可视化图形的使用场景

（一）散点图

散点图适用于显示数据之间的相关性。如果想知道两个指标之间有没有关系，散点图是最直观、精确的可视化图表。

（二）折线图

时间序列的数据用折线图来实现可视化：用线条将相关数据联系在一起，可以观察到随着时间呈现的变化趋势。

（三）柱状图

堆积柱状图不仅能比较各个类别总体的区别，还能看出每个类别中子成分的占比情况。缺点是让用户产生视觉上的压力，只能比较紧贴 X 轴的子成分，Y 轴的子成分很难比较。

瀑布图也是一种柱状图，可以抽离出堆积柱状图中的一部分重点关注，或者展示起点和结果以及其中上升、下降的变化。

直方图：当查看数据是如何在各个类别中分布时，可以使用直方图，给每个类别画一个柱子，是柱状图的特殊形式。直方图的柱子是连续的，暗示数值上的连续。

（四）条形图

条形图是柱状图翻转 90 度得到的图形，可以比较多组数据，很容易阅读，当类别名称很长时可以很好展示，从左到右很符合阅读习惯。

（五）其他图形

饼图：表示数据占比，人眼不擅长在二维空间定量分析，当各部分大小相近时很难判断哪块更大，应避免使用。

箱形图：适应于数据集的描述性统计分析，也就是四分位数，线的两端表示数据的最大值和最小值，箱子上下两端表示排在前25%和75%位置的数值，箱子中间的横线表示中位数，箱形图可以很清楚地展示这几个指标。

透视图：这种方法适用于描绘斜向上或斜向下的数据。

散点图：用于发现各变量之间的关系。适用于存在大量数据点的情形，结果更精准，比如回归分析。

三维地图：实现"地图可视化"，将地理数据转换成可视化形态，将具有地域特征的数据或者数据分析结果形象地表现在地图上，使用户更容易理解数据规律和趋势。

三、智慧物流项目数据分析

数据可视化在智慧物流项目的应用大体可以分为三类，包括：比较类图表、分布类图表和占比类图表。

（一）比较类图表

比较类数据的可视化就是通过可视化方法显示值与值之间的不同和相似之处，通常用于展示不同分类间的数值对比和不同时间点的数据对比等。常用图形有柱状图、条形图、气泡图和子弹图。

小任务：对某物流公司销售数据进行研究和分析，比较和评估不同类别销售额之间的差距。

对于销售额的分析大体包括两种：一是特定产品中每个大类的销售额差异；二是特定产品中每个大类下每个子类的销售额差异。操作步骤如下：

步骤一：进入大数据多维分析平台。

步骤二：进入"销售数据—订单"数据表，单击【聚合】按钮设置聚合条件为"总和的销售额"，如图10-5所示。

步骤三：在下方的分组条件选择"类别"。

步骤四：单击【完成】按钮。

在上述步骤三的基础上在"分组条件"添加"子类别"，即可实现每个大类下各个子类产品的销售额，柱状图中不同颜色表示不同的产品大类，细分柱状表示细分产品的销售额。单击可视化图表下方的【表格视图】项，单击【销售额的总和】项，选择【降序】排列；切换至柱状图可视化（见图10-6）。根据柱状图的结果显示，可以发现所有的产品子类别按降序排列，其中家具的书架类销售额最高，其次为办公用品的器具类。通过柱状图的显示可以发现：该物流公司家具类的产品总销售额最高，其次是技术，最小是办公用品。

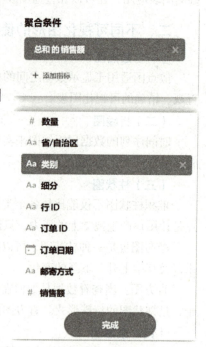

图10-5　聚类条件设置

（二）分布类图表

分布类数据的可视化就是通过可视化图表显示数据的频率。由于数据分散在一个区间或分组，所以使用图形的位置、大小、颜色的渐变程度来表现数据的分布。

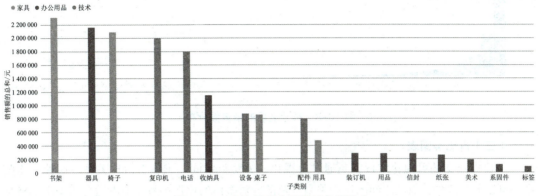

图10-6　各个子类产品的销售额降序

小任务：对某物流公司销售额数据分布进行研究和分析。

产品销售额分布是查看和分析客户一次性购买产品花费的费用区间，可以用直方图来表示。

步骤一：进入大数据多维分析平台。

步骤二：进入"销售数据—订单"数据表，单击【聚合】按钮选择总行数。

步骤三：在下方的分组条件中选择"销售额"。

步骤四：单击【完成】按钮。

根据结果显示，顾客购买费用集中分布在0~5 000元，极少数单价为5 000元以上（见图10-7）。如此设置单位价格的分组间隔是有问题的，需要进行更细致的分割（见图10-8）。在经过更为细致的分割后，产品价格集中分布在0~750元，少数分布在750元以上。

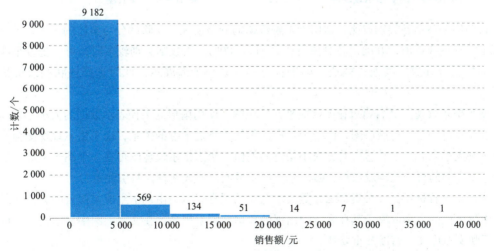

图10-7　某物流公司销售额分布

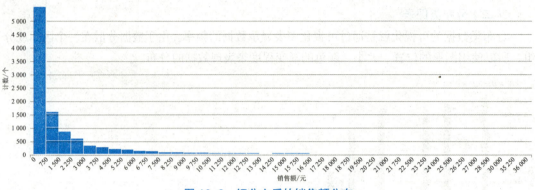

图 10-8 细分之后的销售额分布

（三）占比类图表

占比类数据的可视化实现就是通过可视化的方法显示同一维度上占比关系。这种占比关系，可以分为两种：数值之间的比例关系以及部分对整体的比例关系。前者适合采用南丁格尔玫瑰图（见图 10-9）、词云图（见图 10-10）等进行展现；后者适合采用饼图、桑基图等进行展现。

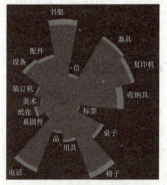

图 10-9 南丁格尔玫瑰图

图 10-10 词云图

饼图用来展示各类别占比，适用于了解数据的分布情况，反映部分与整体的关系，要求其数值中没有零或负值，并确保各分块占比总和为 100%，当数据类别较多时，可以把较小或不重要的数据合并成"其他"模块。如果各类别都必须全部展示，此时选择柱状图或堆积柱状图。

南丁格尔玫瑰图又名鸡冠花图或极坐标区域图。使用扇形的半径表示数据的大小，各扇形的角度则保持一致。对照饼图，由于半径和面积的关系是平方的关系，南丁格尔玫瑰图会将数据的比例大小夸大，尤其适合对比大小相近的数值。南丁格尔玫瑰图可在一个图表中集中反映多个维度方面的百分比构成数据，幅面小，信息量大，形式新颖，吸引注意力。

词云，又称标签云、关键词云，是文本数据的视觉表示，由词语组成类似云的彩色图形。词云中每个词的大小取决于其在文章中出现的频率，频率越高，在文字云图中显示越大，可以直观反映文章中文字密度及重要性。

实践任务十　物流数据可视化分析

（综合性实验 2 学时）

案例：飞马快运是依托邯运集团邯郸汽车客运网络发展起来的快递企业，2005 年成立，主要开展无人跟随的小件快递业务。目前客运网络日发班车 1 838 次，营运线路 126 条，营运里程 13 107 千米，沿途经过站点 1 270 个，班车辐射 16 个省市、78 个大中城市。现在该公司已能承运包括手机、电脑、电器、铁件、模具、标准件、汽车牌照、证件、票据、合同等多类货物。目前的服务项目有同城快递、省内外货物快递、上门接货、送货上门、货物到达、异地货物中转、异地货物派送上门等服务。

（资料来源：北京物资学院研究生院）

1. 任务

对飞马快运货物派送数据进行研究和分析，使用数据可视化的入门工具完成以下任务。

（1）比较和评估不同类别货物派送额之间的差距。
（2）对飞马快运货物派送的数据分布进行可视化展示。
（3）对飞马快运货物派送的数据占比进行可视化展示。
（4）撰写一篇数据可视化分析报告。

2. 考核评价

教师对任务完成情况做出综合评价。考核评价标准参考表 10-4。

文档　飞马快运订单数据表

表 10-4　考核评价标准

专　业		班　级		学　号		姓　名	
考核内容	物流数据可视化设计分析						
考核标准	评　价　内　容					分值/分	评分/分
	熟练使用 Microsoft Excel 或 PowerPoint 实现数据导入					10	
	任务（1）中能正确制作柱状图、气泡图、子弹图进行可视化展示					20	
	任务（2）中能正确制作直方图进行可视化展示					20	
	任务（3）中能正确制作南丁格尔玫瑰图、饼图进行可视化展示					20	
	展示结果能够清晰有效地传达信息					15	
	分析报告结构合理、格式规范、结论描述得当					15	

思考与练习

一、单项选择题

1. 以下不属于数据可视化作用的是（　　）。
   A. 传播交流　　　B. 数据展现　　　C. 数据采集　　　D. 数据分析
2. 数据可视化包括科学可视化和（　　）。
   A. 图表可视化　　B. 信息可视化　　C. 视频可视化　　D. 数据帧可视化
3. 数据可视化可以将难以理解的原始数据变成用户可以理解的模式和特征，并显示出来，那么在原始数据和可视化中间的这一步骤是（　　）。
A. 用户感知　　　　　　　　　　B. 数据分析
C. 数据采集　　　　　　　　　　D. 数据处理和变换

二、多项选择题

1. 数据可视化分析涉及的学科包括（　　）。
A. 计算机图形学　　　　　　　　B. 数据挖掘
C. 人机交互　　　　　　　　　　D. 统计分析
2. 爱德华·图夫特原则指的是（　　）。
A. 图形完整性　　　　　　　　　B. 最大化数据墨水比
C. 避免图表垃圾　　　　　　　　D. 数据密度
3. 数据可视化遵循的基本原则有（　　）。
A. 格式塔原则　　B. 墨水比原则　　C. 美学原则　　D. 以上都不是
4. Excel 的数据可视化方式有（　　）。
A. REPT 函数　　B. 迷你图　　C. 动态透视图　　D. PPT

三、简答题

1. 什么是数据？什么是数据可视化？
2. 什么是数据可视化的美学原则？
3. 连续型时间数据和离散型时间数据有何区别？

四、综合题

化繁为简，实现可视化

物流是国民经济的基础产业，在促进生产与投资、拉动消费、提高经济运行效率、降低经济成本等方面发挥着重要作用。随着"互联网+"趋势的蓬勃发展，物流业迎来了网络新时代。如物流总费用的 GDP 占比、物流市场规模与需求及物流所面对的问题等，更多物流数据可通过数据可视化来呈现。

近年来，宅经济、懒人经济随着互联网企业兴起，物流体系持续完善发展，受短期疫情刺激逐步走向成熟。数据显示，在 2016 年至 2020 年间，本地生活 O2O（线上到线下）市场规模不断保持平稳增长，生鲜电商、外卖行业的市场规模在 2020 年分别达到 2 638 亿元及 6 646 亿元，具体如图 10-11 所示。

从近五年的物流需求规模看，主要为：进口货物、实物商品网上零售额、单位与居民物品、本地生活服务、在线外卖、生鲜电商。进口货物物流需求的总额最大，一直位居近五年的第一；其次是实物商品网上零售额和单位与居民物品，从 2018 年后，需求总额一直相差不大，位居物流需求总额排行榜的第二和第三，具体如图 10-12 所示。

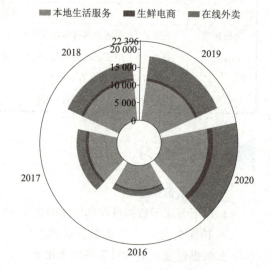

图 10-11　2016—2020 年各市场份额占比（单位：亿元）

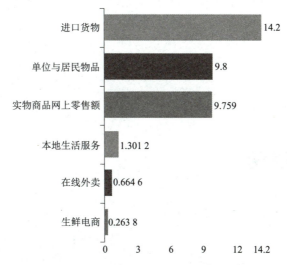

图 10-12　近五年物流需求规模（单位：万亿元）

思考题：

1. 结合案例查阅资料，谈谈你对数据可视化的理解。
2. 结合案例分析，在大数据时代，企业所处的困境是什么？企业该如何变革发展？

项目十一

SQL 数据查询

学习目标

【素养目标】
- 了解 SQL 技术研发历程,弘扬不怕困难、勇于探索的创新精神;
- 了解我国在数据库领域的突破性进展,增强民族自信心和自豪感;
- 了解我国在国际上遭受的技术打压,激发学生的使命担当和科技报国情怀。

【知识目标】
- 了解 SQL 的定义、发展历程;
- 理解 SQL 的特点,掌握 SQL 的语言类型及基本用法;
- 掌握 SQL 查询工具的用法;
- 熟悉大数据平台的使用。

【技能目标】
- 知道几种 SQL 数据查询的常用工具;
- 会使用 Navicat 对 MySQL 进行可视化;
- 会使用简单的 SQL 查询命令实现 SQL 查询操作。

案例导入

华为 5G 之后,国产 SQL 数据库技术再崛起

SQL 数据库技术从"理论研究"到"原型开发与技术攻关"再到"实际产品研制和应用",已经形成了良性循环,成为计算机领域的成功典范,也吸引了学术界和工业界众多的科技人员,使得数据库研究日新月异,新技术、新系统层出不穷。从 20 世纪 80 年代以来,SQL 数据库技术在商业领域的巨大成功刺激了其他领域对数据库技术需求的迅速增长。

实际上,早在 2014 年,我国工业和信息化部电子工业标准化研究院(以下简称工信部四院)便开始共同参与数据库领域国际标准制定工作。

直到 2019 年,中国已基本明确了在数据库技术标准上取得突破性进展:由中国主导形成《SQL9075 2018 流数据库》标准。同时,《AI-in-Database 库内人工智能》提案确认由中国主导形成国际标准,正式进入国际标准的撰写及确定阶段。

2020 年 1 月 19 日,中国工业和信息化部发布《2019 年中国软件和信息技术服务业综合发

展指数报告》，明确指出，中国关键软件供给实现新突破。该报告称，在操作系统、数据库、工业软件等关键领域，中国基于开源的 Linux 自主操作系统在软硬件适配性及应用范围上不断突破，掌握了自主流数据库技术与库内人工智能技术，主导了《SQL9075 2018 流数据库》国际标准的制定，打破了欧美国家对数据库技术的垄断，自主研发的 POLARDB 云原生数据库当选世界互联网大会领先科技成果，能够满足大规模业务场景上云需求，比如智慧物流行业。

在当今的 SQL 大数据时代，全球物流产业有了新的发展趋势。现代物流服务的核心目标是在物流全过程中以最小的综合成本来满足顾客的需求。因此，SQL 技术作为数据库技术的一个延伸，对物流有着至关重要的作用。

（资料来源：新浪 VR，金融界）

思考题：
1. 中国在 SQL 数据库技术标准上取得突破性进展对智慧物流的发展有何意义？
2. 阅读案例，谈谈你的思想感悟。

案例启示： 任何时代，硬核技术都是"话语权"的标志，通过案例引导学生树立不怕困难、勇于探索的创新精神。此次《SQL9075 2018 流数据库》标准方案中，数据库内核技术完全自主研发的分布式全内存高速计算的实时分析型数据库，性能已达国际领先地位。智慧物流领域实现了物流、信息流的统一，为我国物流行业的高速发展打下了坚实的基础。通过案例，增强学生的民族自尊心、自信心和自豪感，激发学生科技报国的家国情怀和使命担当。

任务一　SQL 概述

引　例

SQL——数据科学库中的关键齿轮

SQL 是数据科学库中的一个关键齿轮。为了依据数据做出明智的决策，世界各地的组织都在聘请数据专业人士，如业务分析师和数据科学家，从海量的数据宝库中挖掘信息。其中一个最重要的分析工具就是 SQL！

结构化查询语言（SQL）已经存在了几十年。它是一种编程语言，用于管理关系数据库中保存的数据。世界各地的大多数大公司都在使用 SQL。数据分析员可以使用 SQL 访问、读取、操作和分析数据库中存储的数据，并生成有用的信息，以推动明智的决策过程。

作为核心的数据库，性能始终决定着数据库的生命力和可用性。经过一段时间的运行，绝大多数数据库在性能上一直存在瓶颈，主要体现的是数据库 SQL 的执行效率，具体涉及 SQL 执行计划、硬件 I/O 读写效率和数据存储设计等方面。因此，优化 SQL 对于整个数据库的正常运行起到极其重要的作用。

（资料来源：IT 专家网）

思考题：
1. SQL 是什么？为什么说它是数据科学库中的关键齿轮？
2. 举例说明 SQL 在智慧物流领域的应用。

引例分析： 结构化查询语言（SQL）是一种数据库查询和程序设计语言，用于存取数据以及查询、更新和管理关系数据库的系统。随着大数据时代的到来，SQL 的实际应用很符合二八定律，即 20% 的基础内容能应用到 80% 的工作场景中，80% 的进阶技能应用到 20% 的工作场景中。对于非编程岗位来说，其实只需掌握 20% 的基础应用就能高效应对实际工作中的各种问题。

一、SQL 简介

（一）SQL 的概念

SQL 是 Structured Query Language 的缩写，中文译为"结构化查询语言"。SQL 是一种计算机语言，用来存储、检索和修改关系型数据库中存储的数据。SQL 被国际化标准组织（ISO）采纳为关系数据库语言的国际标准。数据库管理系统可以通过 SQL 管理数据库，定义和操作数据，维护数据的完整性和安全性。

SQL 是关系型数据库的标准语言，所有的关系型数据库管理系统（RDBMS），比如 MySQL、Oracle、SQL Server、MS Access、Sybase、Informix、Postgres 等，都将 SQL 作为其标准处理语言。

（二）SQL 的发展

1970 年 6 月，E. F. Codd 博士在 IBM 的圣何塞研究中心发表了里程碑性的论文《大型共享数据库数据的关系模型》，确立了关系数据库的概念。虽然 IBM 首创了关系数据库理论，但 Oracle 却是第一家在市场上推出这套技术的公司。随着时间的推移，SQL 在市场上获得了不错的反响，从而引起了美国国家标准学会（ANSI）的关注，分别在 1986—2020 年发布了 SQL 标准。SQL 发展历程如图 11-1 所示。

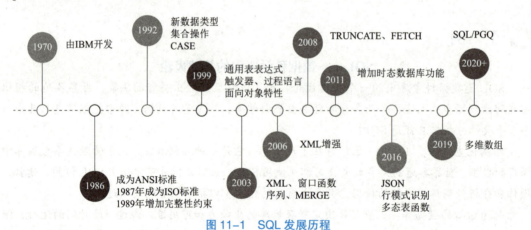

图 11-1　SQL 发展历程

二、SQL 的特点

（一）综合统一

SQL 语言集数据定义语言（DDL）、数据操作语言（DML）、数据控制语言（DCL）的功能于一体，语言风格统一，可以独立完成数据库生命周期中的全部活动，包括定义关系模式、录入数据以建立数据库、查询、更新、维护、数据库重构、数据库安全性控制等一系列操作要求，这就为数据库应用系统开发提供了良好的环境。例如，用户在数据库投入运行后，还可根据需要随时逐步地修改模式，并不影响数据库的运行，从而使系统具有良好的可扩充性。

（二）高度非过程化

非关系数据模型的数据操纵语言是面向过程的语言，用其完成某项请求，必须指定存取路径。而用 SQL 语言进行数据操作，用户只需提出"做什么"，而不必指明"怎么做"，因此用户无须了解存取路径，存取路径的选择以及 SQL 语句的操作过程由系统自动完成。这不但大大减轻了用户负担，而且有利于提高数据独立性。

（三）面向集合的操作方式

SQL 语言采用集合操作方式，不仅查找结果可以是元组的集合，而且一次插入、删除、更新操作的对象也可以是元组的集合。

（四）以同一种语法结构提供两种使用方式

SQL 语言既是自含式语言，又是嵌入式语言。作为自含式语言，它能够独立地用于联机交互的使用方式，用户可以在终端键盘上直接键入 SQL 命令对数据库进行操作。

三、SQL 的语言类型及用法

（一）数据定义语言（DDL）

数据定义语言（Data Definition Language，DDL）主要用于创建数据库中的各种表、视图、索引。它的操作对象是一张表或一个视图，不直接对表中的数据进行操作。适用范围：对数据库中的某些对象（如 Database，Table）进行管理。常用命令：create（创建）、alter（修改）和 drop（删除）。需要注意的是 DDL 类操作不能做 RoolBack 操作，一旦执行无法回退。示例如下。

1. 创建一个表

create table student(
id int identity(1，1) not null，
name varchar(20) null，
course varchar(20) null，
grade numeric null
);

2. Student 表增加一个年龄字段

alter table student add age int NULL——Student 表增加年龄字段。

alter table student drop column age——Student 表删除年龄字段，相比增加命令，删除时需要在字段前加 Column。

3. 删除 Student 表

drop table student——删除表的数据和表的结构。

truncate table student——只是清空表的数据，但并不删除表的结构。Student 表还在，只是数据为空。truncate 删除释放空间。

（二）数据操作语言（DML）

数据操作语言（Data Manipulation Language，DML）主要用来实现对数据库的基本操作，包括 insert、delete、update、select（插入、删除、修改、检索）。它的操作对象是数据表中的某一行数据或者某几行数据。示例如下。

1. 向 Student 表中插入数据

向数据库表中一次性插入多行多列数据，格式为"insert into table（字段1，字段2，字段3）values（值1，值2，值3），（值1，值2，值3），…;"。

例如：insert into table student（name, course, grade）values（'张飞', '语文', 90），（'刘备', '数学', 70），（'关羽', '历史', 25），（'张云', '英语', 13）;

2. 更新关羽的成绩

格式为"update student set grade='18' where name='关羽';"。

3. 删除关羽的成绩

格式为"delete from student where name='关羽';"。

（三）数据查询语言（DQL）

数据查询语言（Data Query Language，DQL）主要用来查询表文件中的数据，有单表查询、多表查询、子查询、自关联查询和特殊查询，基本结构是由 select 子句、from 子句、where 子句组成的查询块：select < 字段名表 >from < 表或视图名 >where < 查询条件 >。

例如：select * from student;

——从 Student 表中查询所有的数据。

select * from student where name='张飞';

——从 Student 表中查询姓名为张飞的学生。

（四）数据控制语言（DCL）

数据控制语言（Data Control Language，DCL）用来授权或回收访问数据库的某种特权，并控制数据库操作事务发生的时间及效果，能够对数据库进行监视，如创建用户、授权、撤销授权等操作。

1. 创建用户

语法结构为"create user 用户名 @ 地址 identified by '密码';"。

例如：create user testuser@localhost identified by '111111';

——创建一个 testuser 用户，密码为 111111。

2. 授权

语法结构为"grant 权限1，…，权限n on 数据库.对象 to 用户名;"。

例如：grant create, alter, drop, insert, update, delete, select on test.* to testuser@localhost;

——将 Test 数据库中所有对象（* 表示所有对象，如表、视图、存储过程、触发器等）的 create, alter, drop, insert, update, delete, select 赋给 testuser 用户。

3. 撤销授权

语法结构为"revoke 权限1，…，权限n on 数据库.对象 from 用户名;"。

例如：revoke create, alter , drop on test.* from testuser@localhost;

——将 Test 数据库中所有对象的 create，alter，drop 权限撤销。

4. 查看用户权限

语法结构为"show grants for 用户名;"。

例如：show grants for testuser@localhost;

——查看 Testuser 的用户权限。

5. 删除用户

语法结构为"drop user 用户名；"。

例如：drop user testuser@localhost；

——删除 Testuser 用户。

6. 修改用户密码

语法结构为"update user set password=password（'密码'）where user='用户名' and host='IP'；flush privileges；"。

例如：update user set password=password（'123456'）where user='testuser' and host='localhost'；flush privileges；

——将 Testuser 的密码改为 123456。

案例分析

根据表 11-1 客户表和表 11-2 产品表，完成下列 SQL 操作。

文档 案例思考题参考答案

表 11-1 客户表

客户 ID	客户姓名	地　　址	城　　市	省　　份
001	施嘉	江苏省南京市江宁区东新南路 79 号	南京市	江苏省
002	姜南莲	山东省临沂市罗庄区	临沂市	山东省
003	吴可	山东省潍坊市寿光市	潍坊市	山东省
004	赵思	江苏省镇江市京口区纬七路	镇江市	江苏省
005	奚代云	江苏省泰州市兴化市大许线	泰州市	江苏省
006	蒋瑾	江苏省淮安市清江浦区前进路	淮安市	江苏省
007	魏向萍	江苏省南京市江宁区东新南路 13 号	南京市	江苏省

表 11-2 产品表

产品名称	供应商 ID	目录 ID	规　　格
（笔记本）ASUS 华硕	118918	28	无
（笔记本）Hasee 神州	118919	29	无
（笔记本）honor 荣耀	118920	30	无
（冰箱）海尔	118921	31	无
（冰箱）格力	118922	32	无
（冰箱）容声	118923	33	无
（冰箱）美的	118924	34	无

思考题：

1. 根据用户表，建立一个只包含客户 ID、地址和订单日期的 User_1 表。
2. 删除产品表。
3. 在产品表中增加价格字段。
4. 将数据（008，张馨语，山西省运城市盐湖区，运城市，山西省）插入用户表中。
5. 将用户表中赵思的信息全部删除。
6. 根据产品表，查询美的冰箱的供应商 ID。

任务二　SQL 查询的应用

一、SQL 数据查询的工具

（一）常用工具：MySQL 数据库服务器、Navicat 工具

MySQL 是一个关系型数据库管理系统，由瑞典 MySQL AB 公司开发，属于 Oracle 旗下产品。

Navicat 是一套可创建多个连接的数据库管理工具，用以方便管理 MySQL、Oracle、PostgreSQL、SQLite、SQL Server、MariaDB 和 / 或 MongoDB 等不同类型的数据库，并支持管理某些云数据库，如阿里云、腾讯云。Navicat 的功能足以符合专业开发人员的所有需求。Navicat 的用户界面（GUI）设计良好，可以安全且简单地创建、组织、访问和共享信息。

小思考：SQL 和 MySQL 有何区别？

（二）MySQL 的环境配置

MySQL 数据库安装完成之后，接下来就是对其进行配置：

步骤一：选择【查看高级系统设置】选项；

步骤二：单击【环境变量】按钮，找到"path"；

步骤三：将 bin 文件夹地址存入环境变量"path"中，如图 11-2 所示；

文档　MySQL 安装

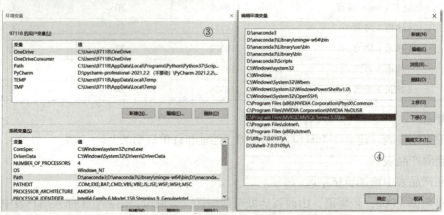

图 11-2　path 环境的配置

步骤四：用简单的客户端 DOS 窗口进入 cmd 命令窗口即可连接 MySQL，输入"mysql–u 账号 –p 密码"；

步骤五：创建一个需要的数据库，输入"create database 数据库名；"；

步骤六：连接创建的数据库，输入"use 数据库名；"；

步骤七：导入需要的数据，输入"source 数据地址"。

图11-3结果显示，成功创建了一个名为wuliu（物流）的数据库，并成功连接到名为wuliu（物流）的数据库。

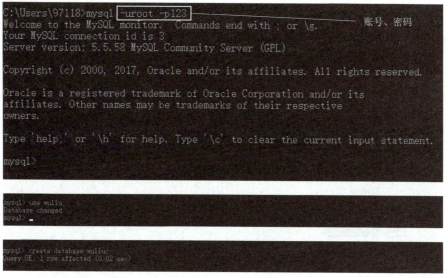

图 11-3　创建并连接 wuliu（物流）数据库

（三）Navicat 的使用

通过上述介绍，明确了所有的操作，包括创建数据库、连接数据库、导入数据、创建需要的表文件等都要在 cmd 命令窗口进行操作，但是没有一个很好的可视化界面，给用户的操作带来了极大的不便，为了解决上述问题，需要用到 Navicat 软件对 MySQL 数据库进行可视化。

如图 11-4 所示，单击【连接】选项，可以选择想要连接的数据库，输入相应的信息，即可成功连接，如图 11-5 所示。

图 11-4　使用 Navicat 连接本地数据库

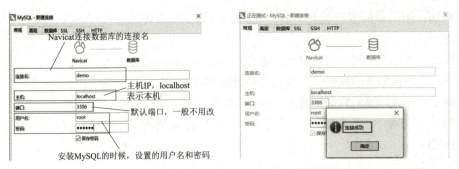

图 11-5　使用 Navicat 成功连接本地数据库

图标变亮，说明已经打开了连接，单击相应的表文件即可查询数据，如图 11-6 所示。

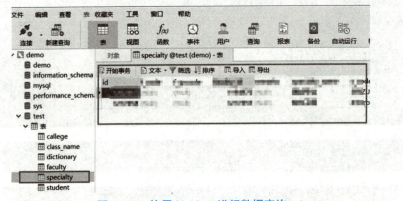

图 11-6　使用 Navicat 进行数据查询

除了可以直接单击查询外，还可以用 SQL 语句进行查询，如图 11-7 所示。

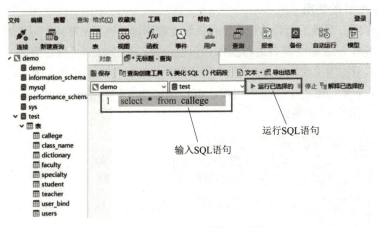

图 11-7　语句查询的基本步骤

二、智慧物流项目数据分析

利用 SQL 数据查询可实现物流订单数据分析，包括基础查询、聚合查询、连接查询和嵌套查询。

（一）基础查询语法

常见的 SQL 基础查询语法如表 11-3 所示。

表 11-3　SQL 基础查询语法

基础查询	含　　义	用　　法	句　　式
1.select	select 子句用于指定需要查询的字段，可以包含表达式、函数值等	select < 列名 >	select < 列名 > from < 表名 > where< 条件表达式 >
2.from	from 命令用于指定从哪个表中选择或删除数据	from < 表名 >	
3.where	where 用于指定数据过滤的条件	where < 条件表达式 >	
4.group by	group by 对查询结果进行分组，通常还涉及聚合 count、max、sum、avg 等	group by < 列名 >	select < 列名 1>，< 列名 2> from < 表名 > group by < 列名 1> having < 条件表达式 >
5.having	having 用于对汇总的 group by 结果进行过滤，要求存在一个 group by 子句。where 和 having 都是用于过滤： （1）having 适用于汇总的组记录 （2）而 where 适用于单个记录	having < 条件表达式 >	
6.order by	order by 用于对输出结果进行排序。asc 是升序，desc 是降序	order by < 列名 > asc/desc	select< 列名 1>，count（*）as < 别名 > from< 表名 >group by < 列名 1>
7.as	as 可以被用作重命名列名或表名	select < 列名 > as < 别名 >	select < 列名 > as < 别名 > from < 表名 >

1. 通过 SQL 语句选取居住省份为"江苏"的客户

步骤一：进入 SQL 数据库；

步骤二：在 SQL 查询编辑框中输入语句"select * from 客户表 where 城市 ='江苏'"。

步骤三：单击【查询】按钮。

查询后的部分客户信息截取如表 11-4 所示。

表 11-4　部分客户信息截取

客户 ID	客户姓名	地　　址	城　　市	省　　份
012	展翔	南京市玄武区北京东路 4 号	南京市	江苏省
013	施源	南京市北京西路 65 号西楼	南京市	江苏省
014	王玥	常熟市莫城镇三和家园 85 号	常熟市	江苏省
015	顾清俞	淮安市清江浦区红旗家园	淮安市	江苏省

2. 从客户表（Customers）中统计来自每个城市的客户数量

步骤一：进入 SQL 数据库；

步骤二：在 SQL 查询编辑框中输入语句"select 城市，count（*）as 客户量 from 客户表 group by 城市"。

步骤三：单击【查询】按钮。客户表中的每个城市的客户数量如表 11-5 所示。

步骤四：输入语句"select 城市，count（*）as 客户量 from 客户表 group by 城市 order by

客户量 desc"可以将查询结果按降序排列，如表 11-6 所示。

表 11-5 客户数量

城　　市	客户数量
北京	3 686
上海	2 567
长沙	5 632

表 11-6 客户数量降序

城　　市	客户数量
长沙	5 632
北京	3 868
上海	2 567

步骤五：输入语句"select 城市，count（*）as 客户量 from 客户表 group by 城市 order by 客户量 asc"可以将查询结果按升序排列，如表 11-7 所示。

步骤六：输入语句"select 城市，count（*）as 客户量 from 客户表 group by 城市 order by having 客户量 >= 3000"可以在上述结果的基础上，设置条件进行筛选，如表 11-8 所示。

表 11-7 客户数量升序

城　　市	客户数量
上海	2 567
北京	3 868
长沙	5 632

表 11-8 客户数量筛选

城　　市	客户数量
长沙	5 632
北京	3 868

（二）聚合查询

常见的 SQL 聚合查询语法如表 11-9 所示。

表 11-9 SQL 聚合查询语法

聚合查询	含　义	用　法	句　式
1. avg（）	按列计算平均值	select avg（列名）	select avg（语文）from 学生课程成绩表 查询学生的平均语文成绩
2. sum（）	按列计算值的总和	select sum（列名）	select sum（语文）from 学生课程成绩表 查询成绩表中的语文成绩总分
3. max（）	求一列中的最大值	select max（列名）	select max（语文）from 学生课程成绩表 查询语文成绩最高分
4. min（）	求一列中的最小值	select min（列名）	select min（语文）from 学生课程成绩表 查询语文成绩最低分
5. count（）	按列值统计个数	select count（列名）	select count（学号）from 学生课程成绩表 查询学生的人数

SQL 查询中常用的聚合函数有 sum、avg、min、max、count 五种。

任务：基于产品表查询所有产品的平均价格、最低价格和最高价格。

步骤一：进入 SQL 数据库；

步骤二：在 SQL 查询编辑框中输入语句"select avg（价格），min（价格），max（价格）from 产品表"，如表 11-10 所示。

表 11-10 聚合查询结果展示

avg（价格）	min（价格）	max（价格）
73.75 元	30 元	100 元

产品 ID	产品名称	供应商 ID	目录 ID	规　　格	价　　格
001	苹果	118901	01	20 个 / 箱	80 元
002	橘子	118901	02	20 个 / 箱	100 元
003	香蕉	118901	02	10 kg/ 箱	30 元
004	葡萄	118901	04	10 kg/ 箱	85 元

（三）连接查询

常见的 SQL 连接查询语法如表 11-11 所示。

表 11-11　SQL 连接查询语法

连接查询	含　　义	用　　法	句　　式
1. inner join	查询两表的公共部分	< 表 1> inner join < 表 2> on < 表 1. 关联字段 >＝< 表 2. 关联字段 >	select*from student inner join score on student.number=score.number 将学生表和成绩表按学号进行内连接
2. left join	返回左表中所有的数据；对于右表，返回满足连接条件的数据；如果没有就返回空值	< 表 1> left join < 表 2> on < 表1.关联字段 >＝< 表2.关联字段 >	select * from student left join score on student.number = score.number 将学生表和成绩表按学号进行左连接
3. right join	返回右表中所有的数据；对于左表，返回满足连接条件的数据，如果没有就返回空值	< 表 1> right join < 表 2> on < 表 1. 关联字段 >＝< 表 2. 关联字段 >	select * from student right join score on student.number = score.number 将学生表和成绩表按学号进行右连接
4. full join	等价于左外连接加上右外连接，同时返回左表和右表中所有的数据；对于两个表中不满足连接条件的数据返回空值	< 表 1> full join < 表 2> on < 表1.关联字段 >＝< 表2.关联字段 >	select * from student full join score on student.number = score.number 将学生表和成绩表按学号进行全连接

1. 任务一：获取每个订单是哪些客户订购的，以及具体的订单时间

任务分析：首先，任务中的数据来源为客户表和订单表，而这两个表的关联字段为客户 ID，如表 11-12 所示。

表 11-12　客户 ID 关联展示

客户 ID	客户姓名	地　　址	城　　市	省　　份
012	展翔	南京市玄武区北京东路 4 号	南京市	江苏省
013	施源	南京市北京西路 65 号西楼	南京市	江苏省
014	王玥	常熟市莫城镇三和家园 85 号	常熟市	江苏省
015	顾清俞	淮安市清江浦区红旗家园	淮安市	江苏省

订单 ID	客户 ID	员工 ID	订单日期	发货 ID
001	012	001	2022-02-13	13872
002	013	002	2022-02-13	13873
003	014	002	2022-02-14	13874
004	015	004	2022-02-15	13875

步骤一：进入 SQL 数据库；

步骤二：在 SQL 查询编辑框中输入语句"select a.订单 ID，b.客户姓名，a.订单日期 from 订单表 a inner join 客户表 b on a.客户 ID=b.客户 ID"。客户订单详情如表 11-13 所示。

表 11-13　客户订单详情

订单 ID	客户姓名	订单日期
001	展翔	2022-02-13
002	施源	2022-02-13
003	王玥	2022-02-14
004	顾清俞	2022-02-15

2.任务二：查看客户表中的所有用户是否都有下单

任务分析：任务中的数据来源为客户表和订单表，而这两个表的关联字段为客户 ID。

步骤一：进入 SQL 数据库；

步骤二：在 SQL 查询编辑框中输入语句"select a.姓名，b.订单 ID，b.订单日期 from 客户表 a left join 订单表 b on a.客户 ID=b.客户 ID"，如表 11-14 所示。

表 11-14　客户订单详情

客户姓名	订单 ID	订单日期
展翔	001	2022-02-13
施源	002	2022-02-13
王玥	003	2022-02-14
顾清俞	004	2022-02-15
冯晓琴		
顾磊		

根据结果显示发现，冯晓琴、顾磊没有对应的订单 ID 和订单日期信息，是由于两者没有购物，在订单表中没有信息与之匹配，但由于采用左连接，就将主表（客户表）中的信息全部显示出来了。

（四）嵌套查询

嵌套查询是一种嵌套在其他 SQL 查询的 where 子句中的查询。

任务：查询指定员工发货的客户信息。

任务分析：首先，基于订单表查询员工的发货记录，其次查询记录中的客户信息，如表 11-15 所示。

项目十一　SQL 数据查询

表 11-15　客户 ID 与员工 ID 关联展示

订单 ID	客户 ID	员工 ID	订单日期	发货 ID
001	012	001	2022-02-13	13872
002	013	002	2022-02-13	13873
003	014	002	2022-02-14	13874
004	015	004	2022-02-15	13875

客户 ID	客户姓名	地　址	城　市	省　份
012	展翔	南京市玄武区北京东路 4 号	南京市	江苏省
013	施源	南京市北京西路 65 号西楼	南京市	江苏省
014	王玥	常熟市莫城镇三和家园 85 号	常熟市	江苏省
015	顾清俞	淮安市清江浦区红旗家园	淮安市	江苏省

步骤一：进入 SQL 数据库；

步骤二：在 SQL 查询编辑框中输入语句"select * from 客户表 where 客户 ID in（select 客户 ID from 订单表 where 员工 ID=2）"，如表 11-16 所示。

表 11-16　嵌套查询结果展示

客户 ID	客户姓名	地　址	城　市	省　份
013	施源	南京市北京西路 65 号西楼	南京市	江苏省
014	王玥	常熟市莫城镇三和家园 85 号	常熟市	江苏省

实践任务十一　SQL 数据查询案例分析

（综合性实验 2 学时）

1. 实践任务

通过 MySQL 数据库管理系统完成下列查询操作，客户、商品、订单信息如表 11-17~ 表 11-19 所示。

文档　客户表　　文档　产品表

表 11-17　部分客户信息截取

客户 ID	客户姓名	地　址	城　市	省　份
012	展翔	南京市玄武区北京东路 4 号	南京市	江苏省
013	施源	南京市北京西路 65 号西楼	南京市	江苏省
014	王玥	常熟市莫城镇三和家园 85 号	常熟市	江苏省
015	顾清俞	淮安市清江浦区红旗家园	淮安市	江苏省

表 11-18　部分商品信息截取

产品 ID	产品名称	供应商 ID	目录 ID	规　格	价　格
001	苹果	118901	01	20 个 / 箱	80 元
002	橘子	118901	02	20 个 / 箱	100 元
003	香蕉	118901	02	10 kg/ 箱	30 元
003	葡萄	118901	04	10 kg/ 箱	85 元

表 11-19 部分订单信息截取

产品 ID	客户 ID	员工 ID	订单日期	发货 ID
001	012	001	2022-02-13	13872
002	013	002	2022-02-13	13873
003	014	002	2022-02-14	13874
004	015	004	2022-02-15	13875

（1）通过 SQL 语句查询居住城市为"淮安市"的客户。
（2）从客户信息表中统计来自"南京市"的客户数量。
（3）基于订单信息表查询 2022-02-13 到 2022-02-15 每天的订单数量，并按降序排列。
（4）查询指定员工发货的产品信息。

文档 订单表

2.考核评价

教师对任务完成情况做出综合评价。考核评价标准参考表 11-20。

表 11-20 考核评价标准

专业		班级		学号		姓名	
考核内容	SQL 数据查询案例分析						
考核标准	评价内容					分值/分	评分/分
	掌握基础查询语法，正确使用 select、from、where 命令完成任务（1）					10	
	掌握聚合查询语法，正确使用聚合函数 count 完成任务（2）					20	
	掌握连接查询语法，正确使用 inner join 命令完成任务（3）					30	
	掌握连接查询语法，遵循嵌套规则，正确完成任务（4）					40	

思考与练习

一、单项选择题

1. SQL 语句不能创建的是（　　）。
A. 定义报表　　　　　　　　　　B. 操作查询
C. 数据定义查询　　　　　　　　D. 选择查询

文档 项目十一
习题参考答案

2. 在 SQL 语句中，检索要去掉重复的元组，则在 select 中使用（　　）。
A. all　　　　　　　　　　　　B. union
C. like　　　　　　　　　　　　D. distinct
3. SQL 中用于在已有表中添加或改变字段的语句是（　　）。
A. create　　　B. alter　　　C. update　　　D. drop
4. 使用 SQL 语言创建一个数据库表，以下语句正确的是（　　）。
A. create　　　B. alter　　　C. update　　　D. drop

二、多项选择题

1. 下列（　　）功能是视图可以实现的。
A. 将用户限定在表中的特定行上　　　　B. 将用户限定在表中的特定列上

C. 将多个表中的列连接起来　　　　　　D. 将多个数据库的视图连接起来

2. 下列（　　）是索引的类型。

A. 唯一性索引　　　B. 聚集索引　　　　C. 非聚集索引　　　　D. 区索引

3. 下列关于插入 insert 命令使用不正确的有（　　）。

A. 可以在 insert 命令中指定计算机列的值

B. 可以使用 insert 命令插入一个空记录

C. 如果没有为列指定数据，则列值为空

D. 如果列设置了默认值，则可以不为该列提供数据

4. SQL 语言的类型包括（　　）。

A. 数据定义语言（DDL）　　　　　　　B. 数据操作语言（DML）

C. 数据查询语言（DQL）　　　　　　　D. 数据控制语言（DCL）

三、简答题

1. 说出以下聚合函数的含义：avg，sum，max，min，count，count（*）。

2. 说说 SQL 的语言类型及其用法。

3. select 语句的基本格式中包含哪些子句？它们各有什么作用？

四、综合题

中国快递业务量突破 300 亿件，2022 年全年快递量超 950 亿件

在物流业发展的大环境下，物流数据占据了物流行业活动的重要位置。如今物流信息数据表现出数据存储量大、速度增长快等特点。根据国家邮政局发布的数据，截至 2022 年 4 月，中国快递业务量已突破 300 亿件，接近 2017 年全年包裹总数，而预计 2022 年全年快递业务量超 950 亿件。随着物流数据累积数据量的增多，物流企业对物流数据进行访问操作变得更加复杂，且查询消耗的时间大大增加，同时对物流数据文件的查找增加了难度。因此，管理者越来越重视 SQL 查询的发展。物流企业用户需要快速查看并获取具有时效性的物流信息数据，所以物流信息数据需要具备及时、精确、易访问、易管理的特性。

正因为 SQL 查询中的元数据是关于数据的数据，对元数据要进行有效的管理与查询。为了更好地满足使用者对物流数据文件的查找及相关的复杂查询，物流信息数据中的多维元数据变得非常重要。SQL 查询成为对物流信息数据进行管理的有效手段之一。

思考题：

1. 结合案例查阅资料，谈谈多维元数据索引机制产生的原因。

2. 结合案例分析，在大数据时代，物流信息数据的快速增长对物流业产生了哪些影响？

项目十二

数据挖掘技术*

学习目标

【素质目标】
- 了解数据挖掘在疫情时代发挥的作用,增强学生科技强国的使命担当;
- 具有数据思维,能够尊重数据客观性,具有数据保密、数据安全意识。

【知识目标】
- 了解数据挖掘的定义、常用模型;
- 明确数据挖掘的对象、作用;
- 掌握数据挖掘的标准流程及模型评价指标。

【技能目标】
- 知道几种数据挖掘的常用工具;
- 能熟练地进行 Python 的安装和环境的配置;
- 会使用简单的 Python 命令实现数据挖掘操作。

案例导入

国家政务大数据平台

2022 年 10 月 28 日,国务院办公厅印发《全国一体化政务大数据体系建设指南》(以下简称《指南》)。《指南》提出要建立全国一体化政务大数据体系,"1+32+N"三类平台是其中重要组成部分。"1"是指国家政务大数据平台,"32"是指 31 个省(自治区、直辖市)和新疆生产建设兵团统筹建设的省级政务数据平台,"N"是指国务院有关部门的政务数据平台,其中国家政务大数据平台是"政务数据管理的总枢纽、政务数据流转的总通道、政务数据服务的总门户"。

《指南》提出了两个目标节点,一是到 2023 年年底前,全国一体化政务大数据体系初步形成,基本具备数据目录管理、数据归集、数据治理、大数据分析、安全防护等能力,数据共享和开放能力显著增强,政务数据管理服务水平明显提升;二是到 2025 年,全国一体化政务大数据体系更加完备,政务数据管理更加高效,政务数据资源全部纳入目录管理。

(资料来源:经济观察报)

---

* 本项目内容为选修内容。

思考题：
1. 数据建模和分析是如何为物流提供保障的？
2. 在现代物流中，数据技术起着何种作用？

案例启示： 国务院办公厅统筹全国一体化政务大数据体系的建设和管理，整合形成国家政务大数据平台，建立完善政务大数据管理机制、标准规范、安全保障体系，打破信息孤岛，推进信息共享、数据治理、数据分析和应用。通过案例，引导同学们知晓数字经济背景下大数据技术的蓬勃发展，培养学生的数据思维以及数据挖掘的工匠精神。

任务一　数据挖掘概述

引　例

数据挖掘无处不在

随着网络的迅猛发展，数据挖掘技术作为一种新的数据分析方法逐步应用到各行各业的分析中，获取数据、抽取规律、预测趋势、建立模式，这对促进各行业的健康、有序发展是十分有益的。

数据挖掘一般是指从大量的数据中通过算法搜索隐藏于其中信息的过程。数据挖掘通常与计算机科学有关，并通过统计、在线分析处理、情报检索、机器学习、专家系统（依靠过去的经验法则）和模式识别等诸多方法来实现既定目标。

在较浅的层次上，它利用现有数据库管理系统的查询、检索及数据挖掘功能，与多维分析、统计分析方法相结合，进行联机运算分析处理，从而得出可供决策参考的统计分析数据的一个有商业意义的结果，这个结果可以出售给需要的卖家，这就是所谓的大数据分析。

在深层次上，则从数据库中发现前所未有的、隐含的知识。例如，大街上车辆川流不息，在普通人眼里，当你通过一个十字路口时，可能看到的除了塞车就是车祸，或者是安全通行，没有其他的信息。如果是一个数据挖掘人员，就会发现其中的数据信息，一小时横向会有多少车流量，竖向会有多少车流量，这样可以得到一组数据，通过数据挖掘分析后可得到更优的结果，十字路口的红绿灯就可以根据车流量设置时间长短。而从另一个角度，如果在十字路口进行路线测绘，就可以得到类似地图的数据，手机中的导航软件就是通过这样实现的。所以在我们的生活中数据挖掘无处不在，只是在我们不认识数据挖掘时，不会去发现。

思考题：
1. 什么是数据挖掘？它有何重要作用？
2. 数据挖掘在智慧物流领域如何应用？

引例分析： 随着科学技术的快速发展以及互联网、云计算、数据挖掘等技术的广泛应用，生产过程中的海量数据不再是一种负担，而已经成为一种资源。如果不能对海量的数据进行有效的分析、研究和应用，那将是巨大的资源浪费。如果数据挖掘技术在物流主要环节中进行应用，那么对于改良物流企业管理、提高各环节工作效率、搭建信息共享平台、充分利用零散数据、降低物流营运费用等方面将有深远的影响。

一、数据挖掘简介

（一）数据挖掘的概念

数据挖掘是人工智能和数据库领域研究的热点问题。所谓数据挖掘，是指从数据库的大量数据中揭示出隐含的、先前未知的并有潜在价值的信息的过程。

视频 什么是数据挖掘？

数据挖掘是一种决策支持过程，它主要基于人工智能、机器学习、模式识别、统计学、数据库、可视化技术等，高度自动化地分析企业的数据，做出归纳性的推理，从中挖掘出潜在的模式，帮助决策者调整市场策略，减少风险，做出正确的决策。

数据挖掘是通过分析每个数据，从大量数据中寻找其规律的技术，主要有数据准备、规律寻找和规律表示三个步骤。数据准备是从相关的数据源中选取所需的数据并整合成用于数据挖掘的数据集；规律寻找是用某种方法将数据集所含的规律找出来；规律表示是尽可能以用户可理解的方式（如可视化）将找出的规律表示出来。

（二）数据挖掘的对象

数据的类型可以是结构化的、半结构化的，甚至是异构型的。发现知识的方法可以是数学的、非数学的，也可以是归纳的。最终被发现了的知识可以用于信息管理、查询优化、决策支持及数据自身的维护等。

数据挖掘的对象可以是任何类型的数据源。它可以是关系数据库，此类包含结构化数据的数据源；也可以是数据仓库、文本、多媒体数据、空间数据、时序数据、Web数据，此类包含半结构化数据，甚至异构型数据的数据源。

（三）数据挖掘的作用

从海量数据找出潜在的知识是很难实现的事情，数据挖掘技术就是把这项任务交给计算机来处理，提取出有用信息来支持决策，这就是它的作用和意义。比如，企业可以通过预测销售额来开展新店地址选择业务，并且根据中间结果进行相应的成本投入安排以及销售额调控措施，帮助企业在降低成本的同时提升企业收益，使企业达到利益最大化。再如，制造业企业生产出来的产品需要质量检测合格之后才能投入市场，需要借助数据挖掘工具来简化或去掉现有检测环节，从而提高生产效率、生产质量，以及降低企业生产成本。

二、数据挖掘常用模型

机器学习和数据挖掘是紧密相关的，要进行数据挖掘需要掌握一些机器学习所用的方法和模型知识，通过模型的训练可以得到处理数据的最优模型。数据挖掘常用模型如下。

（一）监督学习模型

监督学习模型是指通过已有的训练样本（即已知数据及其对应的输出）去训练得到一个最优模型（这个模型属于某个函数的集合，最优则表示在某个评价准则下是最佳的），再利用这个模型将所有的输入映射为相应的输出，对输出进行简单的判断从而实现分类的目的，也就具有了对未知数据进行分类的能力。

1. 神经网络

神经网络是一种应用类似于大脑神经突触连接的结构进行信息处理的数学模型。在这种模型中，大量的节点（称"神经元"）之间相互连接构成网络，即"神经网络"，以达到处理信息的目的。神经网络通常需要进行训练，训练的过程就是网络进行学习的过程。训练改变了网络节点的连接权值,使其具有分类的功能,经过训练的网络就可用于对象的识别。

目前,神经网络已有上百种不同的模型,常见的有 BP 神经网络、Hopfield 网络、随机神经网络(Boltzmann 机)等。但是当前的神经网络仍普遍存在收敛速度慢、计算量大、训练时间长和不可解释等缺点。

2. 贝叶斯方法

贝叶斯(Bayes)分类算法是一类利用概率统计知识进行分类的算法,如朴素贝叶斯(Naive Bayes)算法。这些算法主要利用 Bayes 定理来预测一个未知类别的样本属于各个类别的可能性,选择其中可能性最大的一个类别作为该样本的最终类别。由于贝叶斯定理成立本身需要一个很强的条件独立性假设前提,而此假设在实际情况中经常是不成立的,因而其分类准确性就会下降。为此就出现了许多降低独立性假设的贝叶斯分类算法,如 TAN(Tree Augmented Native Bayes)算法,它是在贝叶斯网络结构的基础上增加属性对之间的关联来实现的。

(二)半监督学习模型

半监督学习模型要求输入的数据部分被标识。如果没有被标识,该模型可以进行预测,但是模型首先需要学习数据的内在结构,以便合理进行预测。应用场景包括分类和回归,常见算法如下。

1. 多视角算法(Multi-View Algorithm)

多视角算法一般用于可以进行自然特征分裂的数据集中,每一个数据点都被看成是两个特征的集合,然后利用协同训练进行处理。协同训练算法隐含地利用了聚类假设,它们使用两个或多个学习器。在学习过程中,这些学习器挑选若干个置信度高的未标记示例进行相互标记,从而使模型得以更新。

2. 基于图的算法(Graph-Based Algorithm)

基于图的算法是基于图正则化框架的算法,此类算法直接或间接地利用了流形假设,它们通常先根据训练例及某种相似度度量建立一个图,图中节点对应示例,边为示例间的相似度,然后,定义所需优化的目标函数并使用决策函数在图上的光滑性作为正则化来求取最优模型参数。

(三)非监督学习模型

在非监督式学习模型中,数据并不被特别标识,它可推断出数据的一些内在结构。应用场景包括关联规则的学习以及聚类等。常见的聚类算法如下。

1. K-Means 聚类算法

K-Means 算法的基本思想是初始随机给定 K 个簇中心,按照最邻近原则把待分类样本点分到各个簇,然后按平均法重新计算各个簇的质心,从而确定新的簇心,一直迭代,直到簇心的移动距离小于某个给定的值,其过程如图 12-1 所示。

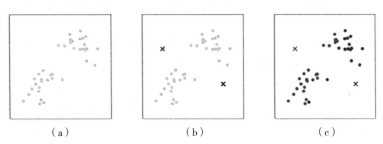

图 12-1 K-Means 聚类算法效果

图 12-1　K-Means 聚类算法效果（续）

2. 基于密度的聚类算法

该算法根据密度完成对象的聚类。它根据对象周围的密度（如 DBSCAN）不断增长聚类。典型的基于密度方法为 DBSCAN（Densit-Based Spatial Clustering of Application with Noise，聚类算法）。它通过不断生长足够高密度区域来进行聚类，能从含有噪声的空间数据库中发现任意形状的聚类。

三、数据挖掘模型评价

（一）模型评价的概念

建模构建过程中会得出一系列的分析结果、模式或模型。同一个采样数据可以利用多种数据分析方法和模型进行分析。模型评价的目的之一就是从这些模型中自动找出一个最好的模型，另外就是要针对业务对模型进行解释和应用。

模型效果评价通常分两步：第一步是直接使用原来建立模型的样本数据来进行检验。假如这一步都通不过，那么所建立的决策支持信息价值就不太大了。一般来说，在这一步应得到较好的评价。这说明确实从这批数据样本中挖掘出了符合实际的规律性。第一步通过后，第二步是另外找一批数据，已知这些数据是反映客观实际的、规律性的。这次的检验效果如果比前一种差，那就要考虑第一步构建的样本数据是否具有充分的代表性，或是模型本身是否够完善。这时候可能要对前面的工作进行反思了。若这一步也得到了肯定的结果时，那所建立的数据挖掘模型就能得到很好的评价。

（二）模型评价的指标

1. 准确率

预测准确率又称作精度，是检索出的相关文档数与检索出的文档总数的比率，衡量的是检索系统的查准率。取值在 0 和 1 之间，数值越接近 1，查准率就越高。

计算公式如下：

$$准确率 = 提取出的正确信息条数 / 提取出的信息条数$$

2. 召回率

召回率是指检索出的相关文档数和文档库中所有的相关文档数的比率，衡量的是检索系统的查全率。取值在 0 和 1 之间，数值越接近 1，查全率就越高。

计算公式如下：

$$召回率 = 提取出的正确信息条数 / 样本中的信息条数$$

3. 综合指标 F 值

F 值为正确率和召回率的调和平均值，能够综合平衡地去表示模型的性能效果。

计算公式如下:

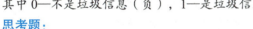

F 值 = 正确率 × 召回率 × 2/（正确率 + 召回率）

4. ROC 曲线

受试者工作特性（Receiver Operating Characteristic，ROC）曲线是一种非常有效的模型评价方法，可为选定临界值给出定量提示。该曲线下的积分面积大小与每种方法优劣密切相关，反映分类器正确分类的统计概率，其值越接近 1，说明该算法效果越好。

案例分析

假设对数据挖掘的客户偏好信息进行分类，判断是否为垃圾信息。有两个数组，第一个数组将存储实际值，而第二个数组将存储预测值。这些预测值是从分类器模型中获得的。

\# 实际值 Labels = [1, 0, 0, 1, 1, 1, 0, 1, 1, 1]
\# 预测值 Predictions = [0, 1, 1, 1, 1, 0, 1, 0, 1, 0]
其中 0——不是垃圾信息（负），1——是垃圾信息（正）。

思考题：
根据上述案例，计算模型预测的准确率、召回率和综合指标 F 值。

文档　案例思考题参考答案

四、数据分析的标准流程

本部分重点介绍 KDD 数据分析流程，KDD 侧重于数据驱动的模式发现并对其进行可视化。KDD（Knowledge Discovery from Data）代表从数据中发现知识或在数据库中发现知识。KDD 的主要目标是从大型数据库以及 Web 和信息存储库中提取或发现隐藏的价值。KDD 流程分为七个主要阶段：数据清理、数据集成、数据选择、数据转换、数据挖掘、模型评估、知识呈现，如图 12-2 所示。

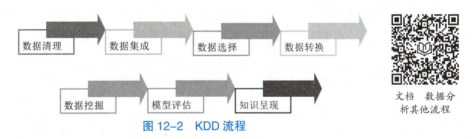

图 12-2　KDD 流程

文档　数据分析其他流程

（一）数据清理

数据清理是指发现并纠正数据文件中可识别的错误的最后一道程序，包括检查数据一致性、整理无效值和缺失值等。数据清理主要遵循以下四个原则。

（1）完整性：单条数据是否存在缺失值；统计的字段是否完善。我们可以采用以下方法：（删除）删除缺失的记录；（均值）使用当前列的均值；（高频）使用当前列出现频率最高的数据。

（2）全面性：浏览某一列的全部数值，可以通过比较最大值、最小值、平均值，数据定义等来判断数据是否全面。

（3）合法性：数值的类型、内容、大小是否符合我们设定时候的预想。例如，人类年龄超过 1 000 岁，这个数据就是不合法的。

（4）唯一性：数据是否重复记录。例如，一个人的数据被重复记录多次。

（二）数据集成

数据集成是指将来自不同来源的数据组合到统一视图中的过程：从摄取、清理、映射和转换到目标接收器，最后使数据对访问它的人更具可操作性和价值。建立数据集成计划，可以更有效地分析和处理数据，特别是随着数据和云技术的爆炸式发展，数据集成是现代企业改善战略决策和提高竞争优势的必要条件。数据集成主要有如下方法。

（1）手动数据集成：是个别用户通过直接访问接口手动从各种来源收集必要数据，然后根据需要清理它，并将其组合到一个仓库中的过程。此方法适用于一些小型企业，但手动集成可能会导致提取的数据记录不完整或重复、不一致或数据顺序不正确的问题。

（2）中间件数据集成：是一种集成方法，其中中间件应用程序充当中介，有助于规范化数据并将其带入主数据池（考虑使用过时连接点的旧电子设备的适配器）。当数据集成系统无法独立访问其中一个应用程序的数据时，中间件就会发挥作用。

（3）基于应用程序的集成：是一种集成方法，其中由软件应用程序定位、检索和集成数据。在集成期间，软件必须使来自不同系统的数据彼此兼容，以便它们可以从一个源传输到另一个源。

（4）统一访问集成：是一种集成方法，专注于创建前端，使数据在从不同来源访问时看起来一致。但是，数据保留在原始来源中。

使用此方法，可以使用面向对象的数据库管理系统来创建不同数据库之间的一致性外观。

（5）通用存储集成：是数据集成中最常用的存储方法。来自原始源的数据副本被保存在集成系统中，并被处理以获得统一视图。这与统一访问相反，后者在源中留下数据。通用存储是传统数据仓库解决方案背后的基本原则。

（三）数据选择

数据选择是指收集与分析任务相关的数据。常规的数据选择主要有列选择、行选择、行列同时选择三种方式。某物流公司的部分客户信息截取如表 12-1 所示。

表 12-1 某物流公司的部分客户信息截取

客户 ID	客户姓名	地　　址	城　　市	省　　份
012	展翔	南京市玄武区北京东路 4 号	南京市	江苏省
013	施源	南京市北京西路 65 号西楼	南京市	江苏省
014	王玥	常熟市莫城镇三和家园 85 号	常熟市	江苏省
015	顾清俞	淮安市清江浦区红旗家园	淮安市	江苏省

（1）列选择：在 Python 中想获取某列只需要在表 df 后面的方括号中指明要选择的列名即可。如果是一列，则只需要传入一个列名；如果是同时选择多列，则需要传入多个列名，多个列名用一个 list 存起来。在 Python 中把这种通过传入列名来选择数据的方式称为普通索引。

">>>df [["客户姓名"，"地址"]]"获取客户姓名和地址信息，如表 12-2 所示。

除了传入具体的列名，我们还可以传入具体列的位置，即第几列，对数据进行选取。通过传入位置来获取数据时需要用到 iloc 方法。在 Python 中我们把这种通过传入具体位置来选择数据的方式称为位置索引。

">>>df.iloc [:, [0，1]]"获取第 1 列和第 2 列的信息，如表 12-3 所示。

表 12-2 客户姓名和地址信息

\>>>df[["客户姓名","地址"]]

客户姓名	地 址
展翔	南京市玄武区北京东路 4 号
施源	南京市北京西路 65 号西楼
王玥	常熟市莫城镇三和家园 85 号
顾清俞	淮安市清江浦区红旗家园

表 12-3 客户 ID 和客户姓名信息

\>>>df.iloc[:,[0,1]]

客户 ID	客户姓名
012	展翔
013	施源
014	王玥
015	顾清俞

（2）行选择：在 Python 中，获取行的方式主要有两种，一种是普通索引，即传入具体行索引的名称，需要用到 loc 方法；另一种是位置索引，即传入具体的行数，需要用到 iloc 方法。

获取第一行信息，如表 12-4 所示。

表 12-4 获取第一行信息结果

\>>>df.iloc[[0,1]]

客户 ID	客户姓名	地 址	城 市	省 份
012	展翔	南京市玄武区北京东路 4 号	南京市	江苏省

获取第 1 行和第 2 行的信息，如表 12-5 所示。

表 12-5 获取第 1 行和第 2 行的信息结果

\>>>df.iloc[[0,1]]

客户 ID	客户姓名	地 址	城 市	省 份
012	展翔	南京市玄武区北京东路 4 号	南京市	江苏省
013	施源	南京市北京西路 65 号西楼	南京市	江苏省

（3）行列同时选择：就是选择出行和列的相交部分。为了方便理解，自定义索引名称为一、二、三、四，如表 12-6 所示。

表 12-6 自定义索引名称

	客户 ID	客户姓名	地 址	城 市	省 份
一	012	展翔	南京市玄武区北京东路 4 号	南京市	江苏省
二	013	施源	南京市北京西路 65 号西楼	南京市	江苏省
三	014	王玥	常熟市莫城镇三和家园 85 号	常熟市	江苏省
四	015	顾清俞	淮安市清江浦区红旗家园	淮安市	江苏省

普通索引+普通索引选择指定的行和列，就是通过同时传入行和列的索引名称进行数据选择，需要用到 loc 方法。loc 方法中的第一对方括号表示行索引的选择，传入行索引名称；loc 方法中的第二对方括号表示列索引的选择，传入列索引名称。

获取第 1 行、第 2 行和第 1 列、第 2 列的信息，如表 12-7 所示。

位置索引+位置索引选择指定的行和列，就是通过同时传入行、列索引的位置来获取数据，需要用到 iloc 方法。在 iloc 方法中的第一对方括号表示行索引的选择，传入要选择行索引的位置；第二对方括号表示列索引的选择，传入要选择列索引的位置。行和列索引的位置都是从 0 开始计数。

获取第 1 行、第 2 行和第 1 列、第 3 列的信息,如表 12-8 所示。

表 12-7　loc 方法索引

\>>>df.loc[["一,二"], ["客户 ID,客户姓名]]

	客户 ID	客户姓名
一	012	展翔
二	013	施源
三	014	王玥
四	015	顾清俞

表 12-8　iloc 方法索引

\>>>df.iloc[[0,1], [0,2]]

	客户 ID	地址
一	012	南京市玄武区北京东路 4 号
二	013	南京市北京西路 65 号西楼
三	014	常熟市莫城镇三和家园 85 号
四	015	淮安市清江浦区红旗家园

(四)数据转换

数据转换就是将数据变换成适合挖掘的形式,对于数据集成和数据管理等活动至关重要。数据转换可以包括一系列活动,如转换数据类型,通过删除空值或重复数据来清理数据,丰富数据或执行聚合,例如聚合销售数据或转换日期格式,编辑文本字符串或连接行和列。常用的数据转换方式有:脚本、内部部署 ETL(Extract-Transform-Load)工具。

(1)脚本:一些公司使用 SQL 或 Python 通过脚本执行数据转换,以编写代码来提取和转换数据。

(2)内部部署 ETL 工具:ETL(提取、转换、加载)工具可以通过自动化流程来完成脚本转换的大部分内容。这些工具通常托管在公司的站点上,可能需要大量的专业知识和基础架构成本。

(五)数据挖掘

这里所说的数据挖掘并不是一套数据挖掘的流程,而是对数据挖掘算法的选择并建立一个合适的模型。这个阶段包括选择一种特定的技术来搜索包括多个诱导词的模式。例如,考虑到精度与可理解性,前者在神经网络中更好,而后者在决策树中更好。对于每种元学习系统,都有几种成功的可能性。元学习的重点是弄清楚是什么原因导致数据挖掘算法在特定问题上取得成功或失败。因此,该方法论试图了解一种最适合使用数据挖掘算法的情况。每种算法都有倾斜的参数和策略。例如,采用十倍交叉验证算法用于训练和测试的一部分,可能需要多次使用该算法,直到获得满意的结果。

(六)模型评估

模型建立好之后,依据上述讲到的评估模型的指标和参数来评价得到的结果、解释模型的价值。从测试集中得到的准确率只对用于建立模型的数据有意义。在实际应用中,需要进一步了解错误的类型和由此带来的相关费用的多少。经验证明,有效的模型并不一定是正确的模型。造成这一点的直接原因就是模型建立中隐含的各种假定,因此,直接在现实世界中测试模型很重要。先在小范围内应用,取得测试数据,觉得满意之后再向大范围推广。

案例分析

数据挖掘参与智慧物流治理的未来之路

数据被誉为"21 世纪的黄金",数据资源对于数字经济的重要意义不言而喻。世界各国纷纷抢抓技术发展新机遇,为数字经济的持续健康发展提供制度保障。2020 年 12 月,国家发改委发布的《关于加快构建全国一体化大数据中心协同创新体系的指导意见》中提到,预计到

2025年，全国范围内数据中心形成布局合理、绿色集约的基础设施一体化格局。全国范围内将形成一批行业数据大脑、城市数据大脑，全社会算力资源、数据资源向智力资源高效转化的态势基本形成，数据安全保障能力稳步提升。可以预见，数据资源必然会向更高阶的次级市场发展，数据资源流通将会持续加速，数据资本化将成现实。

随着世界互联网行业、云计算产业的深度发展，数据已经不仅仅停留于作为被开发资源的静态呈现，而开始通过数据挖掘等信息技术实现从资源到工具的跃升，深度参与到智慧物流治理实践的各类场景中。例如，物流作为一种新型的社会基础设施，数据挖掘能够帮助其实现智慧化：一方面挖掘消费者喜好，为消费者提供更好的消费体验，通过满足消费者更多样化的需求，促进消费升级；另一方面连接供应商，使供应链得到深度优化，拓宽智慧物流的发展前景。

"Web 3.0"时代已经到来，物流企业之间所采集、掌握和分析的数据量逐渐庞大，来源日益分散，格式更加多样，数字时代的发展需要不断更新数据挖掘技术来加工和优化原始数据，从海量数据中敏锐发现和合理预判个体、企业甚至国家物流政策的现在和未来。数据挖掘在智慧物流治理中的落地已经不再是纸上谈兵，而是在现实迫切渴求下的应有回应。

（资料来源：前瞻产业研究院）

思考题：
1. 什么是数据挖掘技术？数据挖掘与智慧物流有何关系？
2. 数据挖掘技术参与智慧物流治理体现在哪些方面？

任务二　数据挖掘的基本工具和分析应用

一、数据挖掘的基本工具

在当今的智能世界中，数据分析为企业和政府运营提供了有效的决策流程。数据分析是检查、预处理、探索、描述和可视化给定数据集的活动，数据分析过程的主要目标是发现决策所需的信息。数据分析提供了多种方法、工具和技术。这些方法可以应用于各个领域，例如商业、社会科学和基础科学领域。

众所周知，Python 已成为最受欢迎的标准语言之一，并且是基于数据科学操作的完整软件包。Python 提供了许多库，例如 NumPy、Pandas、SciPy、Scikit-Learn、Matplotlib、Seaborn 和 Plotly。这些库提供了一个完整的数据分析生态系统，供数据分析师、数据科学家和业务分析师使用。Python 具有灵活性、易于学习、开发速度快等功能特点。下面介绍 Python 安装、环境配置以及 Python 库安装。

下载 Python（版本号 3.6 以上），操作系统 Win10 64 位，下载得到的 Python-3.8.1-amd64.exe，开始安装 Python。

Python 支持两种安装方式，默认安装和自定义安装。

（1）默认安装会勾选所有组件，并安装在 C 盘。
（2）自定义安装可以手动选择要安装的组件，并安装到其他盘符。

尽量勾选 Add Python 3.8 to PATH，这样可以将 Python 命令工具所在目录添加到系统 Path 环境变量中，以后开发程序或者运行 Python 命令会非常方便。

这里我们选择自定义安装，将 Python 安装到常用的目录，避免 C 盘文件过多。单击

"Customize installation"进入下一步,选择要安装的 Python 组件,如图 12-3 所示。

如果没有特殊要求,保持默认即可,也就是全部勾选。单击【Next】按钮继续,选择安装目录。选择好自己常用的安装目录,单击【Install】按钮,即可完成安装,如图 12-4 所示。

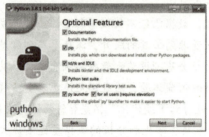

图 12-3 选择要安装的 Python 组件

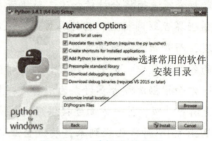

图 12-4 选择安装目录

安装完成以后,打开 Windows 的命令行程序(命令提示符),在窗口中输入"python"命令(注意字母 p 是小写的),如果出现 Python 的版本信息,并看到命令提示符 >>>,就说明安装成功了,如图 12-5 所示。

图 12-5 运行 Python 命令

常用的 Python 命令及用法如表 12-9 所示。

表 12-9 常用的 Python 命令及用法

Python 命令	含义	用法	句式
1. import	导入需要的库、包	import 库名	import pandas as pd 导入 pandas 库,别名为 pd
2. read_csv( )	读取数据	库名.read_csv(数据地址)	data=pd.read_csv(D:\python\Python) 将读取的数据存入变量 data 中
3. info( )	进行数据打印	变量名.info( )	data.info( ) 打印 data 中存储的数据
4. drop( )	删除并不需要的数据	变量名.drop(数据列)	data.drop(columns=[订单列名]) 删除订单列
5. reset_index( )	重置索引	变量名.reset_index( )	data.reset_index(drop=True, inplace=True) 对修改数据后的索引进行重置
6. def	定义一个新函数或类	def 函数名/类名(变量名)	def data_deal(number) 定义一个名为 data_deal 的新函数

Python 核心基础数据分析库如下:

NumPy:这是数字 Python 的简写形式。它是 Python 中最强大的科学库,用于处理多维数组、矩阵和方法，以便有效地计算数学问题。

SciPy：是一个功能强大的科学计算库，用于执行科学、数学和工程运算。

Pandas：是一个数据探索和操作库，提供表格格式的数据结构，例如 DataFrames 以及用于数据分析和操作的各种方法。

Scikit-Learn：代表"机器学习的科学工具包"。它是一个机器学习库，提供了各种有监督和无监督的算法，例如回归、分类、降维、聚类分析和异常检测。

Matplotlib：是一个核心的数据可视化库，并且是 Python 中所有其他可视化库的基础库。它提供 2D 和 3D 绘图、图形、图表以及用于数据浏览的图形。它在 NumPy 和 SciPy 之上运行。

Seaborn：是基于 Matplotlib 的，提供了易于绘制、高层次、互动性和更有条理的平面图。

Plotly：是一个数据可视化库。它提供了高质量的交互式图表，例如散点图、折线图、条形图、直方图、箱形图、热图和子图。

二、智慧物流项目数据分析

近年来，随着物流市场需求的快速提升，快递业务规模高速发展，如图 12-6 所示。2013—2021 年，我国快递业务总量迅速增长，近两年增速虽有下降，但仍保持在 20% 以上的增长速度。2021 年，全国快递服务企业业务量累计完成 1 083.0 亿件，同比增长 29.9%。

图 12-6 2013—2021 年我国快递业务增长趋势

随着我国快递行业的快速发展，快递业务在邮政全行业的市场份额稳步提升，2013—2021 年，我国快递业务收入占邮政全行业收入的比重由 56.6% 提升至 2021 年的 81.7%。快递行业在高速发展的同时，也面临着巨大的末端压力。一边是不断攀升的快递派送量，另一边是配送员配送服务的保障。对于很多物流公司来说也面临着挑战，包括：配送服务是否存在问题，商品是否存在质量问题，是否存在尚有潜力的销售区域，快递最后 100 米难题亟待破解。

因此，某企业通过 Python 算法对其销售的商品所对应的送货及用户反馈数据进行了分析并进行了可视化。其过程如下。

1. 数据清理

主要是针对重复、缺失的数据和数据格式（金额中有逗号）进行调整。

（1）首先导入数据分析所必备的 Python 库，如图 12-7 所示。这里导入了 Pandas、NumPy、Matplotlib 库，分别用来提供表格格式的数据，处理多维数组、矩阵和有效计算，提供 2D 和 3D 绘图、图形、图表以及用于数据浏览的图形。

```
1  import os
2  import pandas as pd
3  import numpy as np
4  import matplotlib.pyplot as plt
5  plt.rcParams['font.sans-serif']=['SimHei']  #显示中文标签
```

图 12-7 必备的 Python 库

（2）使用 pd.read_csv（）方法导入需要分析的物流数据，如图 12-8 所示。

```
1  data=pd.read_csv('D:\\zhangxinfile\\python教职工课程-3\\jupyter_lab\\数据分析实战01')
2  data.info()
```

图 12-8 物流数据的导入

通过 info（）可以看出，包括 10 列数据、名字、数据量、格式等，如图 12-9 所示。

```
---  ------       -----      ------
 0   订单号         1159      non-null    object
 1   订单行         1161      non-null    int64
 2   销售时间       1161      non-null    object
 3   交货时间       1161      non-null    object
 4   货品交货状况   1159      non-null    object
 5   货品           1161      non-null    object
 6   货品用户反馈   1161      non-null    object
 7   销售区域       1161      non-null    object
 8   数量           1157      non-null    folat64
 9   销售金额       1161      non-null    object
```

图 12-9 结果展示

① 订单号、货品交货情况、数量存在缺失值，但是缺失量不大，可以删除。
② 订单行对数据分析无关紧要，可以考虑删除。
③ 销售金额格式不对（万元/元，逗号问题），数据类型需要转换成 int float 类型。

（3）对无效数据进行删除操作，如图 12-10 所示，包括：使用 drop_duplicates（）方法删除重复记录，使用 dropna 方法删除带有 na 的整行数据，使用 drop（）方法删除订单行数据。删除后的输出如表 12-10 所示。

```
1  #删除重复记录
2  data.drop_duplicates(keep='first',inplace=True)
3  # data.info()
4  #删除缺失值（na,删除带有na的整行数据，axis=0,how='any' 默认值）
5  data.dropna(axis=0,how='any',inplace=True)
6  # data.info()
7  #删除订单行（重新运行会报错）
8  data.drop(columns=['订单行'],inplace=True,axis=1)
9  # data.info()
10 data
```

图 12-10 删除无效数据

表 12-10 结果显示

	订单号	销售时间	交货时间	货品交货状况	货品	货品用户反馈	销售区域	数量	销售金额
0	P096311	2016-7-30	2016-9-30	晚交货	货品3	质量合格	华北	2.0	105 275 元
1	P096826	2017-8-30	2016-10-30	按时交货	货品3	质量合格	华北	10.0	1 150 万元
3	P097435	2016-7-30	2016-9-30	按时交货	货品1	返修	华南	2.0	685 877 元
4	P097446	2019-11-26	2017-1-26	晚交货	货品3	质量合格	华北	15.0	12 958 元
5	P097446	2016-11-26	2017-1-26	晚交货	货品3	拒货	华北	15.0	3 239 元
…	…	…	…	…	…	…	…	…	…
1156	P299901	2016-12-15	2017-3-15	按时交货	货品6	质量合格	马来西亚	2.0	20 041 元
1157	P302956	2016-12-22	2017-3-22	按时交货	货品2	拒货	华东	20.0	7 944 元
1158	P303801	2016-12-15	2017-3-15	按时交货	货品2	质量合格	华东	1.0	19 408 元

根据结果显示，发现在对重复和缺失的数据执行删除之后，订单的索引发生了变化，所以需要重置一下索引。

（4）用 reset_index（）方法对修改数据后的索引进行重置，如图 12-11 所示。

图 12-11 重置索引

根据结果显示，我们发现所有重复和缺失数据的订单行都被成功删除且索引正常，如表 12-11 所示，接下来需要对金额的格式进行调整。

表 12-11 重置索引效果展示

序号	订单号	销售时间	交货时间	货品交货状况	货品	货品用户反馈	销售区域	数量	销售金额
0	P096311	2016-7-30	2016-9-30	晚交货	货品3	质量合格	华北	2.0	105 275 元
1	P096826	2017-8-30	2016-10-30	按时交货	货品3	质量合格	华北	10.0	1 150 万元
2	P097435	2016-7-30	2016-9-30	按时交货	货品1	返修	华南	2.0	685 877 元
3	P097446	2019-11-26	2017-1-26	晚交货	货品3	质量合格	华北	15.0	12 958 元
4	P097446	2016-11-26	2017-1-26	晚交货	货品3	拒货	华北	15.0	3 239 元
…	…	…	…	…	…	…	…	…	…
1141	P299901	2016-12-15	2017-3-15	按时交货	货品6	质量合格	马来西亚	2.0	20 041 元
1142	P302956	2016-12-22	2017-3-22	按时交货	货品2	拒货	华东	20.0	7 944 元
1143	P303801	2016-12-15	2017-3-15	按时交货	货品2	质量合格	华东	1.0	19 408 元

（5）编写自定义过滤函数 data_deal（），先删除逗号，转化为 float 类型数据。其次，如果是万元，则删除万元后再加上 *10000，否则删除元并展示结果，如图 12-12、表 12-12。

```
3  def data_deal(number):
4      if number.find('万元')!=-1:
5          
6          number_new=float(number.replace('万元','').replace(',',''))*10000
7      else:
8          number_new=float(number.replace('元','').replace(',',''))
9          pass
10     return number_new
11 data['销售金额']=data['销售金额'].map(data_deal)
12 data
```

图 12-12　删除元操作

表 12-12　金额格式调整效果展示

序号	订单号	销售时间	交货时间	货品交货状况	货品	货品用户反馈	销售区域	数量	销售金额
0	P096311	2016-7-30	2016-9-30	晚交货	货品3	质量合格	华北	2.0	105 275.0
1	P096826	2017-8-30	2016-10-30	按时交货	货品3	质量合格	华北	10.0	11 500 000.0
2	P097435	2016-7-30	2016-9-30	按时交货	货品1	返修	华南	2.0	685 877.0
3	P097446	2019-11-26	2017-1-26	晚交货	货品3	质量合格	华北	15.0	12 958.0
4	P097446	2016-11-26	2017-1-26	晚交货	货品3	拒货	华北	15.0	3 239.0
...	...	...	...	...	...	...	...	...	...
1141	P299901	2016-12-15	2017-3-15	按时交货	货品6	质量合格	马来西亚	2.0	20 041.0
1142	P302956	2016-12-22	2017-3-22	按时交货	货品2	拒货	华东	20.0	7 944.0
1143	P303801	2016-12-15	2017-3-15	按时交货	货品2	质量合格	华东	1.0	19 408.0

2. 数据规整

就是在原有的基础上增加一些辅助字段，使得可视化后的数据被读者更好地理解。

比如，增加一个辅助列：月份，如图 12-13、表 12-13 所示。

```
1 data['销售时间']=pd.to_datetime(data['销售时间'])
2 data['月份']=data['销售时间'].map(lambda x :x.month)
3 data
```

图 12-13　增加月份列操作

表 12-13　增加月份列的效果展示

序号	订单号	销售时间	交货时间	货品交货状况	货品	货品用户反馈	销售区域	数量	销售金额	月份
0	P096311	2016-7-30	2016-9-30	晚交货	货品3	质量合格	华北	2.0	105 275.0	7
1	P096826	2017-8-30	2016-10-30	按时交货	货品3	质量合格	华北	10.0	11 500 000.0	8
2	P097435	2016-7-30	2016-9-30	按时交货	货品1	返修	华南	2.0	685 877.0	7
3	P097446	2019-11-26	2017-1-26	晚交货	货品3	质量合格	华北	15.0	12 958.0	11
4	P097446	2016-11-26	2017-1-26	晚交货	货品3	拒货	华北	15.0	3 239.0	11
...	...	...	...	...	...	...	...	...	...	...
1141	P299901	2016-12-15	2017-3-15	按时交货	货品6	质量合格	马来西亚	2.0	20 041.0	12
1142	P302956	2016-12-22	2017-3-22	按时交货	货品2	拒货	华东	20.0	7 944.0	12
1143	P303801	2016-12-15	2017-3-15	按时交货	货品2	质量合格	华东	1.0	19 408.0	12

3. 数据分析并可视化

主要从三个方面对数据进行分析，包括：配送服务是否存在问题？是否存在尚有潜力的销售区域？商品是否存在质量问题？

（1）对于配送服务是否存在问题，从四个不同的维度进行分析，包括：月份维度、销售区域维度、货品维度和货品与销售区域结合的维度。这里主要通过交货率这一指标对配送服务是否存在问题进行分析。

①月份维度分析。

代码如图 12-14 所示，效果如表 12-14 所示。

```
1  data['货品交货状况']=data['货品交货状况'].str.strip()
2  data1=data.groupby(by=['月份','货品交货状况']).size().unstack()
3  data1['按时交货率']=data1['按时交货']/(data1['按时交货']+data1['晚交货'])
4  data1
```

图 12-14　月份维度代码

表 12-14　月份维度效果

月份	货品交货状况		
	按时交货	晚交货	按时交货率 /%
7	189	13	93.56
8	218	35	86.16
9	122	9	93.12
10	238	31	88.47
11	101	25	80.15

②销售区域维度分析。

代码如图 12-15 所示，效果如表 12-15 所示。

图 12-15　区域维度代码

表 12-15　区域维度效果

销售区域	货品交货状况		
	按时交货	晚交货	按时交货率 /%
泰国	183	4	97.86
马来西亚	310	16	95.09
中国华南	10	1	90.90
中国华北	226	27	89.32
中国华东	268	39	87.29
中国西北	17	44	27.86

③货品维度分析。

代码如图 12-16 所示，效果如表 12-16 所示。

```
1  data1=data.groupby(['货品','货品交货状况']).size().unstack()
2  data1['按时交货率']=data1['按时交货']/(data1['按时交货']+data1['晚交货'])
3  data1.sort_values(by='按时交货率',ascending=False)
```

图 12-16　货品维度代码

表 12-16　货品维度效果

货品	货品交货状况		
	按时交货	晚交货	按时交货率 /%
货品 5	183	4	97.86
货品 6	309	7	97.78
货品 1	27	2	93.10
货品 3	212	26	89.07
货品 2	269	48	84.85

④货品维度和货品与销售区域结合的维度分析。

代码如图 12-17 所示，效果如表 12-17 所示。

```
1  data1=data.groupby(['货品','销售区域','货品交货状况']).size().unstack()
2  data1['按时交货率']=data1['按时交货']/(data1['按时交货']+data1['晚交货'])
3  data1.sort_values(by='按时交货率',ascending=False)
```

图 12-17　货品、区域双维度代码

表 12-17　货品、区域双维度效果

货品	销售区域	货品交货状况		
		按时交货	晚交货	按时交货率 /%
货品 5	泰国	183.0	4.0	97.86
货品 6	马来西亚	309.0	7.0	97.78
货品 1	中国华北	14.0	1.0	93.33
	中国华南	10.0	1.0	90.90
货品 3	中国华北	212.0	26.0	89.07
货品 2	中国华东	268.0	39.0	87.29
货品 4	中国西北	14.0	44.0	24.13
货品 2	马来西亚	1.0	9.0	10.00

从表 12-14 中可以发现，第四季度交货率低于第三季度，猜测可能是气候原因造成的。

从表 12-15 中可以发现，中国西北地区存在突出的延时交货问题，急需解决。

从表 12-16 中可以发现，货品 2 交货情况问题非常突出，其他货品相对较好。

从表 12-17 中可以发现：

①从销售地区看，中国华北地区有货品 1 和货品 3，其中，由于货品 3 晚交率较高导致该地区交货率降低。

②从货品的角度看，货品 2 的交货率最低，主要送往中国华东地区和马来西亚，其主要原因是马来西亚货物的晚交率比较高。

（2）对于是否存在尚有潜力的销售区域问题，从三个不同的维度进行分析，包括：月份维度、销售区域维度和月份与销售区域结合的维度。

① 月份维度分析。

代码如图 12-18 所示，效果如图 12-19 所示。

```
1  data1=data.groupby(['月份','货品'])['数量'].sum().unstack()
2  data1.plot(kind='line')
```

图 12-18　月份维度代码

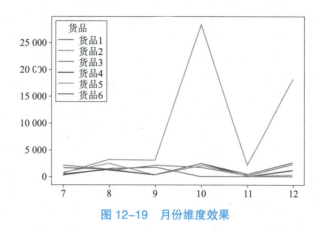

图 12-19　月份维度效果

货品 2 在 10、12 月份销量猛增，原因猜测有二：公司加大营销力度、开放了新的市场。

② 销售区域维度分析。

代码如图 12-20 所示，效果如表 12-18 所示。

```
1  data1=data.groupby(['销售区域','货品'])['数量'].sum().unstack()
2  data1
```

图 12-20　销售区域维度代码

表 12-18　销售区域维度效果

销售区域	货品					
	货品 1	货品 2	货品 3	货品 4	货品 5	货品 6
中国华东	NaN	53811.0	NaN	NaN	NaN	NaN
中国华北	2827.0	NaN	9073.5	NaN	NaN	NaN
中国华南	579.0	NaN	NaN	NaN	NaN	NaN
泰国	NaN	NaN	NaN	NaN	5733.0	NaN
中国西北	11.0	NaN	NaN	5229.0	NaN	NaN
马来西亚	NaN	1.0	NaN	NaN	NaN	343.0

从销售区域看，每种货品的销售区域为 1~3 个。

货品 1 有三个销售区域，分别为中国的华北、华南和西北。货品 2 有两个销售区域，分别为中国华东和马来西亚。其他货品有一个销售区域。

③ 月份与销售区域结合的维度分析。

代码如图 12-21 所示，效果如表 12-19 所示。

```
1  data1=data.groupby(['月份','销售区域','货品'])['数量'].sum().unstack()
2  data1
3
4
```

图 12-21　月份、区域双维度代码

表 12-19　月份、区域双维度效果

月份	销售区域	货品					
		货品 1	货品 2	货品 3	货品 4	货品 5	货品 6
7	中国华东	NaN	489.0	NaN	NaN	NaN	NaN
	中国华北	1.0	NaN	2041.5	NaN	NaN	NaN
	中国华南	282.0	NaN	NaN	NaN	NaN	NaN
	泰国	NaN	NaN	NaN	NaN	733.0	NaN
	中国西北	NaN	NaN	NaN	414.0	NaN	NaN
	马来西亚	NaN	2.0	NaN	NaN	NaN	1649.0
8	中国华东	NaN	1640.0	NaN	NaN	NaN	NaN
	中国华北	1410.0	NaN	1045.0	NaN	NaN	NaN
	中国华南	3.0	NaN	NaN	NaN	NaN	NaN
	泰国	NaN	NaN	NaN	NaN	2381.0	NaN
	中国西北	NaN	NaN	NaN	1188.0	NaN	NaN
9	中国华东	NaN	3019.0	NaN	NaN	NaN	NaN
	中国华北	1409.0	NaN	2031.0	NaN	NaN	NaN
	中国华南	283.0	NaN	NaN	NaN	NaN	NaN
	泰国	NaN	NaN	NaN	NaN	271.0	NaN
	中国西北	1.0	NaN	NaN	NaN	NaN	NaN
	马来西亚	NaN	1.0	NaN	NaN	NaN	343.0
10	中国华东	NaN	28420.0	NaN	NaN	NaN	NaN
	中国华北	3.0	NaN	1684.0	NaN	NaN	NaN
	泰国	NaN	NaN	NaN	NaN	1984.0	NaN
	中国西北	1.0	NaN	NaN	2542.0	NaN	NaN
	马来西亚	NaN	NaN	NaN	NaN	NaN	2358.0

货品 2 在 10 月份销量达到最高，主要销售区域为中国华东。

分析：货品 2 在中国华东 7、8、9 月份销量还有很大提升空间，可以适当增大销售力度。

（3）对于商品是否存在质量的问题，从用户的反馈进行分析，包括：拒货、返修和质量是否合格。

代码如图 12-22 所示，效果如表 12-20 所示。

```
1  data['货品用户反馈']=data['货品用户反馈'].str.strip()
2  data1=data.groupby(['货品','销售区域'])['货品用户反馈'].value_counts().unstack()
3
4  data1.sum(axis=1)
5  data1
```

图 12-22　用户反馈代码

项目十二 数据挖掘技术

表 12-20 用户反馈展示

货品	销售区域	货品用户反馈		
		拒货	质量合格	返修
货品 1	中国华北	NaN	3.0	12.0
	中国华南	5.0	4.0	2.0
	中国西北	NaN	1.0	2.0
货品 2	中国华东	72.0	184.0	51.0
	马来西亚	6.0	1.0	3.0
货品 3	中国华北	31.0	188.0	19.0
货品 4	中国西北	NaN	9.0	49.0
货品 5	泰国	14.0	144.0	29.0

从表 12-20 所呈现出的结果来看,并不能明显地看出哪些商品质量存在问题。为了解决这一问题,我们使用 sort_values( ) 方法增加合格率、返修率和拒货率,代码如图 12-23 所示,结果展示如表 12-21 所示。

```
1  data1['拒货率']=data1['拒货']/data1.sum(axis=1)
2  data1['返修率']=data1['质量合格']/data1.sum(axis=1)
3  data1['合格率']=data1['质量合格']/data1.sum(axis=1)
4  data1.sort_values(['合格率','返修率','拒货率'],ascending=False)
```

图 12-23 增加合格率、返修率和拒货率

表 12-21 结果展示

货品	销售区域	货品用户反馈					
		拒货	质量合格	返修	拒货率 /%	返修率 /%	合格率 /%
货品 3	中国华北	31.0	188.0	19.0	13.01	78.94	78.68
货品 6	马来西亚	56.0	246.0	14.0	17.71	77.80	77.61
货品 5	泰国	14.0	144.0	29.0	7.48	76.97	76.65
货品 2	中国华东	72.0	184.0	51.0	23.43	59.88	59.77
货品 1	中国华南	5.0	4.0	2.0	43.65	34.97	33.93
	中国西北	NaN	1.0	2.0	NaN	33.33	30.00
	中国华北	NaN	3.0	12.0	NaN	20.00	19.73
货品 4	中国西北	NaN	9.0	49.0	NaN	15.51	15.47

从表 12-21 可以看出,货品 3 在中国华北地区的合格率最高,但返修率也是最高的。货品 5 在泰国地区的销售在保证高合格率的基础上,返修率和拒货率相对较低,因此推测货品 5 的质量达到了要求。

实践任务十二 数据挖掘设计案例分析

(综合性实验 2 学时)

北京盛世物流有限公司是国内著名的 IT 整合服务商——盛世(集团)的全资子公司。盛世物流是一家以仓储、运输、配送、国际货运等业务为主的综合性物流供应商。公司以"准时,安全,服务,经济"的理念,专注为客户提供性价比更高、体验更好的物流服务。目前,公司

在全国建立 265 个仓储中心，总面积超 100 万平方米，年运送货值超 5 000 亿元，日发送包裹超 40 万个，在服装、IT 及电商物流领域有深厚的积淀。

盛世物流于 2020 年 6 月 1 日，进行了物流业务的战略改组，此后运营管理长期存在一些问题。因此，为了公司更好地发展，公司安排运营经理将数据关系从庞大的数据表中提取出来，进行物流业务运营数据分析。

文档　盛世物流数据表

1. 实践任务

通过对北京盛世物流有限公司的数据进行研究和分析，使用 Python 语法完成以下任务。

（1）对公司数据进行清理，包括物流数据的导入、无效数据的删除、数据类型的转化。

（2）对公司数据进行规整，包括增加一些辅助字段，如交货率。

（3）多维度对公司数据进行分析，包括时间维度、区域维度、利润维度和库存维度。

（4）撰写物流数据分析报告，对于数据分析内容，需进行可视化展示，同时配有必要性的文字分析。

2. 考核评价

教师对任务完成情况做出综合评价。考核评价标准参考表 12-22。

表 12-22　考核评价标准

专　业		班　级		学　号		姓　名	
考核内容	数据挖掘设计案例分析						
考核标准	评　价　内　容					分值 / 分	评分 / 分	
	正确使用 read_csv（ ）方法导入需要分析的物流数据					15		
	正确使用 drop_duplicates（ ）、drop（ ）方法删除重复或指定的数据					25		
	正确使用 map（ ）方法增加交货率作为辅助字段					15		
	正确使用 group by（ ）方法进行多维度的数据分析					25		
	分析报告结构合理、格式规范					20		

本模块小结

随着信息化进程的加快，社会已经进入了大数据时代。互联网的革新和电商的快速崛起使物流业发展到了一个全新的阶段，处于生存与发展的紧要关头。传统的物流运营模式已不适应这样高度信息化的时代。因此，如何利用大数据技术实现物流业信息化、数字化与智能化，成为物流业创新性改革和发展的重要途径。

本模块介绍了大数据分析技术，包括：数据可视化、SQL 数据查询和数据挖掘算法。首先通过引例引出每个项目将要学习的内容。其次，对它们各自的简介、特点、使用的基本原则和流程做了详细的介绍。最后，学习了其各自常用的工具，并且在智慧物流项目中进行了应用与分析。

通过大数据分析技术稳中有序的发展，可以判断在未来 5~10 年内智慧物流的网络连接水平，可以在物联网、云计算和大数据等信息技术的快速发展下而得到更大幅度提高，支撑保障智慧物流的快速发展。届时物流人员、运输设备以及物流管理系统将会形成一个统一协调的管理网络，从而实现互联网在物流行业各个运营环节的全方位覆盖，使物流信息可以实时追踪与管理，形成"万物互联"的发展局面。

思考与练习

一、单项选择题

1. 未来房价的预测，这种属于数据挖掘的（　　　）问题。
   A. 分类　　　　　B. 聚类　　　　　C. 决策树　　　　　D. 回归分析
2. 下列描述正确的是（　　　）。
   A. 回归和聚类都是有指导的学习
   B. 回归和聚类都是无指导的学习
   C. 回归是有指导的学习，聚类是无指导的学习
   D. 回归是无指导的学习，聚类是有指导的学习
3. 分析顾客消费行业，以便有针对性地向其推荐感兴趣的服务，属于（　　　）问题。
   A. 分类　　　　　B. 聚类　　　　　C. 关联规则　　　　D. 主成分分析

文档　项目十二
习题参考答案

二、多项选择题

1. 以下为数据挖掘常用模型的有（　　　）。
   A. 监督学习模型　　　　　　B. 神经网络模型
   C. 半监督学习模型　　　　　D. 非监督学习模型
2. 下列属于评价模型指标的有（　　　）。
   A. 综合指标 F 值　　B. 准确率　　　C. ROC 曲线　　　　D. 召回率
3. 数据挖掘的预测建模任务主要包括的问题有（　　　）。
   A. 分类　　　　　B. 回归　　　　　C. 聚类　　　　　　D. 关联规则挖掘
4. 下列属于不同的有序数据的有（　　　）。
   A. 时序数据　　　B. 序列数据　　　C. 时间序列数据　　D. 空间数据　　　E. 删除

三、简答题

1. KDD 的流程是什么？其作用分别是什么？
2. 什么是分类？什么是聚类？分类和聚类的区别是什么？
3. 模型评价指标有哪些？分别具体介绍。

模块五

智慧供应链

内容架构

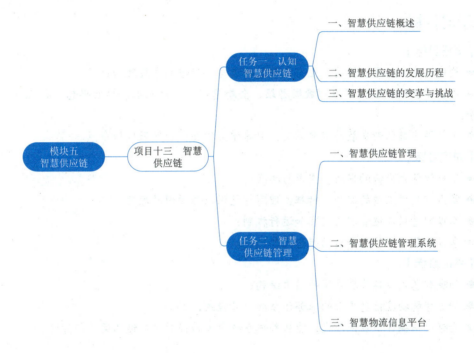

项目十三

智慧供应链

🔄 学习目标

【素质目标】

- 构建共建、共享、协同、生态的智慧物流与供应链的发展理念；
- 培养学生的供应链思维：数据思维、全局意识、平衡艺术、精益思想、补短板、创新意识等；
- 了解供应链创新发展的重要意义，引导学生树立供应链强国使命感。

【知识目标】

- 了解智慧供应链的发展、变革与挑战；
- 掌握智慧供应链的概念、特征，理解智慧供应链管理的原理；
- 掌握智慧供应链管理的内容和运行机制；
- 掌握智慧物流信息平台的概念及其功能。

【技能目标】

- 知晓智慧供应链管理系统的层次结构；
- 知晓智慧物流信息平台的业务体系和运营模式；
- 能够模拟操作供应链沙盘，能从整体系统角度掌握对供应链的运作与管理。

🔄 案例导入

"天畅智运"智慧供应链平台

浙江天畅供应链管理有限公司的"天畅智运"智慧供应链平台成功入选2020年浙江省数字经济"五新"优秀案例。"天畅智运"平台拥有强大的在线交易、物流、结算等产品及配套基础IT组件，为用户提供了"交易、资金、信息、物流"一体化功能服务。通过这个平台，用户可实时在线获取最新资讯和市场行情，实现在线交易、合同签订、资金结算等，同时利用物联网等技术实施对货物物流的实时监控。对不少货车司机而言，"天畅智运"App是不可或缺的工作软件，可实现物流承运商、运输车队和货车司机在线订单派发，完成从发运、运输、签收、结算到服务评价的全业务流程。该平台已经拥有注册货运车4万辆，并形成了9 000多条物流线路、十大枢纽级中转站、3 000余个分拨仓、30余万个终端配送网点和1.5亿千米以上管控里程的物流干线网络。

天畅智运以供应链服务为切口，赋能产业链核心企业及上下游配套服务企业，实现价值链重塑，逐步构建起安全、高效的产业互联网生态圈。

（资料来源：搜狐网）

思考题：
1. 什么是智慧供应链？与供应链有何区别？
2. "天畅智运"智慧供应链平台有哪些功能和应用？

案例启示： 随着智慧物流的发展，技术的渗透性日益增强，很多企业供应链已经具备数字化、网络化、集成化、智能化、柔性化、敏捷化、可视化等先进技术特征，将技术和管理进行综合集成，在实现了智能设备与软件资源的全面协调、可持续协同发展的同时，进而实现人、设备、物、信息的共享、协同和优化，形成智慧供应链生态圈。通过案例引导学生进一步树立共建、共享、协同、生态的智慧物流与供应链的发展理念。

任务一　认知智慧供应链

视频　什么是供应链？

一、智慧供应链概述

（一）供应链与智慧供应链的概念

《物流术语》（GB/T 18354—2021）对供应链的定义为：生产及流通过程中，围绕核心企业的核心产品或服务，由所涉及的原材料供应商、制造商、分销商、零售商直到最终用户等形成的网链结构。

供应链管理专家马士华教授认为：供应链是围绕核心企业，通过对信息流、物流、资金流的控制，把采购的原材料制成中间产品以及最终产品，最后由销售网络把产品送到消费者手中，全过程涉及供应商、制造商、分销商、零售商、最终用户而连成一个整体的功能网链结构模式。

而智慧供应链（Intelligent Supply Chain）最早由复旦大学博士后罗钢在2009年上海市信息化与工业化融合会议上提出。智慧供应链是指通过有机结合物联网、互联网、云计算等信息技术与现代供应链管理的理论、方法和技术，在企业内部以及企业之间构建的智能化、数字化、可视化、自动化、网络化的技术与管理综合集成系统。

传统供应链与5G、大数据、人工智能等新一代信息技术的融合应用，助推智慧供应链的创新发展，智慧供应链从精益生产开始，拉动精益物流、精益采购、精益配送等各个环节，帮助企业实现供应链业务全流程的智能化、数字化、网络化和自动化管理。

小思考： 供应链与智慧供应链有何区别？

（二）供应链与智慧供应链的特征

供应链是指生产与流通过程中涉及将产品或服务提供给最终用户活动的上游与下游企业所形成的网链结构，供应链主要具有以下特征。

（1）复杂性：由于供应链节点企业组成的跨度（层次）不同，供应链往往由多个、多类型，甚至多国企业构成。供应链结构模式比一般单个企业的结构模式更为复杂。

（2）动态性：供应链管理因企业战略和适应市场需求变化的需要，其中节点企业需要动态地更新，这就使得供应链具有明显的动态性。

（3）交叉性：节点企业可以是这个供应链的成员，也可以是另一个供应链的成员，众多的供应链形成交叉结构，增加了协调管理的难度。

智慧供应链借助信息技术手段，对供应链业务流程进行优化，有利于提高市场响应速度、降低企业成本，使供应链变得透明、柔性和敏捷。智慧供应链与传统供应链相比，具备以下特点。

（1）工具性：管理中的信息一定是由自动化或感知设备产生，例如RFID标签，因为没有高效的信息通信技术的支撑，管理信息无从获取。因此，工具性首先是智慧化的第一特点。

（2）关联性：管理中所有的参与主体、资产、信息化系统、业务等一定是高度连接的，智慧化就是要将不同的主体、不同的业务、不同的要素通过信息通信技术相互关联。

（3）整合渗透性：智慧供应链能够推动整个不同参与者之间的协同合作，包括联合决策、公共系统投资、共享信息等。

（4）创新性：智慧化能够推动管理的创新，通过提供整合化的解决方案创造新价值，或者以全新的方式满足现有价值诉求。

（5）可视化：智慧供应链更倾向于使用可视化的手段来表现数据，采用移动化的手段来访问数据。

（6）智能化：借助于ICT能够实现大规模的优化决策，改善管理绩效。其智能化在于能够通过信息通信技术所实现的信息整合，从而优化决策过程，有效提升生产运营的高效性。

（7）自动化：业务流程能够通过信息化设备来驱动，进而替代其他低效率的资源，特别是低效率的人工介入。

政策文件

数字经济背景对智慧物流与供应链的要求

2022年1月12日，国务院正式推出了首部数字经济五年规划——《"十四五"数字经济发展规划》，全文有12处提到物流，有10处提到供应链。规划中"重点行业数字化转型提升工程"把"智慧物流"与农业、工业、商务、金融等并列为七大重点行业，提出"大力发展智慧物流"。同时"数字经济新业态工程"提出"支持大型企业打造一体数字化平台，全面整合企业内部信息系统，强化全流程数据贯通，加快全价值链业务协同，提升线上线下相结合的资源共享水平，发挥数字经济领军企业的引领带动作用，加强资源共享和数据开放，推动线上线下相结合的创新协同、产能共享、供应链互通"。

（三）供应链与智慧供应链的关系

与传统供应链相比，智慧供应链的优势主要体现在以下几方面：

（1）技术的渗透性更强：智慧供应链通常会以互联网、云计算、大数据、人工智能等新一代信息化技术为支撑点，在数据信息获取上也采取可视化的方式。

（2）信息整合性更强：依托高度开放共享的智能化信息网络，智慧供应链系统有效解决了企业各职能部门信息系统的异构性问题，实现了商流、物流、信息流、资金流的无缝对接，从而使供应链中的信息具有更强的整合性与共享性。

（3）协作性更强：信息的高度整合与共享，使企业可以及时有效地了解供应链内外部的各种信息，并根据实际情况随时与供应链上下游企业进行联系沟通，做出有针对性的调整与协作，从而大幅提升供应链的运作效率与效果。

（4）延展性更强：智慧供应链是以先进的互联网信息化技术为支撑的，供应链中的各类信息具有更强的流动性、整合性与共享性，企业可以随时与供应链上下游的其他成员进行沟通交互，从而大大增强了供应链的延展性，有效解决了传统供应链中因信息层级传递而造成的效率下降问题。

（5）反应能力更强：智慧供应链以需求为驱动力，强调供应链中企业之间的信息共享、互动与协调，通过前端研发、消费者和市场需求的引导，真正实现供应链的快速反应能力。

小思考：智慧物流与智慧供应链有何区别？

（四）智慧物流与智慧供应链的关系

在智能制造大环境下，作为智慧供应链必不可少的重要组成部分，智慧物流正在成为制造业物流新的发展方向。即通过互联网和物联网整合物流资源，最终实现生产者和消费者的直连状态。新形势下智慧物流对智慧供应链提出了新的要求。

（1）高度智能化：智能化是智慧供应链最显著的特征。与自动化物流系统有所不同的是，智慧供应链不局限于存储、输送、分拣等单一作业环节的自动化，而是大量应用机器人、激光扫描器、RFID、MES、WMS等智能化设备，融入物联网、人工智能、计算机技术等，实现整个物流流程的自动化与智能化，进而实现智能制造与智慧物流的有效融合。

（2）全程数字化：在智能制造的框架体系内，智慧供应链能够将制造企业内外部的全部物流流程智能地连接在一起，实现物流网络全透明的实时控制，而实现这一目标的关键在于数字化。只有做到全流程数字化，才能使供应链具有智能化的功能。

（3）信息系统互联互通：一方面，智慧供应链要与更多的设备、更多的物流系统互联互通，相互融合；另一方面，智慧供应链需要更加依托互联网、人工智能、大数据等技术，实现网络全透明和实时控制，保证数据的安全性和准确性，使整个智慧物流系统正常运转。

（4）网络化布局：强调智慧物流中各物流资源的无缝连接，做到从原材料开始直到产品最终交付到客户的整个过程的智能化。智慧物流系统通过物联网和互联网技术智能地连接在一起，构成一个全方位的网状结构，可以快速地进行信息交换和自主决策。

（5）满足柔性化生产需要：对于智能制造来说，极为显著的特征就是"大规模定制"，即由用户来决定生产什么、生产多少。客户需求高度个性化使得产品创新周期持续缩短，生产节奏不断加快，这些是智慧供应链必须迎接的挑战。因此，智慧物流系统需要保证企业的高度柔性化生产，根据市场及消费者个性化需求变化来灵活调节生产，提高效率，降低成本。

二、智慧供应链的发展历程

智慧供应链的发展历程（见图13-1）基本上可以分为五个阶段：原始供应链、初级供应链、整合供应链、协同供应链和智慧供应链。

（一）原始供应链

从20世纪50年代中期到80年代末，供应链没有清晰的定义，求大于供。这一时期，人类社会最初的商贸形式是以物换物，此时的供应链缺乏真正的管理，它的特点是随机、分散，处于无意识的原始阶段。

（二）初级供应链

从20世纪80年代末到90年代中期，此时的供应链主要局限于组织内部。它从原始供应链的无意识、随机性发展到了初级供应链。其中最显著的变化是出现了所谓的职能分工,负责计划、采购、生产、物流、仓储等职能的岗位各就其位、各司其职。但是,在初级供应链管理形态中,这些岗位之间缺乏有效沟通,单兵作战是这类供应链最大的特点。

图 13-1 智慧供应链的发展历程

(三)整合供应链

从 20 世纪 90 年代中期到 21 世纪初,供应链超出企业内部,开始向上下游企业延伸,变成一个通过链中不同企业的制造、组装、分销、零售等过程将原材料转换成产品,再到最终用户的一个链。它也从初级供应链的职能分工、部门隔离发展到整合供应链,最显著的变化是企业内部形成了有效的协同机制,解决了企业内部各部门的协同协作问题。

(四)协同供应链

从 21 世纪初开始,供应链变成了以一个核心企业为中心的网络。随着互联网的出现,更多的企业得以加入供应链体系中,形成了网络结构。从整合供应链的职能协作、部门沟通发展到协同供应链,最显著的变化是企业与供应链上下游也建立起了有效的协同机制,能够让实物流、信息流、资金流在供应链上顺畅地流动起来。

(五)智慧供应链

2009 年,复旦大学博士后罗钢在上海市信息化与工业化融合会议上提出智慧供应链的概念。这一时期,大数据、人工智能、机器人、无人机、物联网、VR/AR、区块链等新技术层出不穷,推动供应链进入"智慧供应链形态"。

🔄 政策文件

国家层面印发供应链创新方面政策文件

党中央、国务院积极推进我国产业链、供应链安全稳定,持续推进补链、稳链、固链、强链,提升产业链、供应链现代化水平。党的十九大报告提出,要在现代供应链等领域培育新增长点、形成新动能。2017 年,国务院办公厅印发《关于积极推进供应链创新与应用的指导意见》(国办发〔2017〕84 号),全面部署供应链创新与应用有关工作。2018 年,商务部、中物联等八部门(单位)公布首批全国供应链创新与应用的 55 个试点城市和 266 家试点企业,并开展了优秀成果展示推广工作。2021 年,在试点基础上推出首批全国供应链创新与应用的 10 个示范城市和 94 家示范企业,引领提升产业链、供应链现代化发展。

(资料来源:《中国物流与采购》)

三、智慧供应链的变革与挑战

如今，全球经济已进入智慧供应链时代，企业与企业之间的竞争开始转化为企业所处的供应链与供应链之间的竞争。在智能制造环境下，打造智慧、高效的供应链，是制造企业在市场竞争中获得优势的关键。

随着"中国制造2025"战略以及相关配套政策陆续出台，中国制造业正加速向智能制造转型升级，智慧供应链建设也由此成为制造业升级发展的必然趋势。汽车、家电等多行业的领先企业在从"制造"向"智造"转型中，正努力构建智慧供应链生态圈。

因此，企业应该：提高对智慧供应链的认识，强化供应链战略；建设智能物流系统，提高物流信息化水平；打造智慧供应链平台，促进供应链上下游协同合作等。

（一）提高对智慧供应链的认识

面对智能制造，制造企业需要加深对智慧供应链的理解，制定智慧供应链发展战略，明确个性化的供应链发展方向，如智慧化等级、客户服务的响应等级、产品的流转效率等，引领企业生产向智能化迭代升级，保证企业运营发展目标的实现。

（二）建设智慧物流系统

制造企业的物流系统建设落后于生产装备建设，物流作业仍处于手工或机械化阶段，物流信息化水平不高，距离物流自动化、智能化还有很长的路程。面对这些情况，制造企业需要不断强化智能物流系统建设，加强物联网技术、人工智能技术、信息技术以及大数据、云计算等技术在物流系统中的应用，提高物流信息化水平，实现整个物流流程的自动化与智能化，为智能制造和智慧供应链建设提供强有力的支撑。

（三）打造智慧供应链平台

智慧供应链建设同样离不开供应链上下游企业的协同互动。当前，制造企业应该通过物联网、云计算等信息计算与制造技术融合，构建智慧供应链平台，实现与上下游企业软硬件制造资源的全系统、全生命周期、全方位的联动，进而实现人、机、物、信息的集成、共享，最终形成智慧供应链生态圈。

案例分析

京东智慧供应链的优化

预测作为京东智慧供应链优化的开端，是要为业务效果的优化进行服务的。在预测的基础上，京东开发了库存补调的产品体系，包含智能补货调拨系统，用于完成在不同级别仓储间货物的调拨，在同级仓储间进行多级库存的优化均衡。

比如，一个客户在采用京东的智慧供应链管理模式之前，由客户自己进行整体的商品布局供货。在使用京慧系统进行赋能后，系统将全链路的数据进行了整合拉通，同时基于需求预测的能力，对库存进行提前的布局和响应，帮助客户在策略上制定和执行更优的网络布局、补货策略和管理库存。

京东智慧供应链依托于物流、商流和数字化技术，已经为中国4.1亿的活跃网络用户提供了极致的物流体验。通过把智能系统服务贯穿到智慧供应链的各个环节，在服务企业级客户的同时把服务能力赋能到中小商家，最终助力整个社会数字化的运营效率升级。

（资料来源：京慧物流数据平台）

思考题：

1. 上述案例中，京东是如何对智慧供应链进行优化的？
2. 京东智慧供应链管理模式指的是什么？它有何效益？

任务二　智慧供应链管理

视频　什么是
供应链管理？

引　例

智慧供应链的可视性化管理

AIRBUS 是世界上最大的商务客机制造商之一，它担负着生产全球过半以上的大型新客机（超过 100 个座位）的重任。随着其供应商在地理位置上越来越分散，AIRBUS 发现它越来越难以跟踪各个部件、组件和其他资产从供应商仓库运送到其 18 个制造基地过程中的情况。

为提高总体可视性，该公司创建了一个智能的感应解决方案，用于检测入站货物何时离开预设的道路。部件从供应商的仓库运抵组装线的过程中，会途经一个智能集装箱，这种集装箱专用于盛放保存着重要信息的 RFID 标签。在每个重要的接合点，读卡机都会审查这些标记。如果货物到达错误的位置或没有包含正确的部件，系统会在该问题影响正常生产之前向操作人员发送警报，促使其尽早解决问题。

AIRBUS 供应链解决方案极大地降低了部件交货错误的影响范围和严重程度，也降低了纠正这些错误的相关成本。通过精确了解部件在供应链中的位置，AIRBUS 将集装箱的数量降低了 8%，也因此省去了一笔数额不小的运输费用，而且还提高了部件流动的总体效率。借助其先进的供应链，AIRBUS 可以很好地应对已知的及意料之外的成本和竞争挑战。

（资料来源：物流搜索网）

思考题：

1. 什么是智慧供应链管理？
2. 该公司智慧供应链的可视化管理有何优势？

引例分析： 在智慧供应链中，可视化管理发挥着至关重要的作用。这就意味着对象（而不是人员）将承担更多的信息报告和共享工作。关键数据将来源于供应链中涉及的货车、码头、货架、部件及产品。这种可视化不仅可以用于实现更佳的规划，而且可以从根本上实现实时执行。

这种可视性还可以扩展到供应链运营领域中。智慧供应链可以跟踪土壤情况和降雨量，优化灌溉，监控交通情况，调整运货路线或交货方式，追踪金融市场和经济指标来预测劳动力、能源和消费者购买力的变化。

一、智慧供应链管理

（一）智慧供应链管理的概念

智慧供应链的兴起与发展为企业高效应对急剧变化的国际形势和日益激烈的市场竞争提供了有效途径与方法，但想要充分发挥智慧供应链的潜力与优势，则需要科学、系统和协同的智慧供应链管理体系作为支撑。

智慧供应链管理（Intelligent Supply Chain Management）是指利用条码、射频识别、传感器、全球定位系统、地理信息系统等先进的物联网技术，通过将大数据分析、云计算等信息处理和网络通信技术广泛应用于供应链计划、物流、商流、信息流和资金流等基本流程，从而实现供应链智能化运作和高效率的优化管理，切实提高供应链管理水平，降低供应链总成本，减少自然资源和社会资源消耗。

（二）智慧供应链管理的原理

智慧供应链管理在满足一定的客户服务水平的条件下，为使整个供应链系统成本达到最小，而把供应商、制造商、仓库、配送中心和渠道商等有效地组织在一起，进行产品制造、转运、分销及销售等。其基本原理体现在以下几方面。

（1）资源横向集成原理：该原理是新经济形势下的一种新思维，企业必须横向集成外部相关企业的资源，形成"强强联合，优势互补"的战略联盟，结成利益共同体去参与市场竞争，在提高服务质量的同时，降低成本，快速响应顾客需求。

（2）系统原理：供应链是一个系统，由相互作用、相互依赖的若干组成部分结合而成的具有特定功能的有机整体。它围绕核心企业，通过对信息流、物流、资金流的控制，把供应商、制造商、分销商、零售商直到最终用户连成一个整体的功能网链结构模式。

（3）多赢互惠原理：供应链是相关企业为了适应新的竞争环境而组成的一个利益共同体，其密切合作是建立在共同利益的基础之上。供应链各成员企业之间是通过一种协商机制，来谋求一种多赢互惠的目标。

（4）合作共享原理：任何企业所拥有的资源都是有限的，它不可能在所有的业务领域都获得竞争优势，因而企业要想在竞争中获胜，必须与全球范围内的在某一方面具有竞争优势的相关企业建立紧密的战略合作关系，将本企业中的非核心业务交由合作企业来完成，充分发挥各自独特的竞争优势，从而提高供应链系统整体的竞争能力。共享原理包括管理思想与方法的共享、资源的共享、市场机会的共享、信息的共享、先进技术的共享以及风险的共担。

（5）需求驱动原理：供应链的运作是以订单驱动方式进行的。商品采购订单是在用户需求订单的驱动下产生的，然后商品采购订单驱动产品制造订单，产品制造订单又驱动原材料（零部件）采购订单，原材料（零部件）采购订单再驱动供应商。这种逐级驱动的订单驱动模式，使供应链系统得以准时响应用户的需求，从而降低了库存成本，提高了物流的速度和库存周转率。

（6）动态重构原理：供应链是动态的、可重构的。供应链是在一定的时期内、针对某一市场机会、为了适应某一市场需求而形成的，具有一定的生命周期。当市场环境和用户需求发生较大的变化时，围绕着核心企业的供应链必须能够快速响应，能够进行动态快速重构。

（三）智慧供应链管理的内容

在可视化、可感知、可调节的智慧供应链管理环境中，智慧供应链更加注重数据管理、网络优化、协同运营和服务创新，从而增强智慧供应链满足客户需求的能力，提升智慧供应链核心竞争优势。智慧供应链管理的内容如图 13-2 所示。通过供应链管理模式创新，持续增强供应链智能化水平，一方面持续挖掘人类智慧，以知识赋能供应链，另一方面持续挖掘数据价值，以人工智能赋能供应链。

图 13-2　智慧供应链管理的内容

（1）数据管理：融合人类智慧与人工智能，以提升供应链智能化水平。通过数据采集、存储、管理、分析和使用全过程管理，提高数据价值和价值增值能力。智慧供应链数据管理涵盖数据质量管理、数据价值管理、数据资产管理，覆盖供应链全员、全程、全链的生产环境和市场环境，有助于提升数据资源、数据资产在智慧供应链运营管理中的价值作用。

（2）网络优化：以数字化、集成化、个性化为特征的智慧供应链，对物流、信息流和资金流的网络优化提出了更高的要求，以增强智慧供应链的网络柔性、弹性和敏捷性。面对具有可视化、可感知、可调节功能的智慧供应链网络，可以应用智慧供应链的网络动态管理机制、集成优化方法和仿真优化方法，提高智慧供应链网络自适应、自组织、自修复能力。

（3）协同运营：在智慧供应链管理环境中，供应链成员的信息、资源和能力得以充分整合，增强了智慧供应链成员之间的协同运营能力。

（4）服务创新：智慧供应链增强了自我创造生态闭环和创新服务模式的能力，能够以全时空触客界面提供全方位服务，实现无界服务模式、协同服务模式等服务模式创新。在"客户画像"精度持续提高的前提下，智慧供应链管理可以依托数据、体验和平台等新型生产要素，以更加精准有效的个性化服务提高客户的满意度和忠诚度，提高智慧供应链竞争优势。

小思考：智慧供应链管理的运行机制有何特点？

（四）智慧供应链管理的运行机制

（1）合作机制：该机制体现了战略伙伴关系和企业内外资源的集成与优化。基于这种企业环境的产品制造过程，从产品的研究开发到投放市场，周期大大缩短，使企业在多变的市场中柔性和敏捷性显著增强。

（2）决策机制：由于智慧供应链企业的决策信息来源不再仅限于一个企业内部，而是在开放的信息网络环境下不断进行信息交换和共享，实现了同步化、集成化与控制化，因此处于智慧供应链中的任何企业的决策模式都是开放性信息环境下的群体决策模式。

（3）激励机制：缺乏均衡一致的供应链管理业绩评价指标和评价方法是目前供应链管理研究的弱点和导致供应链管理实践效率不高的一个主要原因。为了掌握供应链管理的技术，必须建立、健全业绩评价和激励机制。

（4）自律机制：企业通过推行自律机制，可以降低成本，增加利润和销售量，更好地了解竞争对手，减少用户的抱怨而提高客户满意度，增加信誉，企业内部各部门之间的业绩差距也可以缩小，提高企业的整体竞争力。

（5）风险机制：供应链企业之间的合作会因为信息不对称、信息扭曲、市场不确定性、政治经济法律等因素而导致各种风险的存在。为了使供应链企业之间对合作满意，必须采取一定的措施规避风险，如信息共享、合同优化、监督控制机制等，针对供应链企业合作存在的各种风险及其特征，应该采取不同的防范对策。

（6）信任机制：智慧供应链管理的目的就在于加强节点企业的核心竞争能力，快速反应市场需求，最终提高整个供应链的市场竞争能力。要达到此目的，加强供应链节点企业之间的合作是供应链管理的核心，而在供应链企业的相互合作中，信任是基础，信任是核心。因此，建立供应链企业间的信任机制是至关重要的。

（7）数据安全管理机制：保障供应链数据安全便是保障整体与个体的核心竞争力。数据外循环在产生更大效益的同时，也产生了更多安全新风险，如个体间安全职责划分、群体间安全技术能力认证、安全人员能力要求、数据溯源等新的安全要求。数据安全是保障业务发展的基石，建设多维度、全过程的数据安全体系是必要且急迫的。

（五）智慧供应链管理的发展趋势

1. 全球化

随着国际分工的不断深化和跨国公司在全球范围内配置资源，经济全球化竞争、合作与交流越来越广泛和深入，尤其是跨境电商、跨境物流等新型业态的兴起和蓬勃发展，"买全球、卖全球"已经是国家和企业无法逃避的发展趋势。而建立一个能够对接全球的智慧供应链体系成为国家和企业参与全球竞争的重要保障，也成为提高资源配置效率、创新各种商业模式、实现互利共赢和可持续发展的基础力量。

2. 5G 网络的普及

5G 在数据传输速度和处理能力方面向前迈出了一大步。5G 的性能意味着智慧供应链的潜力显著增加。例如，在工厂中运行 5G 网络可以减少延迟，加快实时可见性。

3. 边缘计算和分析

边缘计算的兴起与物联网设备的加速同步。边缘计算是在数据处理和分析接近其收集点的地方出现的。当需要低延迟处理和实时、自动决策时，就需要这种技术。边缘计算目前正在制造领域取得进展。例如，有些公司利用无人驾驶叉车作为仓库的杠杆，而一些重型设备销售商则可以利用边缘计算来分析零件何时需要维修或更换。

4. 生态化

构建、优化与生态伙伴的关系，营造共生、互生、再生的智慧供应链生态圈，是未来智慧供应链管理发展的方向。在智慧供应链生态圈里，设计、研发、生产、贸易、物流、金融等不同主体共同构建从生产到流通再到消费的产品供应链体系，通过上下游企业的协同，高效、精准地对接需求，形成一个以客户价值为核心，各参与主体高效协同、互利共赢的生态体系。

5. 沉浸式体验

虚拟、增强和混合现实等沉浸式体验技术极大地改变了智慧供应链管理的轨迹。这些新的互动模式增强了人类的组织能力，组织已经看到了其中的好处，比如在一个安全、现实的虚拟环境中，通过身临其境的在职培训，让新员工上岗。

6. 绿色化

随着全球经济的快速发展和技术的快速变迁，环境对发展的承载能力越来越成为智慧供应链提升的重要因素。目前，人们的环保意识日益强化，环保概念不仅在生产和消费环节受到重视,还不断深入到产品流通环节。

🔄 行业动态

中移物联网智慧供应链管理助力数智化转型

中移物联网积极探索物联网技术在供应链风险管理中的应用,采用智能化监控设备及平台,从人防到智防,充分发挥了风险规避效能,提升了安全防控能力,打造了具有物联网特点的智慧供应链管理系统。

在业务管理方面,从招标采购环节、园区物流到仓库环节人防真空地带的智能监管,使用物联网 AI 摄像头,搭配管理平台、云端存储功能,实现了数智化管理。在智能辅助评标方面,将物联网 AI 机器视觉和大数据分析技术运用至评标环节,智能识别发票、资质、业绩材料等信息,辅助评标专家快速判断,提高质量和效率,降低误判风险,同时对入侵人员识别并告警,辅助评标现场的人员管理,提高风险识别和筛查的精准度和效率。在智慧园区物流方面,运用机器视觉技术,对车牌和人员进行身份识别,形成轨迹跟踪进而实现可视化管理,同时通过机器视觉和视频分析能力,对人员未佩戴安全帽、抽烟、不规范登高作业等行为进行警告。还可以智能监控仓库温湿度、明火危险,结合危险预警等级分级推送预警和风险报告,提高风险防控能力,有效降低潜在风险。

(来源:中国青年网)

二、智慧供应链管理系统

(一)智慧供应链管理系统的概念

智慧供应链管理系统是一种全方位的企业管理应用软件,基于协同供应链管理的思想,配合供应链中各实体的业务需求,使操作流程和信息系统紧密配合,做到各环节无缝连接,形成物流、信息流和资金流三流合一的领先模式。它可以帮助企业实现整个业务运作的全面自动化、可视化、信息化,从而实现企业整体利益最大化,管理成本最小化。

智慧供应链管理系统可以通过感知和预测用户需求、习惯、兴趣,从而指导产业链上游的研发、制造、定价、库存以及下游的销售、促销、仓储、物流和配送,赋能整个产业链的科学运转,其主要作用包括安全的数据传输、及时的信息沟通和有力的数据支撑。

(二)智慧供应链管理系统的层次结构

智慧供应链管理系统层次结构包括:技术支撑层、功能运行层和管理决策层,如图13-3所示。

(1)技术支撑层:由物联网、云计算、大数据、区块链、人工智能等信息技术构成。其中物联网技术对智慧供应链业务运行涉及的海量数据进行感知、捕捉、采集、优化、传输和交互;云计算技术对所采集数据进行实时存储、高效整合、初步研判、分析计算、灵活调配;大数据技术则对采集、存储的数据进行深入挖掘、关联分析、实时处理;区块链技术将智慧供应链的整个生命周期数据区块组合成共识、互信、追溯、透明、安全的链式数据结构与分布式账本;人工智能技术通过神经网络、遗传算法、人机互动等进行智能辅助、科学决策和预测判断。同时,五大关键新一代信息技术之间的信息交互,促进了智慧采购、智能制造、智慧运输、智慧仓储、智慧配送等环节的协调配合与高效运转。

(2)功能运行层:该层连接技术支撑层与管理决策层,由技术支撑层保障采购、生产、运输、仓储、配送等业务环节的高效运转，上下游企业协作配合；通过管理决策层提供分析研判、预警响应和决策优化。功能运行层以供需平衡为导向，通过建立智慧供应链的战略伙伴关系，实现成员企业的协调运作、互利共赢。

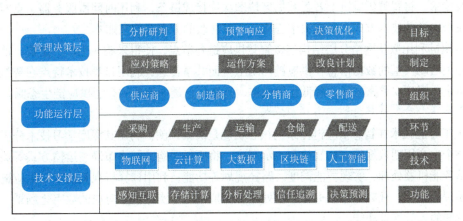

图 13-3　智慧供应链管理系统结构层次

（3）管理决策层：该层是供应链体系的核心中枢，对技术支撑层的数据处理和功能运行层供应链环节的协作运行情况进行全面了解与实时监测，综合判断供应链运转情况与潜在风险，然后对决策对象进行分类、分级或排序，有针对性地制定应对策略、运作方案和改良计划，实现智慧供应链的高质量管理、低成本优化及快速响应。同时，利用管理决策层预测模型对业务数据进行相关性分析，预测关联事件的发生概率，协助企业经营决策。

（三）智慧供应链管理系统的功能

1. 基于物联网技术的感知互联功能

在智慧供应链体系中，物联网技术的核心功能是感知互联：通过各类传感设备与技术，基于智慧供应链的业务范围、商品类型、服务客户等，从对象、时间、位置、需求、分布等维度，全方位、动态化地感知捕捉海量数据。

同时，通过采用互联网、移动互联网、无线传感器网络（WSN）等网络传输技术为数据传输提供支撑，可促进供应链中商流、物流、资金流和信息流的快速整合，以及各环节之间的共享融通。

2. 基于云计算技术的存储计算功能

在智慧供应链体系中，云计算技术的核心功能是存储计算：通过数据存储技术、数据管理技术等，对智慧供应链各领域、各环节和各类型的数据进行存储整理，实现数据的高效整合、归纳和优化；同时加入初步的数据分析和判断机制，可明确所存储数据是否真实、有效和全面，防止出现数据失准问题；借助云计算的分布式编程与计算能力实现智慧供应链体系动态拓展，在保障数据实时存储与分析计算的同时，推动供应链生态体系的稳定、高效运行。

3. 基于大数据技术的分析处理功能

通过对智慧供应链全生命周期的数据进行关联、内在规律的挖掘分析与实时处理，即对海量商品数据进行关联分析，提高产品的研发效率及市场竞争力；对市场数据进行聚类分析，实现供应链上下游企业在高效运营的同时，规避市场变化风险。大数据在智慧供应链中的创新应用，能使各成员企业全面了解并掌握其原料采购、产品生产、营销零售、客户服务等各环节的信息，对供应链体系流程及组成部分进行调整优化，提高整体运营效率。

4. 基于区块链技术的信任追溯功能

区块链技术在智慧供应链体系的核心功能是信任追溯：通过智能合约、非对称加密、共识机制及技术，将智慧供应链上各类数据区块顺次连接成链条，利用时间戳服务器、点对点分布网络及密码学的技术方式，形成去中心化、不可篡改的分布式数字账本。

区块链利用散状网络分层结构连接智慧供应链各节点，使得采购、生产、销售、消费等一系列相关活动产生的数据信息在供应链网络上全面共享传递；利用自身技术特点在智慧供应链上下游企业间建立紧密联系，降低互信成本，打造信息透明流通的智慧供应链生态圈。

5. 基于人工智能技术的决策预测功能

人工智能技术在智慧供应链体系的核心功能是决策预测：利用其深度学习技术分析智慧供应链整个生命周期数据的内在规律和表示层次，将原料采购、网络布局、运输方式等烦琐的工作交给智能机器处理，实现智能调度、路径规划等功能；利用计算机视觉技术对供应链各环节采集整理的图片、视频等数据进行分析处理，模拟建立与实体世界对应的数字化场景，实现对环境感知的人类视觉功能。

🔄 行业动态

绿色智慧供应链管理的发展趋势

智慧供应链管理作为一种集成式流通方式，绿色化发展就成为一种潮流和趋势。绿色智慧供应链管理以绿色制造理论和智慧供应链管理技术为基础，从产品寿命周期出发，对整个供应链进行绿色设计，通过链中各企业内部各部门和各企业之间的紧密合作，使得产品从原料采购、产品制造、分销、运输、仓储、消费到回收处理的整个智慧供应链管理过程中，对环境影响的副作用尽可能小，资源效率尽可能高，最终实现经济效益和社会效益的协调优化。

三、智慧物流信息平台

（一）智慧物流信息平台的概念

1. 物流信息平台的概念

一般认为，凡是能够支持或者进行物流服务供需信息交互或交换的网站，均可视为物流信息平台（Logistics Information Platform）。比如一个物流公司为方便公司与其用户的联系而设计了一个信息交换系统，使得用户和公司可以保持便捷的联系，那么这个系统就具备了物流信息平台的性质。一个专业的物流信息服务网站就是一个典型的物流信息平台，比如中国物通网、物流全搜索等。

根据不同的分类标准，物流信息平台有不同的分类办法。

以服务区域而言，可以分为地方性的物流信息平台和全国性的物流信息平台。比如：长江物流网、宁波物流信息网属于地方性的物流信息平台；发啦网、中国物通网的用户遍布全国各地，是当前知名的全国性物流信息平台。

以网站运营的性质分，可以分为主体自身（私有）运营的物流信息平台和公共级物流信息平台。其中主体自身运营的物流信息平台往往以提高主体的工作效率为目标，而公共级物流信息平台则专门为物流供需方提供公共信息服务。《物流术语》（GB/T 18354—2021）将物流公共信息平台定义为：应用信息技术，统筹和整合物流行业相关信息资源，并向社会主体提供物流信息、技术、设备等资源共享服务的系统。

高质量的物流信息平台还意味着物流服务需求方可以享受到更快速、更便宜的物流服务，进而提高其工作效率或者生活品质。发展公共物流信息平台尤其是第三方物流公共信息平台将具有重大意义，对物流活动起到了沟通联系、引导与协调、管理与控制、优化物流流程、辅助决策和增值的作用。

小思考：物流信息平台与物流公共信息平台有何区别？

2. 智慧物流信息平台的概念

智慧物流信息平台（Intelligent Logistics Information Platform）是基于大数据、云计算、物联网、移动互联网、人工智能等新技术的一种信息管理系统，可以把物流活动中的各方有机联系起来。开放、透明、共享的智慧物流信息平台，能够为物流企业、电子商务企业、贸易企业、第三方物流服务商、供应链服务商等各类企业提供一体化的物流服务解决方案，从而达到物流服务一体化、物流过程可视化、物流交易电子化、物流资源集成化、物流运作标准化、客户服务个性化的目标。

（二）智慧物流信息平台业务体系

从宏观的物流产业管理到中观的物流供应链管理，再到微观的物流业务管控，各层面的物流业务有所不同。

针对智慧物流的发展现状及相关企业对智慧物流信息平台的需求，智慧物流信息平台业务体系主要包括智慧物流商物业务管理、智慧物流供应链业务管理以及智慧物流综合业务管控三个层面，具体如图13-4所示。智慧物流商物业务管理主要是对商物的品类、流量流向、供需及商物协同等方面的管理；智慧物流供应链业务管理从供应链的角度出发，主要对采购物流、生产物流、销售物流等业务进行管理；智慧物流综合业务管控以仓储、配送、运输为核心业务，除此之外还包括货物信息发布、物流过程控制等一些增值业务。

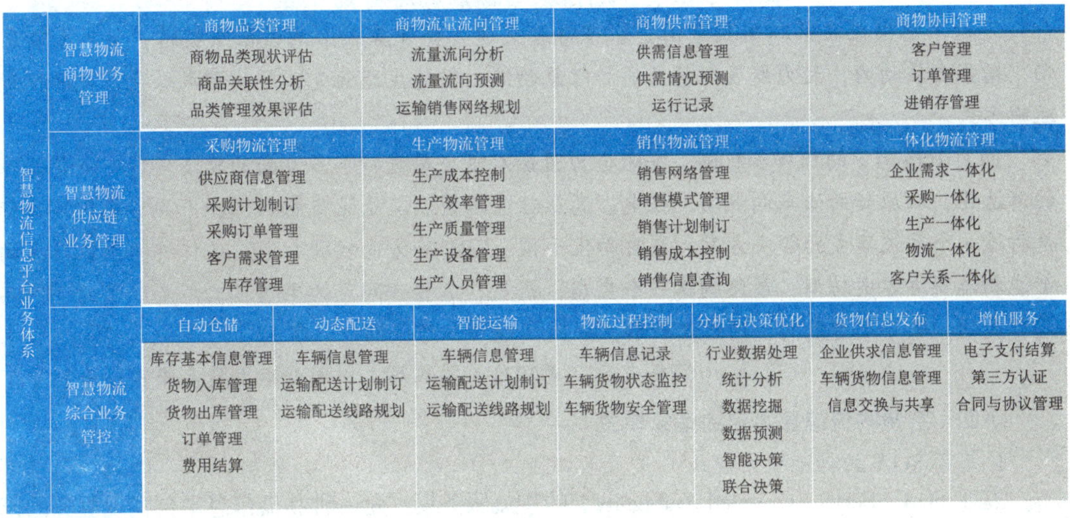

智慧物流商物业务管理	商物品类管理		商物流量流向管理		商物供需管理		商物协同管理
	商物品类现状评估 商品关联性分析 品类管理效果评估		流量流向分析 流量流向预测 运输销售网络规划		供需信息管理 供需情况预测 运行记录		客户管理 订单管理 进销存管理
智慧物流供应链业务管理	采购物流管理		生产物流管理		销售物流管理		一体化物流管理
	供应商信息管理 采购计划制订 采购订单管理 客户需求管理 库存管理		生产成本控制 生产效率管理 生产质量管理 生产设备管理 生产人员管理		销售网络管理 销售模式管理 销售计划管理 销售成本控制 销售信息查询		企业需求一体化 采购一体化 生产一体化 物流一体化 客户关系一体化
智慧物流综合业务管控	自动仓储	动态配送	智能运输	物流过程控制	分析与决策优化	货物信息发布	增值服务
	库存基本信息管理 货物入库管理 货物出库管理 订单管理 费用结算	车辆信息管理 运输配送计划制订 运输配送线路规划	车辆信息管理 运输配送计划制订 运输配送线路规划	车辆信息记录 车辆货物状态监控 车辆货物安全管理	行业数据处理 统计分析 数据挖掘 数据预测 智能决策 联合决策	企业供求信息管理 车辆货物信息管理 信息交换与共享	电子支付结算 第三方认证 合同与协议管理

图13-4 智慧物流信息平台业务体系

（三）智慧物流信息平台的功能

智慧物流信息平台的功能包括智慧物流商物管理功能、供应链管理功能以及物流业务综合管控功能，具体如图 13-5 所示。商物管理功能包括商品货物的品类管理、流向流量管理、供需管理及协同管理；供应链管理则是利用大数据等先进技术，从供应链角度出发，可实现对整个供应链管理业务的智能监控管理；业务综合管控从物流的基本业务角度出发，对货物的仓储、运输、配送等基本物流业务进行管控。

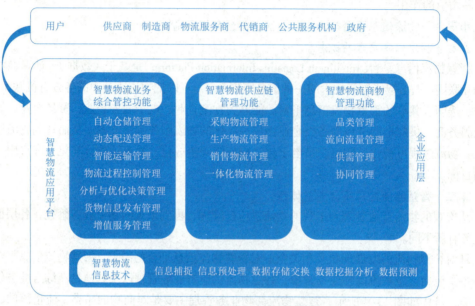

图 13-5　智慧物流信息平台的功能体系

行业动态

共建、共享，构建智慧物流系统发展生态

习近平总书记在第二届联合国全球可持续交通大会开幕式上的讲话中提道：坚持创新驱动，增强发展动力，大力发展智慧交通和智慧物流；坚持生态优先，加快形成绿色低碳的交通运输方式。

面对新格局中的挑战和机遇，安徽合力股份有限公司进行了多方向的转型发展：一是能源的清洁化，从原始的油车向混动、锂电、高压锂电转型。二是设备网联化和产品智能化，目标是打造一个系统集成的解决方案，在自动化干预、ERP 等方面实现打通，从传统的单机产品向智能物流解决方案转型，最终构建一个生态，就是"三智一网"的生态，工厂是智能的，产品是智能的，服务是智能的，通过工业和互联网实现"三智一网"。

（资料来源：《2021（第八届）中国储运发展高峰论坛专刊》）

（四）智慧物流信息平台的运营模式

1. 基于 SOA 的物流服务模式

基于 SOA（Service Oriented Ambiguity）的物流服务模式是一种物流信息平台实现服务的模式，以信息技术为依托，通过集成供应商、物流服务商、企业用户的资源信息，协调优化供应链上的物流资源，整合和升级物流服务的各个系统，完成"一站式"专业化的智慧物流综合服务，实现行业资源共享，发挥物流的整体优势，促进物流资源的整合。

2. 基于物联网的物流服务模式

基于物联网的物流服务模式是一种基于物联网构建的服务模式，通过将物联网技术应用到原材料采购、生产制造、包装再加工、出库入库、装卸搬运、仓储运输及物流配送等运作过程的同时，采取信息化手段提高智慧物流信息平台对物流资源的整合能力，在上下游企业物流供应链范围内实现企业与政府之间、物流企业之间、企业与客户之间的物流信息和物流功能共享，从而实现智慧物流服务的全面和高效。

3. 基于大数据的物流服务模式

基于大数据的物流服务模式是一种以物流平台为依托，利用大数据技术和通信网络技术提供物流信息资源的服务模式，依靠大数据的处理能力、标准作业流程、灵活的业务覆盖、智能的决策支持及深入的信息共享来达到物流行业各环节所需要的信息化要求，面向社会用户提供信息服务、管理服务、技术服务和交易服务。

案例分析

日日顺物流：建设智慧物流信息平台，打造全流程生态

2017年5月25日，以"探寻物流商业模式及技术创新"为主题的物流产业创新峰会在上海召开，在此次大会上，日日顺物流打造的智慧物流信息平台化模式得到认可。

在此背景下，日日顺物流相继上线预约管理、智慧物流TMS、配送协同平台、轨迹可视平台及一路顺智能管车平台系统，将原来割裂的各环节物流信息资源整合起来，形成平台化的信息共享、数据赋能体系。同时通过搭建OMS、TMS、BMS、WMS、CRM、GIS业务运营平台，实现了对物流运作的全流程自动化、智能化、可视化管理，有效地提高了整个供应链管理效率，降低了物流运作成本。

日日顺物流推进仓、干、配等资源平台转型升级，以差异化的模式和机制吸引海量物流资源的加盟，构建智能多级云仓方案、干线集配方案、区域可视化配送方案、最后1千米送装方案，不断吸引一流的物流资源进入平台，形成共创共赢的物流资源生态圈。

（资料来源：中国家电网）

思考题：
1. 智慧物流信息平台的发展理念是什么？
2. 什么是物流生态圈？你如何理解？

案例分析

到底什么是供应链思维？

供应链思维具体包括数据思维、全局意识、平衡艺术、精益思想、补短板以及创新意识等。

（1）数据思维：供应链管理的核心是数据分析，这是供应链底层的内容之一。供应链所有的活动都是建立在数据分析的基础上的。

（2）全局意识：只有理解了流程之间的边界，才能明白各个业务模块之间的相互关系。如果把视角放大到整个供应链生态圈，这里存在着很多相互独立的组织，如零售商、分销商、制造商、供应商等，在做出决策之前，需要考虑到决策对于上下游组织可能造成的影响。

（3）平衡艺术：供应链是平衡的艺术，其中最主要的一项就是平衡成本和服务。企业一

方面是想要降低总的持有成本,包括库存、订货和运输的成本。另一方面,又想要提高客户服务水平,包括及时交货、质量保障和快速反应水平,来保持竞争力,争取更多的市场份额。但在现实中这两个目标往往是相互背离的,如何进行选择就体现了平衡艺术。

(4)精益思想:精益的目标是减少浪费,提高企业的竞争力。改善则是要把精益进行到底,不断地寻求可以降低成本和提高效率的空间。只有运用精益和改善的思想,才能发掘出大量的潜在降本的机会。

(5)补短板:对于供应链管理来说,只有强化薄弱环节,才能真正强大起来。关于这方面还有一个更加重要的理论就是约束理论。主要分为五个步骤执行,进而形成一个循环,周而复始不断地寻找系统内的约束条件,补强短板,提升企业的竞争力。

(6)创新意识:创新是第一生产力,随着物联网、大数据、人工智能、云计算、区块链的发展,现代物流正快速向智慧物流发展演进,推动供应链向智慧供应链发展变革。

(资料来源:物流沙龙)

思考题:
1. 什么是供应链思维?
2. 你如何理解供应链思维?谈谈你的感想。

实践任务十三　供应链沙盘模拟

(综合性实验2学时)

1. 实践目标

通过实践任务,学生能够掌握供应链沙盘模拟经营的原理,掌握沙盘模拟经营所需专业知识,理解智慧物流供应链沙盘运作原理和各环节业务运作及其关系,能够体会作为企业不同角色应该承担的管理职责,理解团队合作的重要性。

2. 实践内容

供应链沙盘模拟对抗过程的基础背景设定为一家已经经营若干年的生产型企业,分为整体战略、产品研发、设备投资改造、生产能力规划与排程、物料需求计划、资金需求规划、市场与销售、财务经济指标分析、团队沟通与建设等。

模拟经营结束后,先组织学生结合自己的角色发言,总结成功与失败之处,再由老师陈词,综合总结各组的情况,分析原因。整个讨论过程要保持轻松愉快的氛围,学生要及时反馈自己的收获,让更多的学生受益,达到教学相长的目的。

3. 实践要求

该实训把参加训练的学生分成小组,每组3~5人,每组各代表一个不同的虚拟公司,在实训中每个小组的成员分别担任公司中的不同重要职位,每组要亲自经营一家拥有1亿元资产的公司,连续从事3个年度的经营活动,面对同行竞争对手、产品老化、市场单一化,公司如何保持成功及不断成长是每位成员面临的重要挑战。

在实训过程中,每位学生都应及时记录实训中遇到的问题及解决的办法,最后提交实训报告,格式应按照模板要求来撰写。

4. 成绩评定

总评考核可以采取小组互评（20%）+组内互评（20%）+教师评价（60%）的方式或者采取小组成员互评（30%）+教师评价（70%）的方式。有意识地培养学生团队协作能力、分析问题和解决问题的能力。同时，注意报告撰写的格式规范问题、报告结构及解决方案是否合理等。考核评价标准参考表13-1。

表13-1 考核评价标准

专　　业		班　　级		学　　号		姓　　名	
考核内容	供应链沙盘模拟						
考核标准		评价内容				分值/分	评分/分
	教师评价（70%）	掌握相关理论知识、方法和技能				10	
		调研和讨论记录				10	
		小组汇报思路清晰，汇报重难点突出，体现思政元素				40	
		撰写报告完整，格式规范，模拟过程业务决策合理，模拟结果数据分析有质量				40	
	小组成员互评（30%）	具有团队协作精神				40	
		积极主动创新性思考，承担并完成所分配的任务				40	
		创造亮点为小组争取荣誉				20	

本模块小结

随着现代计算机技术的快速发展，更加人性化、智能化的智慧供应链已替代了传统供应链。本模块首先介绍了智慧供应链的相关概念及其特征，分析了其与传统供应链和智慧物流之间的关系。通过介绍智慧供应链所面临的变革与挑战，突出了智慧供应链管理的重要性，进而说明其原理、运作模式和运行机制。

其次，还介绍了智慧供应链管理系统和智慧物流信息平台的相关知识。智慧物流管理系统可以帮助企业实现整个业务运作的全面自动化、可视化、信息化，实现了物流、信息流和资金流三流合一的局面，使企业整体利益最大化、管理成本最小化。智慧物流信息平台是基于大数据、云计算、物联网、移动互联网、人工智能等新技术的一种信息管理系统，可以把物流活动中的各方有机联系起来，能够为各类企业提供一体化的物流服务解决方案。

最后，通过供应链沙盘模拟的实训，把抽象的知识具体化、形象化，使学生能从具体的感性认识中把握抽象的理论知识，学会结合所学知识去分析问题、解决问题。

思考与练习

一、单项选择题

1. 下列不属于智慧供应链特征的是（　　）。
A. 工具性　　　　B. 关联性　　　　C. 整合渗透性　　　　D. 复杂性

2. 关于协同供应链的描述不正确的是（　　）。

文档　项目十三
习题参考答案

A. 内部形成有效协同　　　　B. 形成以核心企业为中心的网络
C. 上下游形成有效协同　　　D. 实现物流、信息流、资金流三流合一

3. 企业如果缺乏均衡一致的供应链管理业绩评价指标和评价方法，那么它应该（　　）。
A. 建立健全决策机制　　　　B. 建立健全业绩评价和激励机制
C. 建立健全风险机制　　　　D. 建立健全数据安全管理机制

4. （　　）是指应用信息技术，统筹和整合物流行业相关信息资源，并向社会主体提供物流信息、技术、设备等资源共享服务的系统。
A. 物流资讯平台　　　　　　B. 物流公共信息平台
C. 物流信息集合系统　　　　D. 物流公共信息查询平台

5. 基于（　　）的物流服务模式能够协调优化供应链上的物流资源，整合和升级物流服务的各个系统，完成"一站式"专业化的智慧物流综合服务。
A. 大数据　　　B. 物联网　　　C. SOA　　　D. 人工智能

二、多项选择题

1. 下列属于智慧供应链管理系统结构层次的有（　　）。
A. 技术支撑层　　　　　　　B. 功能运行层
C. 运输管理层　　　　　　　D. 管理决策层

2. 智慧供应链管理的运行机制包括合作机制、决策机制、激励机制和（　　）。
A. 自律机制　　　　　　　　B. 风险机制
C. 信任机制　　　　　　　　D. 数据安全管理机制

3. 智慧物流信息平台的功能包括（　　）。
A. 商物管理功能　　　　　　B. 物流资源分析功能
C. 供应链管理功能　　　　　D. 物流业务综合管控功能

三、简答题

1. 为什么说智慧供应链管理的发展趋势越来越绿色化？
2. 简述智慧供应链管理制定和完善风险机制的重要性。

参考文献

[1] 韩东亚，余玉刚. 智慧物流[M]. 北京：中国财富出版社，2019.

[2] 王先庆. 智慧物流：打造智能高效的物流生态系统[M]. 北京：中国工信出版集团，2019.

[3] 李俨. 5G与车联网[M]. 北京：中国工信出版集团，2019.

[4] 郭健，刘红杰. 5G+智慧交通[M]. 北京：机械工业出版社，2021.

[5] 何黎明. 中国物流技术发展报告2021[M]. 北京：中国财富出版社，2022.

[6] 贺登才. 中国物流发展报告2020—2021[M]. 北京：中国财富出版社，2021.

[7] 刘伟华，李波，彭岩. 智慧物流与供应链管理[M]. 北京：中国人民大学出版社，2022.

[8] 何建佳. 智慧物流与供应链管理[M]. 北京：清华大学出版社，2022.

[9] 温丽梅，梁国豪，韦统边，等. 数据可视化研究[J]. 信息技术与信息化，2022（05）：164-167.

[10] 马佳琪，滕国文. 基于大数据的幸福感可视化技术研究[J]. 电脑知识与技术，2020（07）：263-264.

[11] 邓永龙. 基于SQL语言图书盘点数据处理与分析的研究与实践[J]. 长江信息通信，2021.（11）：126-128.

[12] 杨丽，何红霞. MOOC环境下的混合式教学研究：以"数据库原理及应用"为例[J]. 电化教育研究，2017（11）：115-120.

[13] 任新社，陈静远. 关于数据挖掘研究现状及发展趋势的探究[J]. 信息通信，2016（02）：171-172.

[14] 刘斌，龙健宁，程方毅，等. 基于卷积神经网络的物流货物图像分类研究[J]. 机电工程技术，2021（12）：79-82.

[15] 陈永胜. 基于k-means聚类与蚁群算法的物流配送路径优化[J]. 中国物流与采购，2022（09）：95-96.

[16]《中国公路学报》编辑部. 中国汽车工程学术研究综述[J]. 中国公路学报，2017，30（6）：1-197.

[17] 贾利民，王艳辉，徐杰. 智能运输系统概论[M]. 北京：清华大学出版社，2019.

[18] 魏学将，王猛，张庆英. 智慧物流概论[M]. 北京：机械工业出版社，2020.

[19] 矫利艳. 供应链视角下智慧物流模式的发展策略研究[J]. 中国储运，2022（04）：182-184.

[20] 李佳. 基于大数据云计算的智慧物流模式重构[J]. 中国流通经济，2019，32（02）：20-29.

[21] 陈素素.基于物联网技术的制造业智慧物流系统设计[J].物流工程与管理，2021（04）：32-35.

[22] 吴晓兵，李眩.智慧物流下高职物流管理专业的实践教学改革探讨[J].阜阳职业技术学院学报，2021（02）：44-46.

[23] 刘志学，覃雪莲，陈秋遐，等.关于智慧供应链管理体系的思考[J].供应链管理，2021（09）：5-15.

[24] 毛海军，孙佳然，杨佩雯.智慧物流驱动管理与决策智慧化[J].城市交通，2021（02）：63-68.

[25] 刘康康.无车承运人开启物流新模式[N].通信信息报，2018-11-28（A14）.

[26] 纪红青.公路货运行业供给侧改革之"互联网+"车货匹配[J].中国物流与采购，2016（18）：44-45.

[27] 高康，黄倩.智能包装应用现状研究[J].绿色包装，2019（03）：52-55.

[28] 王志伟.智能包装技术与应用[J].包装学报，2018（10）：27-33.

[29] 肖斌.基于深度学习的车货匹配问题研究[D].成都：西南交通大学，2020.

[30] 傅怡.基于改进蚁群算法的货运物流平台车货匹配优化方法[D].合肥：合肥工业大学，2020.